LES PLUS BELLES LEGENDES DE L'HISTOIRE DU DAUPHINE

Du même auteur aux Editions de belledonne :

- L'Isère des châteaux forts

- Les Contes Inédits du Dauphiné
  au temps des Enchanteurs

LES PLUS BELLES LEGENDES DE L'HISTOIRE DU DAUPHINE

Eric TASSET

Editions de Belledonne

« A mes parents »

« Tous les pays qui n'ont plus de légendes sont condamnés à mourir de froid »

Patrice de la Tour du Pin

Remerciements : merci à tous ceux qui, au hasard de mes pérégrinations dauphinoises, m'ont gentiment raconté les légendes qu'ils tenaient de leurs aïeuls. Merci également à mon ami Gilbert Coffano, qui m'a transmis le goût du légendaire ainsi qu'à mon ami Raymond Joffre, qui m'a permis de le faire partager.

Avertissement : il existe souvent un grand nombre de versions de chacune des légendes réunies dans cet ouvrage. J'ai choisi de reproduire la ou les plus couramment rencontrées.

SOMMAIRE

Préhistoire

Epoque romaine

Epoque des rois barbares

Moyen âge

Renaissance

Epoque moderne

La légende est le lien nécessaire entre l'histoire et ceux qui la vivent, tout à la fois tentative d'explication et mémoire collective de notre passé, de nos traditions, de nos croyances. Il convient de ne pas rompre le fil de cette transmission immémoriale, car il nous relie directement avec nos racines et tout ce qui fonde notre humanité.

Eloignons-nous donc un instant de ce troisième millénaire trépidant, battu par le ressac de la marée urbaine, et remontons dans le temps de quelques siècles pour nous retrouver au milieu d'un paysage alpestre verdoyant, où l'humain était encore rare et le poids des légendes toujours important.

Dans cette proche nuit des temps, des dieux en colère, des créatures fantastiques, des conquérants sanguinaires et des chevaliers héroïques peuplaient les veillées dauphinoises, y côtoyant sans complexe les ancêtres disparus et les personnages historiques. C'était un moment magique de paroles échangées, attendu de tous, où les belles histoires - mi-réelles et mi-rêvées - contribuaient à transmettre aux plus jeunes le souvenir de leurs aînés.

C'est à ce fabuleux retour aux sources que vous convie ce livre, à la recherche d'une histoire faisant l'école buissonnière à travers soixante légendes enchanteresses, issues des fabliaux du moyen âge ou glanées dans les traditions orales de notre belle province dauphinoise...

Eric Tasset

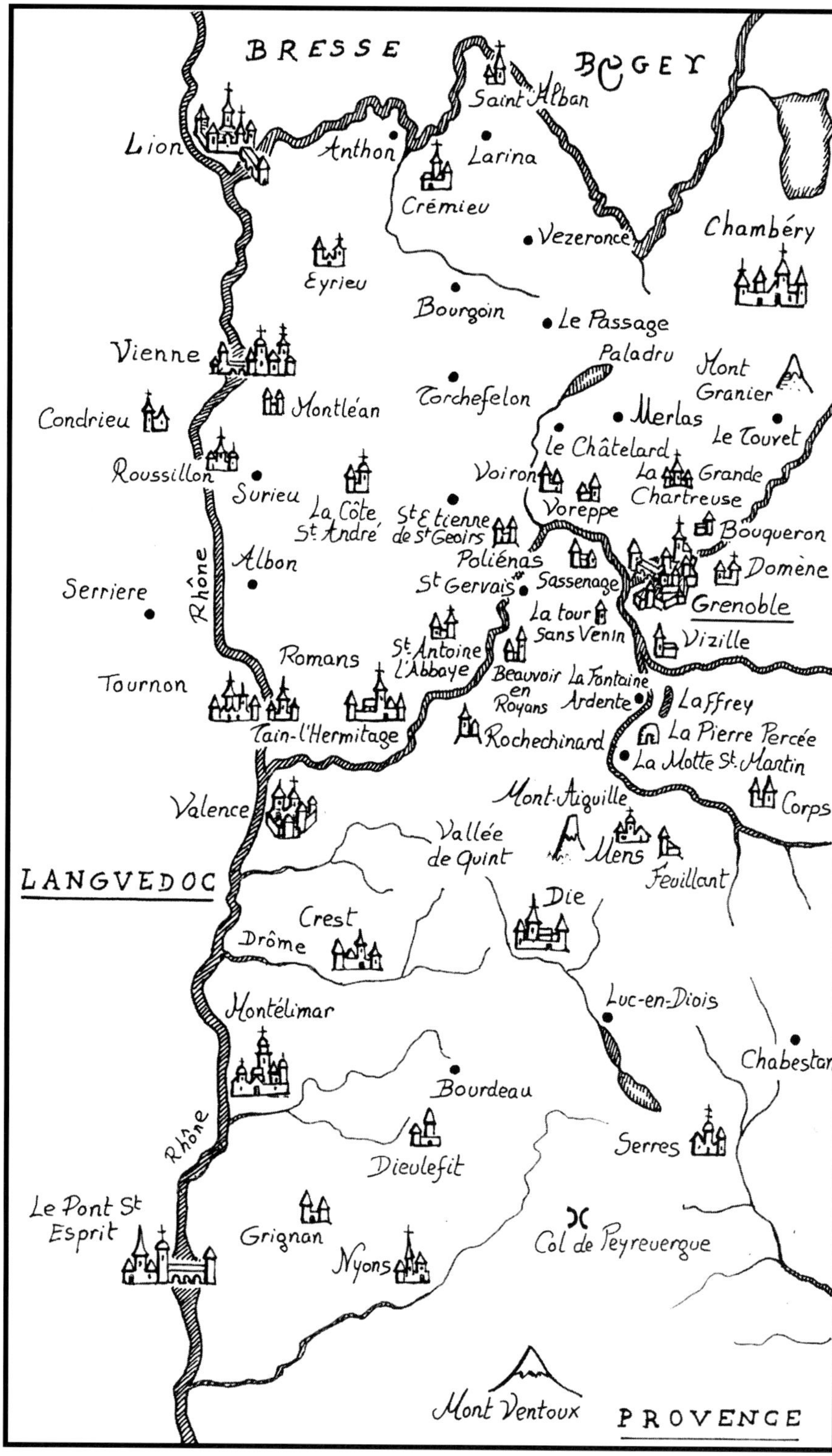
BRESSE
BUGEY
Saint Alban
Lion
Anthon
Larina
Crémieu
Vezeronce
Chambéry
Eyrieu
Bourgoin
Le Passage
Vienne
Paladru
Mont Granier
Torchefelon
Condrieu
Montléan
Merlas
le Châtelard
Le Touvet
Roussillon
Surieu
Voiron
La Grande Chartreuse
La Côte St André
St Etienne de St Geoirs
Voreppe
Bouqueron
Albon
Poliénas
Domène
Serriere
Rhône
St Gervais
Sassenage
Grenoble
La tour Sans Venin
Vizille
Romans
St Antoine l'Abbaye
Tournon
Beauvoir en Royans
La Fontaine Ardente
Laffrey
Tain-l'Hermitage
Rochechinard
La Pierre Percée
La Motte St Martin
Mont-Aiguille
Corps
Valence
Vallée de Quint
Mens
Feuillant
LANGVEDOC
Die
Crest
Drôme
Luc-en-Diois
Montélimar
Chabestan
Bourdeau
Serres
Rhône
Dieulefit
Le Pont St Esprit
Grignan
Col de Peyreuergue
Nyons
Mont Ventoux
PROVENCE

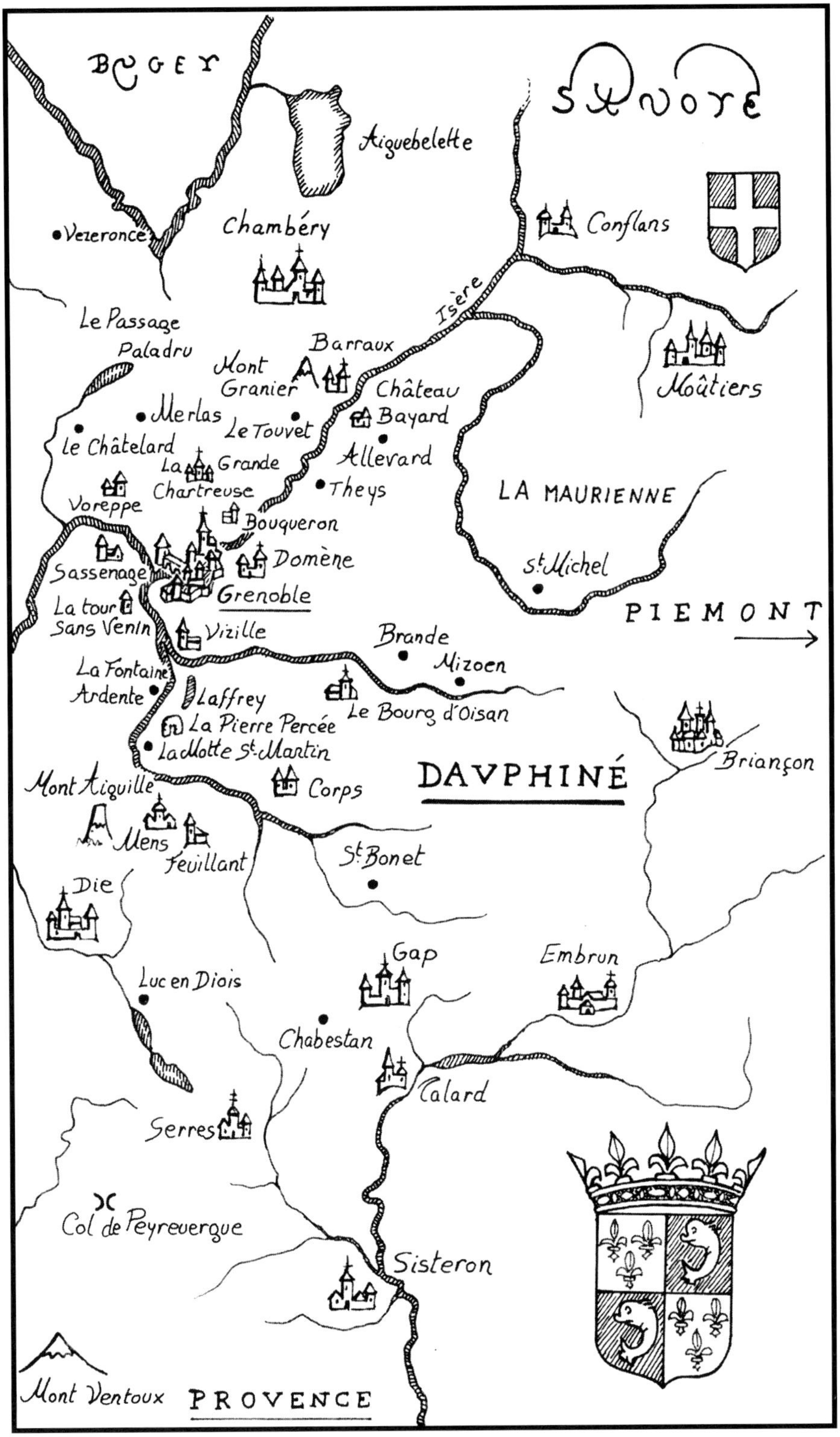

BUGEY
SAVOYE
Aiguebelette
Chambéry
Vezeronce
Conflans
Isère
Le Passage
Paladru
Barraux
Mont Granier
Château Bayard
Moûtiers
Merlas
Le Touvet
le Châtelard
La Grande Chartreuse
Allevard
Theys
LA MAURIENNE
Voreppe
Bouqueron
Sassenage
Domène
Grenoble
St Michel
PIEMONT
La tour Sans Venin
Vizille
Brande
Mizoen
La Fontaine Ardente
Laffrey
Le Bourg d'Oisan
La Pierre Percée
La Motte St Martin
Briançon
DAVPHINÉ
Mont Aiguille
Corps
Mens
Feuillant
St Bonet
Die
Gap
Embrun
Luc en Diois
Chabestan
Calard
Serres
Col de Peyreuergue
Sisteron
Mont Ventoux
PROVENCE

LA PREHISTOIRE

(-8 000 à -50 av. J.-C.)

La pénétration des premiers hommes en Dauphiné suit le lent retrait des glaciers alpestres à partir de la fin de la dernière ère glaciaire, vers -8 000 avant Jésus-Christ.

Les premières tribus celtes (gaulois) ne s'installent dans la région que trois ou quatre siècles avant notre ère : les Allobroges occupent la région située entre Rhône et Isère, fondant Vigenna (Vienne) et Cularo (Grenoble), tandis que les Voconces s'emparent des plaines et montagnes situées de part et d'autre de la Drôme, fondant Die, Vaison et Luc.

LE CULTE OUBLIE DE LA PIERRE « A MATA » DE MERLAS

Le dolmen de la « Pierre à Mata », à Merlas en Isère, est localement un objet de légende. Pierre sacrificielle d'un culte gaulois pour certains, il est placé, par d'autres, au coeur d'une jolie tentative d'explication de la disparition des grands glaciers quaternaires.

Cet énorme bloc erratique, arraché aux flancs d'une lointaine montagne par un glacier, puis déposé entre Merlas et Miribel-les-Echelles il y a 20 ou 30 000 ans, lors d'un retrait partiel des glaces alpines, a de tout temps frappé l'imagination des habitants de la région. Ceux-ci lui ont tout naturellement attribué des origines à la mesure de ses dimensions et de sa présence énigmatique, loin de toute falaise d'où il aurait pu se détacher.

On trouve ce dolmen dans un bois, en contrebas d'une crête dominant Merlas, sur le chemin de la Croix de Saint-Roch. La tradition la plus vivace en fait une pierre sacrificielle, comme l'atteste son nom de « pierre à *mata* », qui veut dire « pierre à *tuer* »; elle aurait été utilisée par les druides, pour des sacrifices pratiqués sur des animaux ou des hommes avant la période historique. Une autre tradition, moins répandue que la précédente (peut-être parce qu'elle est plus ancienne), raconte que c'est de ce rocher que naquit le culte de la Terre-Mère, qui allait mettre un terme à la dernière période glaciaire. Cela se passait il y a 10 000 ans, à la fin du Pléistocène...

La disparition des mammouths

Les hommes étaient peu nombreux en ce temps là. Ils vivaient chichement de chasse et de cueillette et migraient au rythme des saisons, pour suivre le gibier qui leur assurait une survie précaire.

Une tribu occupait la région comprise entre le Rhône et les monts de Chartreuse. Elle changeait de campement selon le cycle immuable imposé par la nature, s'installant chaque été au pied des grands glaciers bleutés qui emprisonnaient les sommets alpins. C'est là qu'ils honoraient leur déesse - la Glace-Grande-Mère, représentée par une défense de mammouth fichée en terre - lors d'une cérémonie qui, pour eux, marquait le début de la nouvelle année.

Mais cet été-là, le chef de la tribu - appelons-le Aoun par commodité, car son nom ne nous est pas connu - Aoun, donc, était terriblement soucieux. Car le gibier, plus rare à chaque nouveau retour des bourgeons, ne suffirait bientôt plus à nourrir toute la tribu. Cela faisait déjà plusieurs générations d'hommes que plus un seul mammouth n'avait traversé les terrains de chasse du clan, mais cette année, même les rennes et les bisons semblaient avoir déserté la toundra. Si bien que les chasseurs en étaient réduits à capturer les lapins et les souris pour assurer la survie de leurs familles.

Un matin, Aoun s'avança face à la falaise de glace qui surplombait le campement, pour interroger la déesse à ce sujet.

« Pourquoi laisses-tu tes enfants mourir de faim, Grande-Mère ? » demanda-t-il en écartant les bras en signe de soumission, les paumes tournées vers le haut pour montrer qu'elles ne contenaient aucune arme. « Pourquoi abandonnes-tu ceux qui te rendent grâce chaque matin ? Souhaites-tu nous éprouver, nous faire comprendre quelque chose ? Avons-nous fauté ? ».

L'oracle de la Pierre

Mais aucune réponse ne vint du titan pétrifié. Il demeurait désespérément muet, se contentant de glacer jusqu'aux os le misérable mortel en lui soufflant sa froide haleine. Dépité, le chef décida de poser la même question à l'oracle de La Pierre, qui vivait non loin de là. Le vieux sage, qui s'entretenait quotidiennement avec les puissances et les choses cachées, saurait forcément interpréter ces funestes présages.

Aoun trouva le saint homme - un vieillard fort laid, enseveli sous une épaisse peau d'ours dont il portait le crâne en guise de couvre-chef - assis au sommet du rocher sacré, qui lui tenait lieu tout à la fois de temple, d'habitation et de refuge contre les loups. Après avoir lancé les offrandes d'usage sur la plate-forme rocheuse, le chef interrogea l'oracle. Celui-ci sembla s'abîmer dans un gouffre de réflexion, d'où il ne revint qu'après de longues minutes.

« Je ne sais pas ! » avoua-t-il en secouant son visage décharné. « Mais ne sois pas déçu. J'essayerai d'entrer en contact avec les esprits dès cette nuit. Reviens demain, et je te dirai ce que l'invisible réserve à ta tribu. »

Aoun s'exécuta et revint à l'aube du jour suivant, partagé entre espoir et crainte.

« J'ai fait un rêve étrange, pendant lequel les Dieux me sont apparus », déclara le vieillard sans préambule. « Il y avait la Glace-Grande-Mère, la Terre-Mère, le Soleil, la Lune et quelques autres. Et j'ai eu une révélation terrifiante : la Glace-Grande-Mère est lasse de nous ! Non seulement de nous, les hommes, mais également de toutes les autres créatures qui peuplent le monde. Elle veut que nous disparaissions, tous ! La Terre-Mère et le Soleil, son amant, souhaitent, au contraire, prendre parti pour nous. Mais ils ont besoin de notre aide pour contrecarrer les projets de leur aînée. »

« Que devons nous faire ? » demanda le chef, qui voyait soudain ses pires soupçons confirmés. Les révélations de l'oracle étaient lourdes de conséquences, pourtant il se sentait soulagé : un dicton de son peuple ne disait-il pas *qu'il était préférable de se battre les yeux ouverts plutôt que d'attendre, les paupières closes?*

« Vénérez la Terre-Mère et bannissez de vos prières la Glace-Grande-Mère ! » répondit sans hésiter le vieillard. « C'est de la foi des hommes que les dieux tirent leur puissance, frappez la mauvaise déesse de toute la force de votre mépris et vous serez libérés de sa terreur ! La Terre-Mère promet de vous offrir, en échange, des merveilles dont vous n'avez même jamais rêvé : des bêtes et des plantes dociles pour vous nourrir et puis de nouvelles terres, pour vous étendre et croître en liberté. Je ne sais pas très bien ce qu'elle entend par des plantes et des bêtes *dociles*, mais je crois que nous devons lui faire confiance... »

Un culte salvateur

Aoun retourna au campement et expliqua la situation à tous les membres de la tribu. Il proposa de célébrer la Nouvelle Année en priant la Terre-Mère au lieu de la Glace-Grande-Mère et tous approuvèrent. Les femmes modelèrent rapidement une statuette en argile, représentant une femme aux hanches voluptueuses et à la poitrine démesurée, qui incarnerait la Déesse Terre durant la veillée qui allait suivre. Puis, de grands bûchers furent allumés aux quatre coins du bivouac et l'odeur de la viande grillée ne tarda pas à s'élever dans le ciel, où commençaient à poindre les premières étoiles. Avant les festivités, Aoun réunit les convives autour de la défense de mammouth plantée au pied du glacier. D'un coup d'épaule, il renversa la représentation de la Glace-Grande-Mère et déposa religieusement, à sa place, l'avenante statuette de la Terre-Mère fabriquée le matin-même. Il déclara que le clan se plaçait désormais sous la protection de cette nouvelle déesse et chaque adulte de la tribu vint s'incliner cérémonieusement devant l'idole d'argile. Aoun prononça ensuite les formules rituelles immémoriales, destinées à assurer la prospérité du clan, puis déclara les festivités ouvertes. Ce fut une belle veillée, qui se poursuivit fort tard dans la nuit, remplie de rires et de chants ainsi que de bruits, non moins réjouissants, de mastication. Cependant, personne ne réussit réellement à se départir, derrière son masque d'insouciance, de la certitude inquiétante que ce qui avait été accompli ce soir risquait d'être lourd de conséquences pour la communauté...

Aoun fut éveillé à l'aube du jour suivant par des cris de stupéfaction. Il se précipita hors de sa tente en peau de renne et s'arrêta tout net en découvrant le paysage autour du campement : le glacier avait disparu !... A sa place, dans la vallée désormais d'une profondeur inhabituelle, coulait une belle rivière aux eaux vertes, qui déroulait ses méandres paresseux au milieu d'une résille de petits lacs, scintillant comme des pierres précieuses dans la lumière matinale. Un troupeau de cervidés paissait dans le lointain, que les chasseurs du clan contemplaient en riant de plaisir. Aoun sourit à son tour : l'air était d'une incroyable douceur, riche d'arômes végétaux mêlés à l'odeur des résines. Pour la première fois depuis des années, le chef de la tribu sentit le poids des soucis s'évanouir, comme... glace au soleil ! Il venait d'apprendre qu'un simple instant pouvait contenir la promesse de tout un avenir. Et ce monde pur, neuf, né des décombres de l'ancien, était leur avenir. La race encore jeune des hommes parlait en lui un langage d'espoir. Palpitant comme le vol de passereaux qui traversait le ciel, il remercia le soleil et surtout la Terre-Mère, féconde et généreuse. Il se demanda encore quels pouvaient être ces animaux et ces plantes *dociles* que la déesse leur avait également promis, mais se dit qu'il avait tout son temps, désormais, pour le découvrir...

C'est ainsi, si l'on en croit la légende, que les hommes libérèrent les Alpes de l'emprise des glaces, grâce à un vieux sage vivant sur un rocher connu aujourd'ui sous le nom de ... Pierre à Mata !

L'explosion humaine

L'époque à laquelle vit Aoun est un tournant dans l'histoire de l'humanité : l'évolution de l'espèce, déjà vieille de cent mille ans, et même de plusieurs millions d'années à travers nos ascendants préhominiens, s'accélère brutalement à partir de la fin du dernier âge glaciaire. Le nombre de races humaines augmente en flèches et la population connaît un essor démographique sans précédent entre - 8000 et - 6000 (mésolithique). Mais, plus que l'évolution morphologique, c'est désormais l'évolution culturelle qui caractérise l'espèce humaine. Les inventions se succèdent à un rythme de plus en plus rapide, élevage, agriculture, céramique, métallurgie, etc., tandis que la planète est progressivement colonisée. Vers - 6000 apparaissent au Moyen-Orient les premiers villages, vers - 4000 les premières villes et vers - 2000 les premiers empires.

Mais revenons au dernier âge glaciaire, qui est aussi celui de l'homme de Neanderthal. Dès -100 000, ce proche cousin de notre espèce occupe l'ensemble de l'Europe et en particulier le Dauphiné, développant une culture et des cultes funéraires aussi complexes que les nôtres. Seul son aspect - il est puissamment charpenté et présente un menton fuyant et d'épaisses arcades sourcilières - mais aussi sa capacité à vocaliser plus réduite, le différencient de nous. Quoi qu'il en soit, son espèce s'éteint vers -35 000, à l'époque précisément où l'homme de Cro-Magnon (c'est-à-dire notre ancêtre direct) arrive du Moyen-Orient. Cette disparition, pour le moment inexpliquée, constitue, de l'avis de certains préhistoriens, la plus ancienne trace de génocide de l'histoire humaine.

L'homme moderne ne colonisa cependant que tardivement le Dauphiné, vers -15 000 au plus tôt, et encore, seulement les régions de plaines et de collines de la Drôme et de l'Isère. Citons, pour exemple, la grotte de Campalou et l'abri de Thaïs à Saint-Nazaire-en-Royans (département de la Drôme), qui nous ont livré des outils et quelques réalisations artistiques, parmi lesquelles de belles gravures sur ossements.

De fait, ce qui ralentit l'implantation de l'homme dans les Alpes est la présence de grands glaciers, plus vastes que ceux de l'Himalaya actuel, emplissant les vallées et s'écoulant hors des montagnes. Un kilomètre de glace s'entasse alors sur Grenoble ! Cela n'empêche nullement les chasseurs de rennes d'installer leurs campements à la lisière des massifs, comme à La Buisse, à Fontaine, où ils font plusieurs séjours. Il faut attendre la fin de la dernière période glaciaire, appelée Würm (-100 000 à -8 000), pour les voir enfin progresser à l'intérieur des massifs, au rythme du lent retrait des glaciers.

Un monde neuf

Avec la remontée générale des températures de l'ordre de cinq degrés (liée à une insolation terrestre en hausse) et un plus fort taux d'humidité dans l'air, les forêts commencent à remplacer les steppes arctiques de l'ère précédente, repoussant vers le nord le gros gibier chassé jusqu'à présent par l'homme : renne, élan, cheval et bison. Le mammouth, pour sa part, à déjà disparu depuis plusieurs millénaires. Le cerf s'installe dans les premières forêts, encore bien clairsemées et constituées essentiellement de chênes, d'ormes, de noisetiers et de tilleuls, puis est rejoint par le sanglier et le chevreuil, à mesure que le couvert se densifie. L'homme pratique désormais la chasse à l'arc et les petits groupes isolés de chasseurs-cueilleurs de l'âge glaciaire ont été remplacés par des peuples à l'organisation sociale avancée.

L'élevage et la culture, apparus dans le sud de la France vers -5 000, abordent à leur tour le Dauphiné quelques siècles plus tard. C'est ensuite au tour du cuivre d'apparaître dans la région, vers - 2 500, puis du bronze vers -1 800, mais sans modification notable de l'économie rurale. A partir de -1 000, l'occupation humaine, limitée jusqu'alors au piémont des massifs alpins progresse vers l'intérieur. Le haut plateau Matheysin commence à se peupler et, de là, les vallées de l'Oisans (par le col d'Ornon, car la vallée de la Romanche est à l'époque impraticable).

Les gaulois n'arrivent en Dauphiné qu'au cours du IIIe siècle avant notre ère... Mais c'est encore une autre histoire !

Le géant de Pont-d'Arc en Ardèche

PONT-D'ARC
ET LE GEANT MALADROIT

L'arche calcaire qui enjambe la rivière Ardèche, au sud de Vallon-Pont-d'Arc, a donné naissance à de nombreuses légendes au cours des âges. L'une d'entre elles, relevée dans la région de Bollène, raconte la formation de cette étonnante structure géologique.

L'arche de Pont-d'Arc a été créée il y a plusieurs millions d'années, par érosion d'une ancienne falaise que la rivière se contentait, alors, de longer. Une cavité s'était progressivement formée dans la roche, qui avait fini par déboucher de l'autre côté de la colline, détournant les flots de leur ancien lit au bénéfice du raccourci nouvellement créé. Aujourd'hui ne subsiste plus de l'ancien tunnel que cette magnifique arche, dont l'ouverture mesure près de 60 mètres de largeur pour 35 mètres de hauteur.

La région de Pont-d'Arc, outre son attrait touristique indéniable et la beauté de ses paysages, présente également de nombreuses traces d'un habitat préhistorique important. Grottes, tumulus funéraires et dolmens abondent, en particulier sur le plateau des Gras, au nord de Pont-d'Arc. Les plus beaux dolmens sont ceux de *Pradinas* et des *Joyaudes*, près de Saint-Remèze et de *Champ-Vermeli*, près de Bidon (où un passionnant musée, *Préhistorama*, présente des scènes grandeur nature de la vie préhistorique). Au dessus de la grotte Saint-Marcel, se dresse également un grand menhir.

Dolmens et Menhirs

Il n'est pas inutile de rappeler ici la différence entre dolmen et menhir. Le premier vient du mot breton « table de pierre » et désigne un monument mégalithique composé d'une grande dalle reposant sur deux ou plusieurs pierres verticales. Le second vient du breton « pierre longue » et désigne une roche allongée, brute ou sommairement travaillée et dressée verticalement. Les menhirs sont tantôt isolés, tantôt groupés en lignes (alignements mégalithiques) ou encore disposés en cercles (cromlechs).

Jusqu'à une époque récente, ces monuments de pierre ont été attribués à tort aux gaulois et au culte druidique, alors que l'on sait aujourd'hui qu'ils furent élevés plusieurs millénaires avant l'arrivée des celtes en Gaule, par un peuple mystérieux sur lequel nous ne savons à peu près rien. Sinon qu'il éprouvait, malgré des moyens dérisoires (des outils en pierre et des leviers en bois), le besoin stupéfiant de déplacer d'énormes quartiers de roc, pesant parfois le poids de plusieurs autobus, et de les agencer en d'incroyables structures couvrant souvent plusieurs kilomètres. Les gaulois réutilisèrent pourtant certains de ces dolmens et menhirs pour leurs propres cultes, mais nous ne saurons jamais s'ils les croyaient construits par un peuple de géants des premiers âges ou si le souvenir de leurs bâtisseurs était parvenu jusqu'à eux.

Ces étranges monuments préhistoriques nous ramènent irrésistiblement à cette époque très ancienne, chargée de mystère et de poésie, au cours de laquelle vécurent peut-être les protagonistes de la légende de Pont-d'Arc et de son géant maladroit...

Une difficile cohabitation

Vers - 400 avant notre ère, des tribus celtes arrivant du nord s'installèrent dans la vallée du Rhône et de là sur le plateau ardéchois, afin d'y fonder de nouveaux villages. Ils étaient grands, avec de longues moustaches, et construisaient des huttes rondes en bois couvertes de chaume. C'étaient les premiers gaulois !

Une de ces tribus choisit de s'installer au bord d'un beau lac aux eaux poissonneuses, qui occupait une bonne partie de l'Ardèche actuelle. Ce lac avait la particularité de se terminer sur trois de ses côtés, l'est, le sud et l'ouest, contre de hautes falaises inhospitalières, où nichaient des milliers d'oiseaux. Seule la rive nord, bordée de plages en pente douce, se prêtait à la pratique de la pêche. L'endroit était idéal pour bâtir un village, d'autant que les prairies alentour semblaient propices à la culture du blé et de la vigne.
Mais il y avait un problème ! En effet, cette région avait déjà un habitant, et quel habitant : un géant plus haut que le plus grand des arbres de la forêt, qui vivait en pêchant les poissons du lac à l'aide d'un immense filet. Tarvo, le chef de la tribu gauloise alla donc rendre visite au géant pour lui demander l'autorisation de s'établir, en compagnie de son peuple, au bord du grand lac. Le géant, qui s'appelait Arflèche, fut enchanté de l'aubaine, car il n'aimait pas la solitude et s'ennuyait ferme depuis des années. Il proposa même son aide à ses nouveaux voisins et déracina des centaines d'arbres d'un simple coup d'épaule, pour leur permettre de construire les huttes de leur village. L'installation de la tribu s'annonçait sous les meilleurs auspices.

Et pourtant, les gaulois ne tardèrent pas à déchanter... Certes, le géant était un adorable compagnon, toujours prêt à rendre service et d'une générosité rare, mais il avait un grave défaut : il était maladroit. Et sa taille transformait chacune de ses bêtises en véritable catastrophe. Il provoquait des raz-demarée en plongeant dans le lac trop près du village, renversait les maisons lorsqu'il esquissait un pas de danse les soirs de fête, ravageait les champs cultivés en s'endormant comme une masse à l'endroit où le sommeil le terrassait, et effrayait les enfants simplement en riant trop fort. Il devint bientôt évident que la rive du lac était trop petite pour le géant et les gaulois réunis. Les habitants du village vinrent se plaindre à leur chef et celui-ci demanda à son tour conseil à un vieux druide vivant dans la forêt. Le sage vieillard réfléchit un instant, puis donna à Tarvo un curieux conseil : « Organise une compétition de natation et convie notre encombrant ami à y participer. Vous placerez une barque au milieu du lac, qui fera office de ligne d'arrivée. Tous les concurrents devront porter un bandeau sur les yeux, afin de corser un peu l'épreuve et ne le retireront que lorsque le juge installé dans la barque leur annoncera qu'ils sont arrivés. Naturellement, Arflèche va gagner, mais le juge oubliera de lui signaler qu'il a franchi la ligne d'arrivée... »

La formation de l'arche

Tarvo ne saisit pas où voulait en venir le druide, mais il fit comme le vieux sage lui avait conseillé. Et quelques jours plus tard, tout le village se réunit au bord de l'eau pour assister au départ de l'étrange compétition. Arflèche était tout joyeux, car c'était la première fois qu'il prenait part à une épreuve sportive. Mais il s'efforçait de ne pas extérioriser son excitation, afin de ne blesser personne. Les concurrents entrèrent dans l'eau sous les acclamations de la foule et nouèrent une étoffe devant leurs yeux. Tarvo frappa alors le fond d'une marmite vide du plat de son épée, pour donner le signal du départ et tous les concurrents s'élancèrent droit devant eux, dans une gerbe d'éclaboussures. Bien entendu, le géant prit aussitôt la tête, reléguant derrière lui tous les autres participants. Les malheureux gaulois furent même tellement chahutés dans les remous provoqués par Arflèche, qu'ils en perdirent tout sens de l'orientation et s'égaillèrent dans toutes les directions. Le géant, pour sa part, ne perdit pas le cap et il ne tarda pas à franchir la ligne d'arrivée indiquée par la barque. Comme le lui avait demandé Tarvo, l'homme qui avait pris place dans l'embarcation demeura silencieux et Arflèche continua résolument sur sa lancée. Il franchit l'autre moitié du lac avec la même facilité et arriva sur la falaise qui marquait la fin des eaux, sans se douter de quoi que ce soit. Il heurta si violemment le rocher avec la tête qu'il s'assomma tout net ! Le sol vibra jusque sous les pieds des villageois demeurés au rivage.

Aussitôt, une énorme brèche s'ouvrit dans le rocher, par où l'eau du lac commença à s'engouffrer en bouillonnant. Un tunnel venait de s'ouvrir au pied de la falaise, reliant le fond du lac avec une vallée située plus au sud. Le lac se vida sans interruption pendant toute la journée, si bien que lorsque le géant se réveilla, avec un énorme mal de crâne, il ne reconnut pas l'endroit où il se trouvait. Le lac avait entièrement disparu, remplacé par une simple rivière, qui serpentait dans la plaine avant de disparaître dans la brèche de la falaise. Il demanda ce qui s'était passé et on lui expliqua qu'il avait nagé si vite qu'il n'avait pas entendu le juge lui hurler de s'arrêter et qu'il s'était assommé contre le rocher. Arflèche palpa la bosse sur son crâne et grimaça un sourire. « Cela veut dire que j'ai gagné, alors ? » Tarvo acquiesça et précisa qu'une grande fête allait être organisée en son honneur, le soir même.

Il se garda bien de signaler que les gaulois allaient également fêter la création involontaire de tant de nouvelles terres à cultiver. Désormais la place ne manquerait plus et Arflèche pourrait vivre en bonne intelligence avec ses voisins, tout en continuant à puiser sa nourriture dans les eaux de la rivière. Ainsi naquit la belle arche de Pont-d'Arc en Ardèche.

LE PEUPLE DES NAINS DE LA PIERRE PERCEE ET DES GROTTES DE MIZOEN

Deux légendes dauphinoises, l'une située au pays de l'énigmatique Pierre percée de la Matheysine et l'autre dans les montagnes pierreuses et pelées de Mizöen en Oisans, mettent en scène un peuple de nains malmené par les gaulois. Il est possible que ces nains soient la représentation symbolique des populations ligures, de petite taille, que les grands celtes repoussèrent vers les hautes vallées au IIIe siècle avant notre ère.

En effet, les massifs alpins sont occupés par les *Ligures*, petits hommes bruns et sveltes, lorsque commence l'époque des migration celtiques. La plus importante d'entre elles est celle que conduit vers -400 Bellovèse, qui mène à la prise de Rome en -390. La conquête romaine repoussera plus tard les tribus Celtes dans les Alpes.

Mais au IIIe siècle avant notre ère, ce sont eux qui repoussent les populations primitives d'origine *Ligure* en direction des hautes vallées alpines, au moment où deux de leurs peuplades s'établissent en Dauphiné : les *Allobroges* occupent la région située entre Rhône et Isère et fondent deux bourgades promises à un bel avenir, *Vigenna* (Vienne) et *Cularo* (qui signifie *Lieu reculé* et deviendra Grenoble), tandis que les *Voconces* s'emparent des plaines et des montagnes situées de part et d'autre de la Drôme, fondant Die, Vaison et Luc. Les populations autochtones, peu à peu celtisées, se maintiennent pourtant dans les massifs : les *Vertamocorii* en Vercors, les *Brigianii* dans le Briançonnais et surtout les farouches *Ucenni* en Oisans, qui résisteront à toute pénétration jusqu'à la guerre que leur mènera Auguste en -15.

Il est donc tout à fait possible que les fréquentes guerres qui opposèrent les géants blonds des plaines aux petits hommes bruns des montagnes donnèrent naissance à des épopées légendaires, auxquelles se rattachent peut-être les deux histoires suivantes.

La bague inachevée

La première, très courte, explique la formation de la belle arche de la Pierre percée, sur la commune de Pierre-Châtel en Isère. Cet impressionnant pont naturel aux allures de menhir, dressé à 1220 mètres d'altitude au dessus du plateau Matheysin et des superbes lacs de Laffrey, aurait facilement pu figurer au rang des *Merveilles du Dauphiné.* Il aurait, si l'on en croit la tradition, été sculpté par un peuple de nains, habiles artisans vivant avant l'arrivée des gaulois dans le bois de Paraillat ou sur les pentes de la montagne du Conest. Certains avancent que l'arche serait une bague inachevée, destinée à un géant, d'autres qu'elle aurait eu une vocation de tombe ou de temple solaire. La Pierre plantée, dressée à 1559 mètres d'altitude, au sud de la précédente, serait également l'oeuvre des mêmes infatigables artisans. Leur peuple aurait été chassé par les premiers émigrants gaulois, et aurait trouvé refuge, en passant par le Valbonnais et le col d'Ornon, dans les vallées de l'Oisans. C'est du reste dans ce nouvel habitat, que l'on retrouve le petit peuple pour la seconde légende.

Une race vieillissante

Quelques décennies avaient dû s'écouler depuis le premier exode, car les gaulois avaient à leur tour envahi le fond des Vallées de l'Oisans et vivaient en assez bon terme avec les nains. A l'instar des *Korrigans* de Bretagne, des *Nuttons* de Belgique ou encore des *Lamignacs* du pays basques, le petit peuple vivait sous terre, dans un réseau de galeries et de grottes situées dans la région de l'actuel village de Mizöen. Ils éprouvaient du regret pour leur ancienne ville, mais leur nouveau domaine était couvert d'épaisses forêts giboyeuses et de pâturages à l'herbe grasse, arrosés par l'eau vive de belles cascades aux chevelures irisées d'arc-en-ciel. Rien à voir avec le pays austère et pelé que l'on voit aujourd'hui au dessus du lac artificiel du Chambon (dont le barrage date de 1937), si inhospitalier qu'il est appelé par ses habitants le *Désert de Mizöen.*

Leur nouvelle existence leur convenait finalement plutôt bien. Ils disposaient d'une nourriture abondante et de suffisamment d'affleurements rocheux accessibles pour exercer leurs talents de sculpteurs jusqu'à la fin des temps. D'un naturel joyeux, les nains organisaient chaque soir de belles fêtes à l'entrée de leurs grottes, arrosées copieusement de vin de mûre et rythmées par la musique égrillarde des flûtes fabriquées en épines de ronces. On voyait briller leurs feux de brindilles sur les flancs de la montagne, comme autant de joyeuses petites étoiles tombées au milieu des arbres.

Cependant, depuis quelques années, les nains se sentaient menacés par deux fléaux. D'une part, la présence de toujours plus de géants gaulois au fond des vallées leur causait bien du souci. Ils savaient que le peuple des nouveaux venus était volontiers batailleur et ils s'appliquaient donc à ne surtout pas leur offrir un prétexte pour déclencher une nouvelle guerre, dont ils savaient parfaitement qu'ils sortiraient encore perdants. Leur seconde source d'inquiétude, encore plus préoccupante, était la chute de fertilité dont souffrait leur race. Ils avaient de moins en moins d'enfants et chaque génération était plus chétive que la précédente. Leurs magiciens n'avaient pas réussi à enrayer le phénomène et tous savaient que sans l'apport de sang neuf, leur espèce était vouée, à terme, à l'extinction. Mais existait-il un autre peuple de nains au delà des montagnes ? Ils l'ignoraient, et le courage leur manquait pour quitter la sécurité de leurs grottes et partir courir le vaste monde. Ils continuaient donc à vivre, comme si de rien n'était, en buvant un peu plus de vin de mûre que de raison et en s'adonnant à longueur de temps à leur passion pour la sculpture. On ne comptait plus les montagnes émoussées qu'ils avaient retaillées en forme d'aiguilles majestueuses.

Un rapt audacieux

Les choses en étaient là, lorsqu'une femme du petit peuple eut l'idée audacieuse de régénérer la race en volant un enfant gaulois. Elle s'introduisit une nuit dans un village de la vallée et enleva à ses parents un beau bébé blond au teint rose, presque aussi lourd qu'elle, en leur laissant en échange le plus malingre de ses enfants. Les nains, en découvrant au matin suivant le fruit de son rapt, furent effrayés par le geste de la téméraire mère de famille. Mais tous tombèrent sous le charme de la « petite » gauloise, qui souriait à tous ces nouveaux visages penchés au-dessus d'elle en gazouillant avec insouciance. Ils décidèrent de garder l'enfant, mais également de redoubler de prudence pour la cacher à tout jamais à son peuple d'origine.

De son côté, la jeune mère gauloise, en découvrant la fillette brune, malingre et fripée qui avait remplacé son bébé, crut à une malédiction lancée par quelque dieu en colère. Mais la majorité des gaulois accusèrent au contraire les nains de la forêt - qu'ils croyaient dotés de pouvoirs maléfiques - d'avoir jeté un sort à la malheureuse. La pauvre femme, une fois remise de ses émotions, s'occupa pourtant de l'enfant avec autant de sollicitude que s'il avait été le sien. Mais la fillette du petit peuple, impressionnée par cette géante aux longues tresses dorées, se mit à pleurer et rien ni personne ne parvint à la calmer.

Elle pleura si fort, que sa mère, malgré la distance qui les séparait, l'entendit soudain. Elle en conçut un remords immense et, toutes ses résolutions oubliées, ne souhaita désormais plus qu'une seule chose : récupérer son enfant ! N'écoutant que son cœur et sans penser aux conséquences inévitables, elle ramena sur le champ la petite gauloise à sa mère. Elle se confondit en excuses et repartit avec sa propre fillette, sans s'attarder dans le village où les

La Pierre Percée, sur la commune de la Motte-d'Aveillans en Isère

autres femmes commençaient à devenir menaçantes. Une fois à l'abri dans la forêt dense qui menait aux grottes de son peuple, la naine serra tendrement son bébé contre elle, en s'excusant, entre deux sanglots, de l'avoir abandonné. C'est vrai qu'il était chétif et infiniment moins beau que celui de la gauloise, mais c'était le sien. Et c'est lui qu'elle aimait.

Une conclusion tragique

L'histoire aurait pu se terminer là. Mais les gaulois, de retour de la chasse au sanglier, apprirent la vérité sur la disparition de la fillette et décidèrent de donner une bonne leçon au petit peuple. Ils fourbirent leurs armes et s'élancèrent en entonnant des hymnes guerriers en direction des versants escarpés, couverts de profondes forêts.

Les nains, qui avaient posté des sentinelles dans les arbres, furent aussitôt avertis de la venue de leurs adversaires. Ils camouflèrent en urgence les entrées de leur ville souterraine et firent disparaitre toutes traces de leur présence, puis attendirent en tremblant au fond de leurs cavernes. Mais aucun gaulois ne se présenta jamais devant les grottes, car il se révéla qu'ils étaient bien trop grands pour passer entre les arbres de l'inextricable forêt. Furieux d'être réduits à l'impuissance, les guerriers celtes entreprirent de dresser un grand bûcher de bois mort à la lisière du bois. Puis l'un d'eux frappa deux pierres pour en tirer une étincelle et en quelques minutes, de longues flammes crépitantes commencèrent à lécher les troncs des sapins. Un premier arbre s'embrasa comme une torche, suivi d'un second et d'un troisième. L'incendie, propagé par une brise soutenue escalada rapidement la pente et forma une véritable barrière de feu interdisant au petit peuple, terrorisé, de s'échapper. Une âcre fumée noire envahit peu à peu les cavernes, asphyxiant les malheureux pris au piège. Tout le peuple des nains périt au cours de ce terrible incendie, qui ravagea la montagne mais gagna également les vallées habitées par les gaulois, qui furent à leur tour contraints à l'exil.

C'est depuis ce drame effroyable, si l'on en croit la légende, que tout le pays de Mizoën, jadis si riche et si verdoyant, n'est plus qu'un austère désert montagneux, couvert de pierrailles et d'arbustes rabougris.

On raconte aussi que les actuels habitants du village de Mizöen hésitent toujours à explorer les grottes qui s'ouvrent dans le flanc de la montagne, de peur de tomber nez à nez avec les fantômes du petit peuple. Car aux dires de certains, les soirs de 24 juin, lorsque les feux de la Saint Jean crépitent joyeusement dans les villages de l'Oisans, il n'est pas rare que l'on entende encore des cris de terreur s'élever du côté des montagnes de Mizöen...

Le passage du Rhône par Hannibal et son armée

LE PASSAGE D'HANNIBAL... AU PASSAGE !

Le passage des troupes du général carthaginois Hannibal sur un gué naturel de la Bourbe en -218 donna, si l'on en croit la légende, son nom à la commune du Passage, en Isère. Une peinture rupestre d'éléphant, trouvée dans une grotte de la Drôme, semble pourtant attester d'un itinéraire nettement plus méridional de l'armée punique.

Hannibal est décrit par ses contemporains comme un fin stratège aux qualités exceptionnelles, doublé d'un guerrier solide et infatigable. Il inventa, entre autres, les actions de « commandos » et utilisa largement ses éléphants comme de véritables chars d'assaut.

Le jeune chef de guerre qui prit le pouvoir à Carthage en -221, brûlait, comme bon nombre de ses compatriotes, de prendre une revanche sur Rome, qui avait dépossédé 20 ans plus tôt son peuple d'une partie de ses colonies (1ère guerre punique, -264 à -241). Il projeta de désagréger l'unité italique, en utilisant les divergences d'intérêts opposant Rome et ses alliés campaniens et grecs italiotes. Une fois Rome privée de la puissance maritime de ses alliés, il serait aisé pour Carthage de reprendre le contrôle de la Méditerranée. La première étape de son plan audacieux était de neutraliser l'armée romaine. Il décida de le faire par voie terrestre, afin de tenter d'associer à son expédition des tribus celtes, désireuses également d'envahir le sud de l'Europe.

Sous la protection des éléphants

Il se lança dans cette entreprise en -218, accompagné de 9 000 cavaliers, 50 000 fantassins et surtout 37 éléphants, qui allaient faire grande impression en Europe. L'immense armée punique traversa l'Espagne, franchit les Pyrénées et s'avança sans combattre jusqu'au Rhône, qu'elle traversa en Camargue. C'est là que les avis des historiens commencent à diverger.

Certains avancent que les carthaginois remontèrent la vallée du Rhône jusqu'aux environs de Vienne, où ils auraient balayé une armée gauloise qui leur barrait le passage. Ils auraient ensuite traversé la Bourbe, non loin de la future commune du Passage, puis auraient continué sur Chambéry, la vallée de la Tarentaise et le col du Petit-Saint-Bernard (2188 m), par lequel ils seraient passés en Italie. Cette hypothèse, fort improbable, repose sur la découverte au Passage, en 1714, d'un bouclier carthaginois, actuellement visible au palais des médailles à Paris. Il va sans dire que la présence d'un objet punique ne saurait prouver le passage de l'armée carthaginoise à l'endroit de la découverte.

Il semble déjà plus raisonnable d'imaginer l'armée carthaginoise quittant le Rhône à Valence, pour gagner Grenoble puis la vallée de la Maurienne jusqu'au col du Mont-Cenis (2083 m). C'est la route que semble nous indiquer le récit de l'historien grec Polybe, qui vécut au IIe siècle avant notre ère.

Pourtant l'itinéraire le plus rapide et le plus sûr pour une telle expédition consisterait à quitter la vallée du Rhône 20 kilomètres avant Valence, à Loriol, pour ensuite remonter la vallée de la Drôme jusqu'à Gap et de là emprunter la vallée de la Durance pour atteindre Briançon et le col de Mont-Genèvre (1850 m). C'est peut-être le chemin suivi par les troupes carthaginoises en -218. La plus ancienne trace historique tangible de cette incroyable épopée a, du reste, peut-être été découverte en 1977, dans une grotte de Mollans-sur-Ouvèze (non loin de Buis-les-Baronnies), quelques dizaines de kilomètres au sud de la vallée de la Drôme. Il s'agit d'une peinture pariétale représentant un éléphant de type africain, accompagné par deux hommes poussant une mule et un bœuf lourdement chargés. Il n'est pas déraisonnable de penser que cette figuration rupestre est l'œuvre d'un habitant de la région, témoin du passage des troupes d'Hannibal dans les Alpes.

Les pintades du général

Pour la petite histoire, une légende drômoise raconte que les pintades, élevées en si grand nombre dans les exploitations agricoles de la région et qui sont originaires d'Afrique du nord, auraient été apportées par le général carthaginois lors de son expédition. Legs bien involontaire, car certains des volatiles auraient réussi à fausser compagnie à leurs propriétaires et se seraient parfaitement acclimatés au climat de la Drôme des collines.

Pour en finir avec le glorieux chef punique et son incroyable épopée militaire, revenons à l'année -218. L'immense armée franchit les Alpes après bien des tourments et parvint, malgré les fatigues de cette longue marche d'approche de 2000 kilomètres, à écraser les légions romaines à la Trébie. Hannibal n'avait réussi à associer qu'un seul peuple celte à son entreprise, celui de la plaine Padane, qui participa à toutes les batailles livrées par les carthaginois. Les légions furent à nouveau défaites à Trasimène en -217 et surtout à Cannes en -216 (dans l'actuelle région des Pouilles), ou 46 000 soldats romains trouvèrent la mort en une seule bataille. Malheureusement, malgré ces éclatantes victoires, le brillant général carthaginois ne parviendra jamais à briser véritablement l'unité de la confédération italique, et lorsqu'il rentrera finalement dans sa patrie, après plus de trente années de guerre, ce sera pour se faire battre sous les murs de Zama, la capitale du royaume Numide (en Algérie). C'était la fin de la seconde guerre punique, opposant Rome à Carthage.

La paix dictée par le chef romain Scipion l'Africain réduisait cette fois le royaume vaincu à la condition d'état vassal, mais sans lui confisquer encore ses territoires d'Afrique. Hannibal mourut en -183, sans avoir réussi à rendre son autonomie à sa patrie. Le glorieux général ne vit pas sa capitale prise et détruite par les romains, 37 années plus tard, après 3 années d'un siège désespéré. C'était la fin d'un peuple, qui avait su démontrer sa vitalité en maintenant sa civilisation sur tous les rivages de Méditerranée orientale durant plusieurs siècles.

L'EPOQUE ROMAINE

(-50 à 400)

La conquête par les romains du Dauphiné, amorcée dès -154 avant Jésus-Christ, se concrétise en -122 par la défaite des Allobroges et des Voconces face aux légions romaines. La région est dès cette date rattachée à la province Narbonnaise, mais Auguste ne soumet définitivement les hautes vallées alpines qu'un siècle plus tard.

La « pax romana » profite ensuite à toute la région, mais surtout à Vienne, qui prend rapidement rang de métropole. Cularo (Grenoble) est érigé en chef-lieu de Cité et son territoire soustrait à celui de Vienne vers 300 après Jésus-Christ, par l'empereur Gratien, qui donne son nom à la bourgade : Gratianopolis (ville de Gratien).

CESAR ET LA MANNE DE BRIANCON

Briançon, pittoresque cité des Hautes-Alpes fortifiée par Vauban au XVIIe siècle, possède de nombreux atouts, qui vont du tourisme à un excellent fromage de vache (le Pelvoux), en passant par un remède légendaire : la manne de Briançon, l'une des sept merveilles du Dauphiné d'après Nicolas Chorier.

« *Petite ville, grand renom* ». La devise, chèrement acquise, de celle qui fut un temps la capitale de la république médiévale des Escartons, en dit long sur son passé tumultueux. Maintes fois convoitée, jamais prise, l'inexpugnable cité alpine résista victorieusement à de nombreux assauts, notamment à ceux des Sarrasins au Xe siècle et au siège mené par une armée de 12000 prussiens, en 1815.

L'histoire ne nous rapporte pas, en revanche, si la cité tomba aux mains des légions romaines, au moment de la conquête des Gaules par Jules César. Une légende nous raconte toutefois, que la confrontation entre les conquérants et les autochtones tourna à l'avantage des Briançonnais, grâce à la fameuse manne de la Haute Durance.

Le « fin miel du ciel »

Cette manne est un épais liquide sucré qui apparaissait certains matins d'été, avant le lever du soleil, sur les aiguilles des mélèzes. Cette mystérieuse rosée, que l'on croyait produite par l'arbre lui-même, était en fait constituée des déjections de l'abeille du mélèze, nourrie des sucs de l'arbre. Cet insecte ayant aujourd'hui disparu des Hautes-Alpes, la manne est également devenue introuvable. La dernière branche portant la précieuse substance (il y en avait 300 grammes) fut trouvée au Casset, entre le col du Lautaret et Monêtier-les-Bains, en 1923. Cette « manne providentielle », désignée par François Rabelais dans *Le Tiers Livre* de *Pantagruel* comme le « fin miel du ciel », possédait autrefois la réputation de guérir de nombreux maux. Son utilisation dépassa largement les frontières du Dauphiné, les grands du royaume de France usant de ses bienfaits sous la forme d'un baume aux usages multiples qui, dit-on, guérit l'oreille de Louis XIV. On raconte même que la renommée du remède alpin s'exporta jusqu'au palais du puissant souverain turc Soliman.

Rabelais écrivit encore que la manne ne pouvait « être consumée, non plus que le bois de l'arbre qui la sécrétait ». Et il conta, en guise de démonstration, l'histoire qui advint à César lors de sa traversée des Alpes en 58 avant Jésus-Christ. Voici une variante de cette légende, toujours vivace dans le Briançonnais.

Briançon l'irréductible

L'Allobrogie était déjà rattachée à la province romaine depuis plus de soixante ans lorsque Jules César entreprit de soumettre le reste de la Gaule, à partir de 58 avant Jésus-Christ. Il y parvint, après plusieurs années de campagnes militaires, mais durant l'hiver 52, un jeune noble arvernes appelé Vercingetorix rassembla la plupart des peuples du centre de la Gaule et se lança dans une vaste guerre de reconquête. Alerté, César réunit d'urgence ses légions d'Italie et franchit les Alpes à marche forcée. Des émissaires précédaient les troupes, sommant les rois gaulois des montagnes traversées par l'immense armée, de fournir des vivres et des chevaux frais à chaque étape de l'itinéraire. Tous les monarques celtes se plièrent, quoique d'assez mauvaise grâce, aux exigences romaines, craignant de s'attirer les foudres de César en cas de refus.

Le seul qui décida de ne pas tenir compte de l'injonction fut Ambiorix, roi de la petite cité fortifiée de Briançon. Pire, il renvoya les émissaires romains nus et ligotés sur leurs chevaux, avec des cornes de bouquetin attachées sur la tête, cela pour la plus grande joie de tous ses sujets. Il faut dire que les habitants de cette vallée avaient la réputation de ne craindre personne, pas même le puissant César, et leur tempérament indépendant et batailleur était légendaire dans toute la montagne.

Mais cela, César l'ignorait. Et l'eût-il su, qu'il ne s'en serait certainement pas préoccupé, car l'affront l'avait plongé dans une colère terrible qui obscurcissait son jugement. Il revêtit sans délai son armure de combat, jeta sur ses épaules la cape pourpre des conquérants et prit la tête d'une légion avec la ferme intention de châtier Ambiorix. Les guetteurs gaulois, postés sur de hautes corniches, sonnèrent l'alarme en découvrant la colonne qui remontait la vallée. Aussitôt, toute la population se réfugia dans Briançon, bien à l'abri derrière ses hautes palissades de bois. Ambiorix observa les romains se déployer en ordre de bataille, depuis le sommet de la plus haute tour du rempart, un gros donjon carré bâti en chevrons de mélèze où il avait ses appartements. Il souriait et semblait se réjouir d'avance de la bataille qui s'annonçait.

César, qui était fin stratège, savait qu'il serait vain d'épuiser ses forces sur plusieurs fronts simultanément, mais qu'il aurait tout à gagner à concentrer ses forces sur un objectif plus symbolique, en l'occurrence le donjon d'Ambiorix. Une fois la tour de leur roi détruite, les gaulois déposeraient les armes sans résistance. Il fit donc dresser un grand bûcher de bois sec au pied de la tour et on y bouta le feu. Les flammes gagnèrent les fagots, en ronflant bruyamment, et l'incendie prit une telle ampleur que de véritables colonnes de feu enveloppèrent le donjon. César et ses soldats exultaient, ils pressentaient une victoire rapide et peu coûteuse. Mais qu'elle ne fut pas leur déconvenue en s'apercevant, une fois le tas de bois consumé, que la tour avait mystérieusement été préservée de la destruction. C'était tout juste si les chevrons avaient été vaguement noircis par l'intense chaleur du brasier. Ambiorix réapparut au sommet de l'édifice, un sourire réjoui cousu d'une oreille à l'autre.

La clé de l'énigme

César comprit qu'il ne prendrait pas Briançon, car un puissant charme magique protégeait la ville. Il s'avança donc seul, au pied de la tour et proposa à Ambiorix un marché : l'indépendance de son pays en échange de l'explication de ce prodige. Le roi gaulois réfléchit un moment et se dit qu'il ne pourrait pas éternellement défier les romains. Il accepta et expliqua à César que l'enceinte et les tours de la ville avaient été construites avec des troncs de mélèze de la vallée de Briançon, une essence qui ne pouvait être détruite par le feu. César voulut savoir comment ce bois avait acquis cette admirable propriété et Ambiorix lui raconta l'explication qu'il tenait du plus vieux des druides de la montagne.

« Des siècles plus tôt, une jeune nymphe nommée Meliza traversait la vallée de Briançon sur une magnifique jument blanche, qu'elle aimait comme sa meilleure amie. C'était l'été et le magnifique soleil l'avait incitée à s'aventurer, le temps d'une chevauchée, dans l'intérieur du massif. En passant à côté des ruines d'un ancien château, elle rencontra un nain très laid et très vieux, qui lui proposa de l'héberger dans son manoir. Elle refusa poliment, mais devant l'insistance de l'inquiétant personnage, prit soudain peur et s'élança au galop sur un chemin de montagne. Dans la précipitation, la jument glissa sur un rocher et tomba dans un ravin où elle se brisa les vertèbres. Meliza ne souffrait que de contusions mineures, mais, inconsolable de la perte de son amie, elle demeura sur place tandis que la nuit descendait. Elle pleura toutes les larmes de son corps et, figée dans sa douleur, commença à changer d'apparence ; son coeur, ses bras, ses jambes, son corps tout entier prit peu à peu la consistance du bois. Au matin suivant, elle s'était transformée en arbre, un arbre inconnu jusqu'alors, que les hommes ont appelé Mélèze en souvenir de l'infortunée nymphe de Briançon. Le suc rouge de l'arbre doit sa couleur au sang de la malheureuse et c'est lui qui protège cet arbre contre le feu. Quant à la manne, la rosée sucrée qui apparaît les matins d'été sur ses aiguilles, elle provient des pleurs que la douleur fait encore verser à la nymphe chaque année, lorsque revient la période du tragique accident. »

Instruit de toute l'affaire et heureux d'avoir découvert l'admirable nature de cet arbre, César quitta la vallée de Briançon où il ne remit jamais les pieds.

Le roi Ucenni menant ses troupes à la bataille

LE TOMBEAU DU ROI UCENNI A VIZILLE

L'ancienne motte castrale du château de Vizille, citée dans les textes dès 996, est décrite dans une légende locale comme un tombeau de l'époque gauloise, sous lequel aurait été enterré le roi du peuple Ucenni, tué au combat par les légions romaines d'Auguste 15 ans avant notre ère

La conquête romaine de la Gaule débuta en -154. Les légions intervin rent à cette date pour dégager Nice et Antibes - deux comptoirs com merciaux de Marseille - de la menace représentée par les entreprenants roitelets ligures des Alpes. Cette incursion légitime déboucha tout naturellement, quelques décennies plus tard, sur une première campagne de colonisation lancée dans le sud de la France. De -125 à -122, les gaulois Voconces et les Salyens de Provence furent défaits par les troupes de Rome. En -122, ce fut au tour des légions de Domitius Ahenobarbus de battre les gaulois Allobroges dans la plaine de Valence, pendant que Quintus Fabius Maximus écrasait, plus au nord, Bituit, roi des gaulois Arvernes.

Après ces retentissantes défaites, toute la région passa sous le contrôle des légions romaines, à l'exception des montagnes de l'Oisans où un peuple d'irréductibles et de fiers montagnards d'origine ligure, les Ucenni, résista victorieusement à l'envahisseur pendant plus d'un siècle. Les farouches guerriers, épaulés par ceux des gaulois Allobroges et Voconces qui n'avaient pas renoncé à leur indépendance, taillèrent en pièces toutes les armées que Rome leur envoya et parvinrent à conserver la maîtrise des cols et des vallées jusqu'en -15 environ.

Malheureusement pour eux, Caius Octavius, héritier et fils adoptif de Jules César, que la postérité connaît sous le nom d'Auguste, ne l'entendait pas ainsi. Souhaitant s'assurer l'entière maîtrise des routes transalpines, le vainqueur d'Antoine et de Cléopâtre, qui avait fondé en -27 l'Empire romain, monta une importante expédition militaire qui s'engagea en pays Ucenni vers -15.

Le géant Ucenni

La tradition raconte que le roi de ces montagnes, un géant à la force herculéenne, réunit ses troupes et affronta les légions dans la région de Vizille, à l'entrée des gorges de la Romanche en Isère. Hélas, toute la vaillance et tout le courage des Ucenni ne purent venir à bout de la machine de guerre romaine. Les montagnards furent contraints à battre en retraite. Seul leur roi continua le combat, maintenant à distance ses adversaires par de grands moulinets de la hache qu'il tenait dans un main et de l'épée qu'il tenait dans l'autre. Lorsqu'il fut totalement encerclé, un centurion romain lui promit la vie sauve s'il acceptait de déposer ses armes. Il rugit qu'il préférait la mort au déshonneur et périt glorieusement, non sans avoir emporté quelques légionnaires avec lui.

Les romains, impressionnés par le courage du monarque Ucenni le rendirent à son peuple, qui l'ensevelit en grande pompe sur le rocher de Vizille, sous un tumulus fait de larges dalles de pierre brute couvertes d'un dôme de terre.

La tombe du roi Ucenni serait, si l'on en croit la légende, le petit tertre herbeux situé au point le plus haut de l'éperon rocheux, portant aujourd'hui une citerne.

L'archéologie contredit cette version, puisqu'elle considère que la motte en question serait plutôt l'emplacement du premier château en bois de Vizille, qui appartenait au moyen âge aux puissants seigneurs d'Albon (ancêtres des Dauphins). Il fut remplacé au XIIe siècle par un château fort en pierre, construit à l'emplacement de l'actuel château de Vizille. Il se composait pour l'essentiel d'un puissant donjon circulaire de 34 m de hauteur, auquel s'appuyaient un certain nombre de bâtiments fermés par un mur d'enceinte. Une deuxième enceinte, de plus de 700 m de périmètre et flanquée de tours rondes, protégeait l'éperon rocheux situé au-dessus du château, abritant la chapelle Sainte Marie ainsi que deux maisons fortes. Le rocher porte encore de nombreux vestiges de cette époque.

Le château actuel - célèbre pour avoir accueilli dans sa salle du jeu de paume la réunion des Etats généraux du Dauphiné, prélude de la révolution française - fut construit par le fameux Connétable de Lesdiguière à partir de 1611, sur les ruines du château médiéval.

Petit détail amusant, les romains utilisaient le même mot *gallus* pour désigner à la fois le gaulois et le... coq ! Peut-être était-ce une allusion au caractère fier et batailleur de notre ancêtre, à moins qu'ils n'aient cru, tout simplement, que cet animal était originaire de Gaule. C'est en tout cas la raison pour laquelle cet animal est devenu, au XIXe, siècle un emblème national.

LE SUICIDE DE PONCE PILATE A VIENNE

La célèbre « pyramide » de Vienne fut longtemps considérée comme le cénotaphe de Ponce Pilate, gouverneur de Judée célèbre pour avoir autorisé la crucifixion du Christ en l'an 33 et exilé peu après à Vienne par l'empereur Caligula. Il y termina prématurément ses jours, sans qu'il soit possible de certifier s'il s'agissait d'un suicide ou d'un assassinat.

Ponce Pilate devint gouverneur (on disait alors *procurateur*) de la province romaine de Judée en 26 de notre ère, sous le règne de l'empereur Tibère. Son attitude provocatrice à l'égard des sentiments religieux des juifs de Jérusalem et les exécutions sommaires dont il était coutumier, contribuèrent à son impopularité. Il était en poste lorsque se déroula le procès de Jésus. Ce dernier avait été arrêté par les romains, sur demande des autorités juives, qui voyaient d'un mauvais œil les rapports suspects que le prophète de Nazareth entretenait avec les combattants juifs fondamentalistes. Après un jugement sommaire, au cours duquel Ponce Pilate aurait abandonné la responsabilité de la sentence au peuple juif (en s'en lavant symboliquement les mains), Jésus avait été condamné à la crucifixion, sous l'accusation probable d'être un faux messie. Mais il est également possible que Pilate ait rendu lui-même le jugement, et que les prudents auteurs des Evangiles, qui commencèrent à écrire les premiers textes de la Bible vers la fin du Ier siècle, accusèrent de façon très diplomatique les juifs de Jérusalem, afin de ne pas risquer de s'attirer les foudres des autorités romaines.

Ponce Pilate continua sa politique de provocation et de répression durant les cinq années qui suivirent la mort du Christ, mais un massacre de samaritains, qu'il ordonna en 38, causa finalement sa perte ; Vitellius, le légat de toute la Syrie le suspendit de sa charge et l'envoya rendre des comptes à Rome. Entre temps le tristement célèbre Caligula avait remplacé l'empereur Tibère qui venait de mourir. Mais le nouveau maître de l'empire ne fit preuve d'aucune clémence particulière à l'égard de l'ancien procurateur et l'envoya en exil à Vienne, en Gaule, pour y être assigné à résidence.

Une mort mystérieuse

On trouve des traces du passage du fonctionnaire destitué dans la cité dauphinoise. Le Mont-Pilat, qui domine la ville, tiendrait son nom de Pilate et on détruisit au siècle dernier (1828) la tour dite de Pilate, celle-là même où, d'après la légende, aurait été enfermé l'ancien procurateur.

Caligula, de son côté, se révéla très vite un empereur mégalomane et profondément instable. Il choquait par son attitude religieuse, apparaissant costumé en Jupiter ou en Hercule et exigeant qu'on le considérât comme la réincarnation du dieu Neptune. De nombreuses voix s'élevèrent pour dénoncer sa folie notoire, mais il multiplia les procès de lèse-majesté pour faire taire les importuns. Craignant les complots - il en déjoua plusieurs durant sa carrière - la légende raconte qu'il décida en 40 ou 41 de faire assassiner tous ses opposants potentiels, y compris les exilés. Ponce Pilate, qui aurait appris sa condamnation implicite aurait mis fin à ses jours en 41, soit en se jetant dans le Rhône, soit en s'empalant sur sa propre épée. Il fut plus vraisemblablement tué par un assassin à la solde de l'empereur.

Le tyran romain rejoint pourtant rapidement sa victime dans la mort, car il succomba la même année à l'issue d'un nouveau complot, fomenté cette fois par les tribuns des cohortes prétoriennes.

Puis les siècles passèrent. Arriva l'époque du moyen âge et on commença à raconter que la « pyramide » de Vienne - un petit obélisque placé sur un portique carré qui intriguait forts les habitants de cette époque - abritait le tombeau de Ponce Pilate. On pensait alors que le remords avait poussé le procurateur romain à s'exiler à Vienne où il se serait ensuite donné la mort. Cette croyance demeura fort répandue jusqu'à une date récente.

On sait aujourd'hui que la pyramide (haute de 23 m) était en fait un monument qui décorait autrefois le terre-plein central (la *spina*) de l'hippodrome de la ville antique, autour duquel tournaient les chars de course au milieu d'un magnifique cirque de 455 m de long sur 110 de large.
Rien à voir donc avec Ponce Pilate, d'autant que la-dite construction ne fut élevée que trois siècles après la mort de l'ancien gouverneur de Judée.

Une autre légende prétend qu'une fois Pilate enterré sous la pyramide, il se produisit à Vienne tant de catastrophes (inondations, tempêtes), qu'on fut bien obligé de le déterrer et de lui trouver une nouvelle sépulture. On l'inhuma au bord d'un lac Suisse, mais le plan d'eau déborda à son tour. Il fallut à nouveau le déplacer et, en désespoir de cause, il fut jeté dans la neige, tout au bout de la vallée du Vénéon, dans le massif des Ecrins. Un nouveau cataclysme en résulta : la naissance d'un vaste glacier que l'on appelle aujourd'hui le glacier de la Pilatte. Mais ce nouveau phénomène ne gêna personne et on ne tourmenta plus les restes du malheureux romain.

« Vienne la belle »

La légende de l'ancien procurateur de Judée ne doit cependant pas faire oublier que la cité connut également une destinée hors du commun. Son histoire débuta au IIIe siècle avant notre ère, avec l'installation d'un premier village allobroge au bord du Rhône, surplombé par deux oppidums bâtis sur les collines de Pipet et de Sainte-Blandine. La capitale de ce peuple gaulois était alors l'énigmatique ville de Solonion, dont nous avons complètement perdu la trace aujourd'hui.

En 121 avant notre ère, les bouillants allobroges prirent le parti de protéger les chefs du peuple salyen, en fuite devant les légions romaines. Jugeant inutile d'attendre les guerriers arvernes auxquels ils étaient alliés, ils affrontèrent les envahisseurs non loin du confluent du Rhône et de la Sorgue, et furent défaits, perdant 20 000 valeureux combattants dans cette seule bataille. Leur pays fut annexé et rattaché à la province de Narbonnaise (cette province, *provincia* en latin, deviendra au moyen âge la... Provence).

Les allobroges repartirent en guerre contre l'occupant en 62 avant notre ère, mais après deux années de lutte, leur capitale Solonion tomba aux mains des légions et ils furent à nouveau vaincus. Une fois la paix revenue, l'aristocratie allobroge abandonna sa ville ruinée et s'installa à Vienne dont ils firent leur nouvelle capitale.

Au moment de la guerre des Gaules, qui suivit de près la défaite allobroge, Vienne resta fidèle à César qui la récompensa en -50 du titre de colonie latine (*Colonia Julia Viennensis*). Les habitants profitèrent néanmoins des troubles qui suivirent la mort de Jules César en -44, pour expulser les colons italiens, qui allèrent fonder la ville de Lyon (*Lugdunum*) un peu plus au nord.

Trente cinq ans plus tard, l'empereur Auguste, en visite dans la région, décida d'élever un grand rempart de 7 km flanqué de tours rondes autour de la cité, qui possédait déjà son temple depuis une dizaine d'années. La colonie devint la *Colonia Julia Augusta Florentia Vienna*, « florentia », la florissante, traduisant la prospérité de la ville alors en pleine expansion. La rive gauche se couvrit d'habitations reliées à la rive droite par un pont de pierre jeté sur le Rhône. Le théâtre (l'un des plus grands de l'époque), le cirque où se déroulaient les courses de chevaux ou de chars, l'Odéon qui accueillait des auditions musicales ou littéraires, onze aqueducs, de nombreux thermes et des palais furent également construits à cette époque. Les deux premiers siècles de notre ère furent le véritable âge d'or de cette cité de 30 000 habitants (pour seulement 13 000 en 1830), que l'empereur Claude qualifiait de « très brillante et très puissante » et le poète Martial de « Vienne la belle ». La cité donna à Rome son premier consul d'origine gauloise, Decinus Valerius Asiaticus, qui sera mêlé à l'assassinat de Caligula, participera à la conquête de l'Angleterre

Tour de Saint-André-le-Bas à Vienne, au XIXe siècle

aux côtés de l'empereur Claude, et sera finalement condamné au suicide par l'impératrice Messaline.

Eprouvée mais toujours présente

A la fin du troisième siècle, les peuples germaniques commencèrent à envahir la Gaule, en particulier les Alamans qui forcèrent la ville de Vienne vers 276, en y causant des dommages irréparables. Cela incita les Viennois à reconstruire une muraille plus modeste (1,9 km) mais plus défendable que l'enceinte augustéenne, qui n'entourait plus que le cœur de la cité et la colline de Pipet où fut élevée une place forte.

Devant l'impossibilité de diriger efficacement l'empire romain en un seul bloc, l'empereur Dioclétien le divisa alors en provinces, et Vienne fut choisie pour administrer la province Viennoise nouvellement créée, s'étendant du lac Léman jusqu'aux Bouches du Rhône.

L'évangélisation, attestée dès le IIe siècle au moment des persécutions (le diacre *Sanctus*, représentant de l'église de Vienne, fut jeté aux fauves du théâtre de Lyon en compagnie de *sainte Blandine*, en 177), s'imposa rapidement au IVe siècle. Le premier évêque attesté de Vienne fut *Verus*, qui vivait en 314, et le plus célèbre, *saint Mamet*, qui institua vers 468 la fête des Rogations que toute la chrétienté adoptera par la suite.

Après la disparition de l'empire romain d'occident en 476, la ville de Vienne, qui était tombée aux mains des Burgondes, devint la résidence principale de leurs rois. Les francs, aux moeurs plus frustres, les remplacèrent en 533. En 730, les sarrasins dévastèrent le pays, pillant Lyon et ruinant les églises et les monastères de Vienne situés à l'extérieur de la ville fortifiée. Trois ans plus tard, Charles Martel entreprit de libérer le pays de l'emprise musulmane, mais en y causant encore plus de ravages que les sarrasins eux-mêmes.

Après le traité de Verdun de 843, qui partageait l'empire de Charlemagne entre ses différents successeurs, Vienne fut successivement dirigée par le célèbre comte Girard en 850, puis par le gouverneur Boson, qui se fit élire roi de Provence en 879 et enfin par son fils Louis, en 890, qui deviendra par la suite Louis l'Aveugle lorsque le prince d'Italie Béranger lui aura arraché les yeux à la suite d'un différend.

En 1016, le dernier roi de Bourgogne, Rodolphe III surnommé le fainéant, qui n'avait pas d'héritier, offrit son royaume à l'empereur d'Allemagne, laissant toutefois la jouissance du comté de viennois et de sa capitale Vienne à son épouse, la reine Hermengal. Cette dernière remit le comté entre les mains de l'archevêque de Vienne, Burchard, qui inféoda en 1029 le nord de la province aux comtes de Savoie et le sud aux comtes d'Albon (futurs Dauphins).

Les bases de la féodalité venaient d'être jetées...

Vienne-la-Belle demeure unique en Dauphiné, autant pour la richesse et la durée de son histoire que pour la beauté de son site et le prestige de ses monuments antiques et médiévaux : de la plus importante cathédrale du sud-est de la France au plus grand théâtre romain de France, elle offre au visiteur une infinité de raisons de tomber sous son charme. Sans oublier le légendaire tombeau de Ponce Pilate...

LE CHATELARD : CHAUDRON MAGIQUE OU MARMITE DU DIABLE ?

L'imposante enceinte en terre du Châtelard, sur la commune de Chirens en Isère, fut au XIe siècle la résidence d'un petit seigneur. Elle a donné naissance à bien des légendes locales, dont quelques-unes sont parvenues jusqu'à nous.

Situé à un kilomètre au nord de la tour de Clermont, à l'extrémité d'un plateau étroit, le Châtelard est une puissante enceinte de terre, jadis surmontée d'une palissade, protégée par un impressionnant fossé annulaire. L'intérieur de la fortification était occupé principalement par un grand bâtiment carré en pieux de bois et en clayonnages, avec une toiture de chaume.

Un curieux « château de terre »

Ce « château de terre et de bois » atypique s'apparente aux enceintes du premier millénaire, alors qu'il fut utilisé durant la seconde moitié du XIe siècle, époque où les seigneurs faisaient plutôt construire des tours en bois au sommet de buttes artificielles fossoyées, appelées mottes castrales. Ces dernières étaient très répandues en Isère, plus d'une centaine pour ce seul département. Et même si les parties bâties ont aujourd'hui systématiquement disparu, la toponymie conserve la trace de bon nombre d'entre elles : les lieux-dits actuels *Poypes*, *Châtelard*, *Château-vieux*, *Châtel*, *Châtelans*, *Châtillon*, *Motte*, *Molard*, *Boule* ou encore certains pseudo-tumulus, indiquent presque toujours la présence d'une telle fortification. Ce n'est qu'à la fin du XIe siècle que les seigneurs les plus puissants remplacèrent leur tour en bois sur motte (ou leur enceinte fortifiée) par une tour en pierre, transformée dans certains cas en véritable château fort, au cours des siècles suivants.

Qui était le seigneur du Châtelard ? Nul ne le sait, mais il est possible qu'il ait été originaire de l'habitat fortifié de Colletière, tout proche, abandonné vers 1040 au moment de la montée des eaux du lac de Paladru. Il est également possible qu'après quelques décennies passées au Châtelard, le-dit seigneur, ou son successeur, soit descendu à Clermont pour y construire le château fort dont il reste aujourd'hui un grand donjon pentagonal, perdu au milieu des arbres.

Quoi qu'il en soit, l'impressionnante enceinte du Châtelard, avec ses airs mystérieux de cratère volcanique, suscita certainement bien des légendes au cours de l'histoire. Quelques-unes sont parvenues jusqu'à nous. Celle qui suit a été relevée à Clermont même.

Revenu d'entre les morts

Durant l'époque romaine, une jeune fille de bonne famille habitant la ville de Grenoble - alors appelée Gratianopolis - épousa un jeune homme qu'elle aimait tendrement. Hélas, son époux mourut l'hiver suivant, victime d'un mal foudroyant contre lequel les médecins se révélèrent impuissants. La jeune veuve, désespérée, chercha à mettre fin à ses jours en se jetant du sommet des remparts de la cité. Mais elle fut sauvée par une vieille femme, qui parvint à la dissuader de commettre l'irréparable. La matrone révéla à la malheureuse qu'il existait peut-être un moyen de ramener à la vie le défunt : il fallait consulter l'un des derniers druides de Gaule, vivant dans le bois du Chaudron, à une demi-journée de route de la ville.

La jeune femme, portée par cet ultime espoir, se rendit en compagnie d'un serviteur de son père à l'endroit indiqué et y rencontra le prêtre de l'ancienne religion. Le druide habitait une cabane misérable au milieu des arbres, où il pouvait continuer à vénérer les dieux celtes sans craindre la vindicte des fonctionnaires romains. Après avoir écouté le récit de la jeune femme, le vieux sage emmena les visiteurs au bord d'un étang gelé qui occupait le fond d'un petit cratère (l'enceinte du Châtelard !). Il déclara à la veuve que si elle souhaitait revoir son mari vivant, elle devrait ramener avec elle la dépouille mortelle au printemps suivant et la plonger dans l'eau de cette mare. Car l'étang était un ancien chaudron de résurrection gaulois, dans lequel il suffisait d'immerger un homme mort depuis moins d'une année pour qu'il revienne à la vie.

Folle de joie, la jeune fille eut bien du mal à patienter jusqu'au retour de la belle saison. Mais dès l'éclosion des premiers bourgeons, elle fit transporter en secret le linceul dans lequel reposait son époux jusqu'au Chaudron Magique. A son grand désarroi, elle ne retrouva pas le vieux druide. Sa chaumière était vide et les cendres de son foyer parfaitement froides. Peut-être était-il reparti pour le pays Carnute où, selon la rumeur, les derniers druides du pays continuaient encore à se réunir annuellement, comme au temps précédant la colonisation. Fort dépitée, elle décida cependant de suivre les consignes du prêtre celte. Les deux domestiques de son père, qui l'avaient accompagnée, soulevèrent le corps du défunt, toujours enveloppé dans son drap mortuaire, et le laissèrent glisser dans l'eau peu profonde de l'étang. Tout d'abord il ne se passa rien, le corps emmailloté se contenta de couler comme une pierre et de se poser sur le fond. Puis soudain, alors que le découragement commençait à gagner le cœur de la jeune fille, un soubresaut agita le drap et son époux, mystérieusement revenu d'entre les morts, se dégagea du linceul ! Il remonta à la surface et aspira goulûment une bouffée d'air, la première depuis des mois ! Son aspect était celui qui avait été le sien avant sa maladie, mais il semblait hagard et désorienté. Sa jeune femme cria son nom et se jeta dans ses bras en pleurant de joie.

La légende raconte que l'antique chaudron de résurrection ne fut plus jamais utilisé à compter de ce jour, car un prêtre romain, averti de sa présence par l'un des employés qui avait accompagné la jeune femme, fit creuser une tranchée dans son flanc, par où s'écoula à tout jamais l'eau de vie qu'il contenait.

Une autre tradition locale prête au Châtelard un passé nettement moins réjouissant, puisque le chaudron de résurrection y est décrit comme une marmite géante, grouillante de crapauds et de salamandres, dans laquelle des adorateurs du diable jetaient des enfants vivants pour les dévorer durant leurs messes sataniques. Cette pratique macabre aurait duré une partie du moyen âge, avant que les comtes de Clermont-Tonnerre n'y mettent bon ordre en saccageant l'abominable marmite et en condamnant les coupables à périr sur le bûcher.

Les chaudrons de résurrection

Les chaudrons, qu'ils soient cuves à sacrifices, bassins de résurrection ou bien marmites à potions, ont de tous temps joué un grand rôle dans les pratiques religieuses des peuples européens. Les gaulois n'ont fait que reprendre à leur compte ces coutumes préexistantes, lorsqu'ils s'installèrent en France aux alentours du IVe siècle avant notre ère. Nous avons malheureusement perdu à tout jamais l'essentiel de leur mythologie et de leurs rites, car les celtes n'acceptèrent jamais de confier à l'écriture leurs croyances et leur histoire. Il y a fort à parier, sinon, que nous étudierions aujourd'hui à l'école les exploits d'un Hercule où d'un Ulysse gaulois. Tout juste pouvons-nous tenter de rechercher à travers les légende celtiques de Bretagne et de Grande-Bretagne, pourtant déjà largement christianisées par les moines qui les sauvèrent de l'oubli, un écho de cette lointaine époque, nimbée de magie. Mais force est de constater que nous ne savons presque rien de leurs héros, au cou orné de splendides torques en or, ni de leurs dieux énigmatiques, même si certains croient reconnaître à travers les aventures du roi Arthur et de ses chevaliers de la Table Ronde des héros d'inspiration celte. Difficile de juger, tant le christianisme s'est acharné à effacer les traces des cultures qui l'ont précédé. La nouvelle religion s'est appliquée à bâtir des églises sur tous les lieux de cultes plus anciens (à titre d'exemple, Notre-Dame de Paris occupe l'emplacement d'un temple datant de la haute antiquité !), mais également à imaginer des saints propres à se substituer aux divinités locales (combien de déesses-mères et de

Sur le chaudron celte en argent de Gundestrup, datant du Ier siècle av. J.-C., un dieu plonge des soldats dans un chaudron de résurrection. Ceux-ci repartent à cheval après leur bain de jouvence

fées gardiennes de fontaines sacrées la Sainte-Vierge a-t-elle supplantées ?) et à remplacer les anciens rites païens par des fêtes chrétiennes (le christianisme ayant bien été obligé d'adopter les fêtes celtiques de la Toussaint et les feux druidiques du solstice - feu de la Saint-Jean et bûche de Noël - et de remplacer les anciennes célébrations du printemps par la résurrection de Pâques, tandis que la naissance de Jésus était estimée au 24 décembre pour contrecarrer une ancienne fête romaine jugée trop encombrante).

Pour revenir à la légende du Châtelard, on peut dater approximativement l'époque à laquelle se situe l'histoire. En effet, la ville de Grenoble s'appela Cularo jusqu'en 379, date à laquelle l'empereur romain Gratien y séjourna un hiver et l'éleva au rang de chef-lieu d'évêché, lui donnant son nom de *Gratianopolis* (ville de Gratien), qui deviendra Grenoble au début du moyen âge. La légende se déroule donc après 379, car Grenoble y est appelée Gratianopolis, mais aussi avant 450, époque de l'invasion du Dauphiné par les Burgondes (venus de Germanie), soit aux alentours de l'an 400.

De Cularo à Grenoble

C'est avec l'arrivée des gaulois Allobroges, vers le IIIe siècle avant notre ère, que naquit le village de Cularo, destiné à contrôler le seul lieu de franchissement de l'Isère entre la Savoie et Saint-Gervais. Il fut peut-être élevé dans un premier temps au pied du mont Rachais, sur la rive droite, ou alors directement sur le site de la rive antique, rive gauche, sur le tertre naturel circonscrit par la place Claveyson, la rue des Clercs, la place Notre-Dame et la rue Brocherie. C'est en tout cas sur ce tertre que vint s'appuyer le premier pont romain construit en -43 par le gouverneur Munatius Plancus (fondateur de Lyon), pour franchir l'Isère et se porter à la rencontre de l'armée de son adversaire, le général Marcus Antonius (Marc Antoine). Au début du siècle suivant, les romains construisirent un nouveau pont et agrandirent le bourg Allobroge. Cularo devint un actif petit *vicus* de la cité de Vienne, et abrita un bureau de perception prélevant un impôt sur le trafic marchand entre l'Italie et les provinces occidentales.

A la fin du IIIe siècle, en raison du climat d'insécurité qui régnait dans l'empire (invasions barbares) et de l'importance croissante du bourg, les empereurs Dioclétien et Maximien ordonnèrent l'érection d'une enceinte autour du centre de la ville, flanquée d'une trentaine de tours semi-circulaires et protégée à l'extérieur par deux cours d'eau dérivés du Drac. Si l'on ne peut qu'imaginer les monuments de la cité, il est probable pourtant que le temple ait occupé l'emplacement actuel de la cathédrale, et le forum celui de la place Saint-André et du Palais de Justice, tandis que la Place aux Herbes était déjà un marché. Deux portes donnaient accès à la ville, l'une au nord de l'actuelle place Notre-Dame et l'autre à l'est de l'actuelle place Grenette.

Cularo prit donc le nom de Gratianopolis en 379, comme nous l'avons vu plus haut, puis celui de Grenoble au moyen âge. Elle devint à cette époque la ville capitale des Princes Dauphins et sera, quelques siècles plus tard, le berceau de l'opposition à la monarchie qui trouvera sa conclusion dans l'insurrection révolutionnaire de 1789.

L'EPOQUE DES ROIS BARBARES

(400 à 1 000)

De la chute de l'empire romain jusqu'à l'aube de l'An Mil, le Dauphiné franchit les invasions barbares en entrant à tour de rôle dans la mouvance de plusieurs royaumes éphémères : la Burgondie, pour commencer, qui ne survivra pas aux ambitions territoriales de Clovis, roi des Francs ; le royaume de Lothaire, issu du démembrement de l'empire de Charlemagne ; le royaume de Provence puis celui de Bourgogne, issus du démembrement de la Lotharingie.

Mais le véritable pouvoir, à la fin du IXe siècle, échappe définitivement au roi pour se concentrer entre les mains des familles seigneuriales, plus aptes à protéger les populations de l'insécurité aggravée par les invasions hongroises et musulmanes.

LE PARTAGE DU LAC DE LAFFREY

Le commune de Laffrey en Isère est célèbre pour sa statue équestre de Napoléon, commémorant l'accueil enthousiaste que lui firent à cet endroit les troupes censées l'arrêter à son retour de l'île d'Elbe, le 7 mars 1815. C'est également une agréable station touristique et un lac au charme indéniable, auquel se rattachent quelques jolies légendes...

La commune est mentionnée pour la première fois dans un texte du XIe siècle, on parle alors de l'église de Saint Arey en *Fracseneto*, c'est-à-dire de l'église dans le *bois de frênes.* Deux siècles plus tard, on trouve au même endroit un moulin de *La Fréda* (ou de *La Fréa)*, soit moulin de *la froidure*, ce qui n'est guère étonnant lorsque l'on connaît les rigueurs du climat dans cette région.

Le froid n'est cependant pas la première image qui vienne à l'esprit d'un cycliste arrivant à Laffrey par la route de Vizille, tant les 7 km de la fameuse « côte de Laffrey » sont rudes et éprouvants, pour les hommes aussi bien que pour les machines. C'est d'ailleurs la raison de la présence dans cette commune, au siècle dernier, du plus grand relais de chevaux de renfort de l'Isère, à l'usage des diligences reliant Grenoble au plateau matheysin. Tout le village était organisé autour de cette activité : on trouvait le long de la route un grand nombre d'auberges, dotées de vastes écuries et de remises à voitures, mais également des ateliers de maréchalerie et de charronnage. Les chevaux et les voyageurs ayant bien mérité de souffler après pareille équipée, tout était fait pour que chacun puisse se désaltérer à sa convenance et même, pourquoi pas, se rafraîchir au bord de l'eau.

Car l'eau n'est pas ce qui manque dans la région : pas moins de quatre lacs, égrenés comme les perles d'un chapelet géant sur un axe nord-sud. La légende raconte qu'ils communiquent entre eux par un mystérieux réseau de tunnels et de grottes aquatiques, résidence d'une bonne fée protectrice des pêcheurs, que certains affirment avoir contemplée nuitamment du côté de la statue équestre de Napoléon.

Une victoire pacifique

Statue en bronze réalisée par Fremiet en 1929, qui nous ramène à l'événement historique majeur de Laffrey : la rencontre, en 1815, de l'empereur

Napoléon - échappé de sa résidence surveillée sur l'île d'Elbe - avec les troupes de Louis XVIII venues pour l'arrêter mais qui allaient finalement se rallier au « petit caporal ». Personne en Dauphiné n'a oublié cette image d'Epinal représentant l'ancien maître de l'Europe s'avançant seul face aux fusils braqués du détachement royal. L'ancien monarque avait renoncé à engager le combat, car il était résolu à regagner son trône sans tirer un coup de fusil. Derrière lui, ses chasseurs de la vieille garde et ses lanciers polonais avaient reçu l'ordre d'abaisser leurs armes et ils suivaient avec inquiétude la manoeuvre risquée de leur chef. L'empereur déchu s'arrêta à quelques dizaines de mètres de ses adversaires et, découvrant sa poitrine, lança d'une voix forte les paroles fameuses:

« Soldat, je suis votre empereur, ne me reconnaissez-vous pas ? S'il en est un parmi vous qui veuille tuer son général, me voilà ! »

La suite est connue de tous : les soldats électrisés détournèrent leurs fusils, arrachèrent leur cocarde blanche et au cri de « Vive l'Empereur ! » se pressèrent autour de leur idole retrouvée. Le soir même, Napoléon faisait une entrée triomphale à Grenoble à la tête de ses troupes, étendard tricolore déployé.

L'Aigle impérial, renforcé par cette première victoire pacifique de Laffrey, était prêt à voler « de clocher en clocher jusqu'aux tours de Notre-Dame » !

L'épisode a tellement marqué les esprits de l'époque, que les habitants du plateau matheysin ont taillé depuis les forêts de la montagne du Grand Serre, au dessus des lacs, en forme... d'aigles impériaux ! Trois aigles immenses, dont celui de gauche demeure encore parfaitement identifiable.

La lac de Laffrey - témoin privilégié de la rencontre de 1815 - possède également sa propre histoire, racontée dans une légende de la région...

Un héritage bien encombrant

Il y est dit que le seigneur des lieux, au moment des invasions barbares, se nommait Lemptus (ou Leptus). Il tirait sa richesse du poisson que les gens de son domaine capturaient dans le lac immense qui couvrait alors l'essentiel du plateau matheysin. La pêche était bonne et la petite communauté prospérait comme jamais elle ne l'avait fait depuis l'effondrement de l'empire romain. Le tolérant roi Burgonde, installé à Vienne depuis quelques décennies, avait su ramener la paix sur un large territoire compris entre le Rhône et la Savoie et jusqu'aux villages de la Matheysine et du Trièves.

Lemptus avait toutes les raisons d'être satisfait et pourtant il demeurait sombre et préoccupé : il se faisait du souci pour son héritage ! Certes, il était encore dans la force de l'âge et avait de belles années devant lui, mais il était prévoyant par nature. Et il ne parvenait pas à déterminer comment il pourrait répartir équitablement son lac entre ses quatre fils, une fois son heure venue.

Car les jeunes gens ne s'entendaient guère entre eux et la plus petite inégalité de traitement de la part de leur père passait automatiquement pour du favoritisme, déclenchant bagarres et récriminations. Que l'un reçoive simplement un plus gros morceau de viande à table suffisait parfois à brouiller les frères pour la journées, aussi était-il légitime que leur père s'inquiétât pour ce qu'il adviendrait lorsqu'il ne serait plus. Cela faisait un mois complet qu'il s'ingéniait - en vain - à trouver la solution idéale, lorsqu'il accepta enfin d'admettre qu'elle n'existait pas : rien ne satisferait jamais ses fils, celui qui se verrait attribuer la rive nord jurerait ses grands dieux qu'il rêvait de s'établir sur la rive sud tandis que celui qui recevrait en partage le rivage occidental jugerait l'oriental plus propice à la pêche ! Et toutes les permutations possibles n'y changeraient rien ; ses fils portaient en eux le germe de l'insatisfaction, ils trouveraient donc toujours le moyen de se considérer lésés par les autres partis. Profondément découragé par ce triste constat, Lemptus décida de demander son avis à l'ermite aux loups, qui avait la réputation d'être le plus sage et le plus avisé des hommes de ce royaume. Le vénérable vieillard vivait en compagnie d'une meute de loups apprivoisés, au milieu des ruines d'une forteresse romaine des environs.

L'ermite aux loups

L'ermite reçut très courtoisement le chef du village et accepta l'offrande que ce dernier lui avait apporté, comme l'exigeait la coutume en pareille circonstance. Il écouta ensuite Lemptus lui expliquer la situation, prit le temps de la réflexion, puis livra ses conclusions :

« Cesse de t'acharner à vouloir leur offrir un quart du lac à chacun. » déclara le curieux vieillard, en grattant distraitement le sommet du crâne d'un énorme molosse aux prunelles vertes. « Offre leur plutôt un lac à chacun ! ».

Lemptus voulut protester - sans élever la voix toutefois, pour ne pas déplaire au fauve qui lui faisait face - mais le vieillard ne lui en laissa pas le temps :

« Suis mon conseil », poursuivit l'ermite. « Divise en quatre le lac existant, par des remblais de terre associés à des plantations de roseaux, qui faciliteront l'assèchement des parties concernées. Ainsi, en quelques années seulement, tu posséderas autant de lacs que tu as de fils. Et chacun d'eux, en héritant d'un lac entier, pourra disposer à sa guise de toutes ses rives, sans ressentir de frustration ni de jalousie vis-à-vis de ses frères. »

Lemptus se garda de tout commentaire désobligeant, mais sur le moment trouva l'idée stupide et irréaliste. Puis, les semaines passant, il lui apparut peu à peu que la solution préconisée par l'ermite aux loups n'était pas dénuée d'intérêt. Difficilement réalisable, certes, mais incontestablement séduisante. Si bien qu'au printemps suivant, Lemptus décida finalement d'engager les travaux. Il réunit au préalable ses fils, afin de leur expliquer son ambitieux projet. Et à son plus grand étonnement, pour la première fois depuis des années, les quatre garçons furent unanimes pour approuver sa décision. Il trouva cela de bon augure et dès le lendemain lança les premiers travaux d'assèchement.

Le chantier dura dix longues années, dix saisons interminables d'un labeur plus éprouvant qu'aucun d'eux ne l'avait imaginé, mais il apporta à Lemptus le résultat escompté : il n'y avait plus un seul lac sur le plateau matheysin, mais bien quatre. Et il y avait plus important encore : car ses fils, confrontés à l'ampleur du défi à relever et aux difficultés rencontrées jour après jour, avaient fini par apprendre à collaborer entre eux et étaient même devenus les meilleurs amis du monde. Tout compte fait, séparer les eaux leur avait permis d'être enfin... réunis !

Pour en terminer avec cette légende étiologique très moralisatrice, il est important de signaler que l'ancien fort romain de l'ermite a peut-être réellement existé. Il ne s'agit là que de pure conjecture, bien sûr, mais il est tentant de voir dans le rocher actuel de Saint-Loup, près de Vif, la localisation du refuge de l'ermite aux loups. En effet, ce rocher, distant d'une vingtaine de kilomètres seulement de Laffrey et situé au sommet de la montagne d'Uriol (726 m), fut occupé successivement par un habitat de chasseurs préhistoriques (constitué de huttes circulaires à moitié enterrées), puis par une place forte gauloise et enfin par un ... fort romain ! Il en reste d'ailleurs quelques vestiges à l'est du rocher. L'accroissement de la population durant la *Pax Romana* incita alors les habitants de la colline d'Uriol à descendre dans la plaine de Reymure et à fonder un petit village, qu'ils appelèrent tout simplement *le bourg* (« vicus » en romain, qui deviendra par la suite Vivus puis Vif).

Après la chute de l'empire romain, les envahisseurs burgondes occupèrent à leur tour le rocher et son antique forteresse ; ils n'ont laissé de leur passage qu'un mur éboulé, situé à l'extrémité de la plate-forme sud-ouest. C'est au début de cette période troublée qu'aurait pu vivre notre ermite aux loups...

Au moyen âge, les seigneurs de Vif bâtirent un puissant château fort ainsi qu'une chapelle (capella de Auriol) sur le rocher, mais il n'en reste plus rien aujourd'hui, pas même une localisation précise.

Ainsi va l'histoire : les nouveaux venus remplacent les précédents et sont un jour remplacés à leur tour. Seule certitude : tous seront oubliés...

LE DERNIER SOUFFLE DU DRAGON

La vallée de la Gresse conserve dans un sous-bois de l'Isère, situé dix kilomètres au sud de Vif, une curiosité géologique de grand renom, la *Fontaine Ardente*, qui fut à l'origine de cultes et de nombreuses légendes.

La Fontaine Ardente, autrefois l'une des « sept merveilles du Dauphiné », se trouve au fond d'un ravin, en contrebas du hameau de La Pierre (entre Saint-Barthélemy-du-Gua et Miribel, sur la départementale 8).

La Fontaine est formée par une émanation de gaz méthane sortant d'une strate d'ardoise et qui, lorsqu'on l'allume, donne de petites flammes bleuâtres, vives comme des feux follets. Ce dégagement d'hydrocarbure est certainement à rattacher au gisement houiller de la Motte-d'Aveillans. Tous les travaux de captation industrielle se sont en tout cas révélés infructueux et n'ont eu pour conséquence que de dénaturer complètement le site originel.

Autrefois, le gaz s'échappait d'une petite cuvette alimentée par les eaux de pluie et cette association déconcertante de l'eau et du feu suscita maintes légendes au cours des âges, particulièrement au moyen âge crédule où ce phénomène eut un grand retentissement. Le premier à écrire sur ce sujet fut saint Augustin (354-430), dans son « *Traité de la cité de Dieu* » où il signala qu'elle éteignait « *les flambeaux* » et les rallumait une fois qu'ils étaient éteints. Il est probable que les romains y vénérèrent dès l'antiquité le dieu du feu Vulcain, comme en témoigne l'inscription latine d'un autel trouvé à proximité : « *Ignibus oeternis* » (aux feux éternels).

Aujourd'hui, le petit bassin est à sec, on devrait donc remplacer l'appellation « *Fontaine Ardente* » par « *Sol Ardent* » pour être tout à fait conforme à la réalité.

L'une des légendes colportée depuis des siècles dans la région de la vallée de la Gresse, raconte le secret de la formation de cette ancienne merveille du Dauphiné.

Le dernier dragon du Dauphiné

L'histoire se déroule pendant la période troublée qui précéda le règne de Charlemagne, peut-être durant l'occupation de la région par les Burgondes, vers le Vᵉ siècle.

On rencontrait jadis nombre de dragons en Dauphiné

Le chevalier Algemar était, à cette époque, seigneur de l'ancienne forteresse gauloise de Saint Loup, dressée au sommet d'une colline, à l'est de la plaine marécageuse de Vif (la petite ville de Vif, *Vicus* au moyen âge, n'existait pas encore). Algemar veillait aux destinées des habitants du village situé en contrebas de son château, au lieu-dit Uriol. Les paysans du hameau l'aimaient et le respectaient, car il se montrait généreux avec eux et était prompt à tirer l'épée pour les protéger contre les bandes de pillards, qui écumaient les vallées alpines.

Or, il advint en ce temps-là qu'un dragon immense, venu d'on ne sait où, s'installa dans la région et entreprit de la ravager. C'était l'une de ces créatures cracheuses de flammes, si communes à l'époque du roi Arthur, mais que les fameux chevaliers du roi de Camaalot avaient décimées en si grand nombre que l'on croyait l'espèce éteinte depuis longtemps. Il était hideux et terriblement vorace et rôtissait forêts et maisons sur son passage, avant de dévorer les troupeaux et les villageois qui n'avaient pas eu le temps de se réfugier dans les châteaux. Et même les châteaux n'étaient plus des lieux sûrs, car le monstrueux animal prenait un malin plaisir à abattre les murailles d'un seul coup de patte griffue.

Algemar rassembla sans tarder quelques solides paysans des environs, avec la ferme intention de faire cesser le carnage. Une confrontation directe était impensable ; l'animal les aurait tous balayés de son souffle brûlant. Non, il fallait ruser ; Algemar imagina donc un stratagème ingénieux destiné à tuer la bête. Il attacha plusieurs moutons bien gras, en guise d'appât, dans un petit ravin de la vallée de la Gresse, et s'embusqua avec ses compagnons sur une corniche en surplomb. Après des heures d'une attente fastidieuse, leur patience fut enfin récompensée ; le terrible prédateur, alerté par les bêlements des proies sans défense, venait enfin d'apparaître. Il s'engagea dans l'étroit défilé, totalement inconscient du danger qui le guettait au-dessus de sa tête. Au signal d'Algemar, les hommes poussèrent sur des leviers et basculèrent au fond de la gorge de lourds quartiers de roc, entreposés là par leurs soins. La chute des pierres déclencha une énorme avalanche, qui ensevelit en un instant le dragon et les moutons sacrifiés. Le monstre, pris au piège par des milliers de tonnes de gravats tenta bien de se dégager, mais en vain. La terre trembla sous ses coups desespérés des jours durant, puis les secousses s'espacèrent, se radoucissant au fil des semaines. Enfin, un beau jour, le calme retomba définitivement sur la montagne : la bête était vaincue ! Ainsi prenait fin le cauchemar des habitants de la vallée.

Depuis cette date, le monstre est toujours là, enseveli dans l'ancien ravin comblé par l'avalanche. Et son dernier souffle, qui s'infiltre depuis 1500 ans à travers les rochers entassés, n'a pas fini d'étonner les curieux : il continue à faire danser des flamèches à la surface du sol, au lieu-dit la *Fontaine Ardente*...

LE CASQUE DE CLODIMIR A VEZERONCE

La commune de Vézeronce en Isère entra dans l'histoire le 21 juin 524, avec la fameuse bataille entre les armées franques et burgondes dans la plaine du village de *Vesaroncia*. La légende situe le tombeau du prince Clodimir, fils de Clovis, non loin du champ de bataille où il perdit la vie. On aurait même retrouvé son casque...

Il est nécessaire de faire un petit retour dans le passé pour comprendre les raisons qui amenèrent les burgondes et les francs à s'affronter à Vézeronce.

Au moment de l'effondrement de l'empire romain d'occident en 476, l'essentiel de la Gaule se trouvait occupé par quatre nations barbares d'origine germanique : les francs au nord, les alamans au nord-est, les wisigoths au sud-ouest et les burgondes au sud-est, tandis qu'au milieu, entre Loire et Somme, un dernier îlot se réclamant encore des instances impériales romaines était administré par le général Syagrius.

Originaires des rivages de la Baltique, les burgondes envahirent la Savoie en 443 puis se répandirent jusqu'à Vienne et Lyon en deux décennies. A la mort de leur roi Gondéric, en 473, le royaume burgonde fut partagé entre ses quatre fils. Celui qui reçut la région située entre le Rhône et la Suisse s'appelait Gondebaut. Il s'installa à Vienne où il fut un monarque tolérant et éclairé, et sa cour devint rapidement la plus renommée de l'ancien royaume. Deux de ses frères, jaloux de sa réussite, l'attaquèrent en 477 à la tête de puissantes armées. Gondebaut fut défait près d'Autun, mais il ne tarda pas à prendre sa revanche, en reprenant sa ville de Vienne à ses deux frères qui avaient eu la stupidité de licencier l'essentiel de leurs troupes trop précipitamment. Les deux frères ainsi que la femme et les fils de l'un d'eux furent massacrés. Seules les filles furent épargnées. Délicatesse lourde de conséquences...

Vengeance de femme

En effet, l'une d'elles - la belle Clothilde - allait épouser 14 années plus tard le roi des Francs, Clovis. Ce dernier était alors âgé de 28 ans et il régnait déjà depuis douze ans. Douze années mises à profit pour agrandir son domaine, en assassinant ses rivaux directs, bien sûr, mais aussi en battant le général gallo-romain Syagrius en 486 et enfin en gagnant l'appui de l'église et des populations autochtones par une habile conversion au christianisme en 489, qui faisait de lui le premier roi barbare catholique.

En 500, il envahit le royaume burgonde de Gondebaut, meurtrier des parents de sa jeune épouse, et le soumit en partie. Mais les choses en restèrent là - malgré le désir de Clothilde de voir périr son ennemi - et Clovis et Gondebaut moururent paisiblement de mort naturelle, le premier en 511, le second en 516.

La guerre entre les francs et les burgondes allait pourtant se rallumer, car en 524, la reine Clothilde - qui avait la rancoeur tenace - exhorta les trois fils qu'elle avait eus de Clovis ; Clodomir, Childebert et Clothaire, à reprendre la lutte contre les burgondes, dont le nouveau roi était Sigismond, fils de Gondebaut. Les francs, sous les ordres de Clodomir et de Théodoric, se portèrent à la rencontre des burgondes, qu'ils affrontèrent le 21 juin 524 dans la plaine marécageuse de... Vézeronce. Les francisques (haches de jet) des guerriers francs aux longues moustaches eurent raison des géants burgondes au terme d'une bataille sanglante, mais Clodimir paya de sa vie l'âpre victoire qui sonnait définitivement le glas du royaume burgonde.

Un casque magique

En 1867, le marais de Saint Didier au nord de Vézeronce, livra une tombe princière d'une richesse extraordinaire, dont seul un casque est parvenu jusqu'à nous, actuellement conservé au musée dauphinois. C'est une très belle et très rare pièce d'apparat, tout en cuivre et en cuir, entièrement décorée au pointeau de motifs géométriques ou figuratifs, qui appartenait de façon certaine à un très haut personnage ayant trouvé la mort au cours de la bataille de 524, et inhumé en grande pompe dans le marais de Vézeronce. On pense immédiatement au chef des francs, le prince Clodimir, mais il peut tout aussi bien s'agir d'un haut dignitaire burgonde ayant péri le même jour.

Quoi qu'il en soit, le casque a alimenté depuis des années de nombreuses légendes, dont celles (sans fondement sérieux) qui situent sur la butte du *mollard Coyne* (3 km à l'ouest de Vézeronce-Curtin) le tombeau de Clodimir ou même le site de la bataille. On appela également la butte en question, assez mystérieusement, *tombeau du roi Argoth* ou *Virgo* (confusion avec Ostrogoth ?), ou encore *tumulus du roi Koëne.*

Une autre légende, assez curieuse, explique que le casque découvert à Vézeronce aurait été doté, autrefois, d'un puissant charme de protection. Clodimir l'aurait obtenu d'un magicien pour se protéger dans le hasard des combats et il en aurait bénéficié durant la bataille de Vézeronce. Au début, tout du moins, car il aurait ensuite malencontreusement perdu le couvre-chef, dans la fureur de l'affrontement, mais ne s'en serait pas aperçu. Distraction fatale, car se croyant toujours invincible, l'imprudent guerrier se serait exposé plus que de raison aux coups de l'adversaire et l'aurait payé de sa vie.

Barbe Bleue dauphinois

Mais toutes les légendes locales ne se rapportent pas exclusivement à la bataille entre les francs et les burgondes. L'une d'elles concerne au contraire la sombre tour médiévale de Charray, qui dresse ses importants vestiges à 500 mètres du mollard Coyne. On ne sait rien d'elle, sinon qu'elle fut le donjon d'un château fort et que certains anciens du hameau l'appellent encore le château de Barbe-Bleue. Impossible de savoir si cela a un rapport avec une légende locale oubliée ou la pilosité particulière de l'un de ses châtelains. Peut-être un Gilles de Rais dauphinois habita-t-il cette énigmatique forteresse, s'y livrant aux mêmes étranges atrocités que celui qui côtoya Jeanne d'Arc et que la postérité a conservé sous le nom de Barbe-Bleue. L'explication est à jamais inaccessible, enfouie sous les ronces, au milieu des pierres éboulées et des souvenirs disparus. Mais attention : par ici, on raconte qu'il vaut mieux ne pas s'attarder au milieu des ruines après la tombée du jour, car on y aurait entendu des bruits « *pas très catholiques* »...

Roland au cœur de la mêlée

LES AVENTURES DE ROLAND EN DAUPHINE

La longue histoire de la lutte des Francs contre les Sarrasins inspira la création littéraire à partir du Xe siècle. Le preux Roland, devenu neveu de Charlemagne pour les besoins de la légende, est censé avoir libéré les Alpes du joug de l'Infidèle dans les années 774. Son nom reste attaché à de nombreux lieux du Dauphiné, en particulier la Tour-sans-Venin et les Trois Pucelles au-dessus de Grenoble, les vallées autour de Bourg-d'Oisans et le château de Feuillant près de Mens.

Qui était véritablement Roland ? Difficile de répondre à cette question sans sombrer dans le mythe perpétué par les chansons de geste du moyen âge. Nous savons tout de même qu'il était comte et marquis de la marche de Bretagne, constituée par Pépin le Bref, père de Charlemagne.

A l'origine, un comte (*comes*) était un compagnon de guerre des rois mérovingiens ou carolingiens, responsable révocable de l'administration d'une partie du royaume. Il ne devint prince territorial indépendant, de façon héréditaire, qu'à partir de la fin du IXe siècle. Quant au marquis (*marchio*), c'était celui qui administrait une marche, c'est-à-dire un comté situé sur une frontière de l'empire. Ce titre devint également héréditaire à la même époque que le précédent.

On sait enfin que Roland était l'un des chefs commandant l'arrière-garde de l'armée franque, lors du retour d'Espagne de 778, arrière-garde qui sera massacrée à Roncevaux au cours d'une embuscade organisée par les basques (et non les sarrasins). Devenu pour la légende le neveu du puissant Charlemagne, il représentera durant la période des croisades l'idéal chevaleresque combattant au nom de la véritable foi l'Infidèle associé à la félonie de Ganelon.

Les incursions sarrasines

Roland ne vint probablement jamais en Dauphiné, ce qui ne fut pas le cas des Sarrasins. Arrivant d'Afrique via l'Espagne (alors sous leur domination), les conquérants arabes menacèrent d'abord Toulouse en 721 (défendu par le duc Eudes), ravagèrent Autun en 725 et une partie de l'Aquitaine en 732 . Charles Martel (appelé à la rescousse par Eudes) battit Abd el-Rahman à Moussais, près de Poitiers, en octobre 732. Une partie de l'armée musulmane en déroute s'installa dans les hautes vallées alpines (dont l'Oisans). Le reste fut à nouveau défait en 737 par un comte Guillaume, dans la région de Narbone. Malgré ces victoires significatives, la persistance des incursions sarrasines incita Charlemagne à pénétrer en Espagne à la tête de son armée, en 778, ce qui aboutit à la constitution de la marche d'Espagne. Mais il échoua devant Sarragosse et perdit son arrière-garde à Roncevaux, durant le voyage de retour.

Découragés par l'opiniâtreté des Francs, les Sarrasins renoncèrent à leurs visées hégémoniques pour se concentrer sur de simples incursions de pillage, en particulier dans la vallée du Rhône. Vers 890, un groupe s'établit pourtant durablement autour de la Garde-Freynet, dans le Var, d'où il mena des raids incessants. Il faudra attendre la capture, en 972, de l'abbé de Cluny saint Mayeul, pour voir les seigneurs francs perdre patience et chasser définitivement les envahisseurs en 973.

Mais revenons au VIIIe siècle : Charlemagne gouverne le royaume depuis la mort de son père Pépin le Bref en 768, et après avoir soumis l'Aquitaine puis la Bavière, il rentre en Lombardie en 774, où il soumet la ville de Pavie. Si l'on en croit la tradition, c'est à ce moment là qu'il aurait confié à son « neveu », le comte Roland, la mission de libérer les Alpes du joug des Sarrasins, qui occupent la région depuis leur retraite de 732. Place à la légende...

LA TOUR SANS VENIN

Un pan de mur de dix huit mètres, dominé par la montagne du Moucherotte et les aiguilles des Trois Pucelles, est tout ce qui reste de la Tour sans Venin de Seyssinet-Pariset. Le magnifique panorama sur la cuvette grenobloise et son écrin de montagnes vaut cependant à lui seul le déplacement. L'ancien donjon du château de Pariset (construit au XIIIe siècle à la place d'un premier château en bois sur motte) doit sa célébrité au singulier pouvoir qu'on lui prêta, à partir du moyen âge, de ne laisser vivre entre ses murs aucune « *beste venimeuse* », car « *incontinent qu'on la boute dedans, elle meurt* ». Gervais de Tilbury écrivit à ce sujet, au XIIe siècle, que « *si l'on prend de la terre du château de Pariset et qu'on la pulvérise dans un lieu quelconque, aussitôt la peste de tous les reptiles nocifs est mise en fuite* ».

Une croyance ancienne prêtait les mêmes vertus à la terre de Paris, où la déesse égyptienne Isis, invoquée dans son pays contre les scorpions et les serpents, aurait été honorée. Or, un petit autel romain, dédié à la même déesse, ainsi que des serpents en bronze, ont été retrouvés à Pariset, ce qui laissa penser à une époque que c'était ce culte présumé qui donna son nom au hameau de Pariset. Mais il n'en est rien, ce serait plutôt du côté des « prés » dévalant en pente douce sur le replat, ou encore du côté du mot « *par* », signifiant lieu ensoleillé, qu'il faudrait rechercher l'origine du nom de la commune.

Certains attribuèrent la vertu hypothétique du donjon de Pariset au vent du nord, qui souffle fréquemment sur le rocher portant la fortification, ou encore à la vertu de la plante à poils piquants appelée éc*hion ou vipérine*, censée éloigner les reptiles et fréquente sur le coteau. D'autres encore, pensent que le nom originel de la tour aurait été saint Séverin (médecin de Clovis), devenu par la suite saint Vérin puis Sans Venin. Ils s'appuient sur le fait qu'en patois local, saint se prononce *san* et que le venin des serpents se dit *verin*... Pourquoi pas.

La tradition la plus vivace veut, quant à elle, que la tour en bois, qui précéda celle que nous voyons aujourd'hui, aurait été bâtie par Roland, lors de la guerre qu'il mena pour libérer Grenoble des sarrasins. Il y aurait amené de la terre de Paris, réputée protéger contre la morsure des serpents pour une raison qui demeure obscure.
Une variante de cette dernière tradition est reproduite ci-après.

Un siège mal engagé

A l'annonce de la venue d'une armée franque dans les Alpes, les sarrasins se retranchèrent dans les villes et châteaux qui étaient tombés entre leurs mains quelques décennies plus tôt. Roland, qui dirigeait cette armée, choisit de commencer par libérer l'ancienne cité allobroge de Grenoble. Mais les vieilles murailles romaines de la ville, hérissées de tours à intervalles réguliers, n'avaient pas trop souffert des précédents sièges, et les occupants musulmans n'eurent aucun mal à repousser les premiers assauts francs.
Le neveu de Charlemagne savait que le siège serait long et certainement fort coûteux en vies humaines. Soucieux du confort de ses soldats, il commença par édifier un vaste camp de toiles entouré d'une solide palissade, dans les prairies au sud de Grenoble. Puis il fit garder jour et nuit les portes de la ville assiégée, afin d'interdire à quiconque d'entrer ou de sortir, pour affamer au plus vite la garnison adverse et hâter leur capitulation.
Malheureusement, les semaines passèrent sans que le moral des défenseurs ne semblât affecté le moins du monde par la situation. Au contraire, les sarrasins raillaient fréquemment les soldats francs qui effectuaient leur tour de garde aux entrées de la ville, et leur jetaient de la nourriture depuis le sommet des murailles, comme ils l'auraient fait pour nourrir des cochons sauvages. Roland commençait à s'inquiéter du découragement qui gagnait ses soldats, lorsqu'une douloureuse mésaventure lui donna enfin les clefs de la victoire.

C'était la septième semaine de siège et le neveu de Charlemagne venait d'arriver dans le village de Seyssins, au bord de la rivière Dragon, où il comptait se procurer du ravitaillement. En descendant de son cheval, il posa malencontreusement le pied sur une énorme vipère qui le mordit cruellement au mollet. Le comte franc la coupa en deux d'un coup de son épée Durandal, avant de s'effondrer, terrassé par la douleur. Il perdit connaissance et commença à délirer, en proie à une fièvre foudroyante. Ses soldats, impuissants, le considéraient déjà comme mort, lorsqu'une vieille femme leur indiqua le moyen de le sauver : il fallait l'emmener sur une colline des environs, dominée par les ruines d'une ancienne forteresse romaine. La terre de l'endroit possédait la curieuse propriété de mettre en fuite toutes les bêtes venimeuses et de soigner les morsures provoquées par les dites créatures. Le problème, c'était que l'endroit était tenu par les sarrasins, qui logeaient dans une grotte voisine.

Le « serpent » de Troie

Les chevaliers francs remercièrent la villageoise puis galopèrent sans perdre un instant en direction de la colline, qui demeurait leur dernier espoir. Les sarrasins les virent arriver de loin et les criblèrent de flèches, mais sans parvenir à briser l'élan des cavaliers. Les francs tirèrent leur épée et tombèrent comme la foudre au milieu des mécréants, dont ils firent un grand massacre. Bientôt, il ne resta plus un sarrasin en vie et les chevaliers descendirent Roland du cheval sur lequel ils l'avaient solidement attaché. Le comte agonisait, chacun de ses souffles paraissant bien être le dernier. Ils le portèrent au sommet de la colline et, en arrivant au milieu des vestiges romains, assistèrent au plus incroyable des prodiges : le venin, qui avait contaminé tout le corps de Roland, ressortait de lui-même par les deux incisions de son mollet. Le poison, mélangé aux humeurs et au sang, gouttait dans l'herbe où il se vaporisait en nuages grésillants, comme si la terre avait été le fond d'une marmite chauffée à blanc. Pourtant, en y posant la main, on constatait que le sol n'était pas plus chaud qu'ailleurs. La vieille paysanne n'avait pas menti, un enchantement opérait sur cette étrange colline. Et il venait de sauver la vie du neveu de Charlemagne, qui rouvrait déjà les yeux. Un peu de rose était revenu à ses joues et il respirait plus librement. On lui expliqua ce qu'il faisait ici et soudain, le puissant guerrier éclata d'un rire tonitruant. Ses chevaliers se regardèrent avec inquiétude. Ce venin aurait-il affecté sa raison ? Mais non, Roland les rassura en leur expliquant qu'il venait, en les écoutant, d'imaginer le stratagème qui allait leur permettre de prendre la ville de Grenoble sans coup férir ! Ses soldats l'écoutèrent exposer son plan de bataille et chacun se chargea ensuite d'organiser les préparatifs, gagnés par l'exaltation de leur chef.

Le lendemain, l'attaque commença aux premières clartés de l'aube. Une demi-douzaine d'hommes projetèrent à l'aide de frondes des sacs en toile par dessus les murailles de la ville, tout autour de la porte Jovia (au niveau de la future place Grenette). Les sacs, en tombant au sommet des remparts, s'ouvrirent et libérèrent les centaines de vipères que les soldats francs associés aux villageois des environs avaient capturées la veille. Les sentinelles ennemies, terrorisées par cette pluie de serpents, s'empressèrent de déserter le sommet des murailles, qu'ils laissèrent sans protection. Les francs se ruèrent aussitôt sur la porte et tandis que certains dressaient des échelles contre le mur d'enceinte, d'autres grimpaient et envahissaient le rempart. Les serpents se détournaient d'eux en sifflant de frayeur, car les assaillants avaient pris la précaution de remplir leurs bottes de terre prélevée sur la colline du fort romain. Les nouveaux venus s'empressèrent d'ouvrir en grand les lourds battants de la porte Jovia et la chevalerie franque, avec à sa tête le preux Roland, s'engouffra dans Grenoble, épée au clair.

C'est ainsi que le comte Roland libéra la première cité alpine.
Sa première décision, en tant que prince de la ville de Grenoble, fut d'ordonner l'érection d'une haute tour à la place des ruines romaines où il avait eu la vie sauve, destinée à surveiller la vallée et à prévenir une nouvelle incursion des sarrasins. Et bien entendu, il appela son nouveau donjon... la Tour sans Venin !

Pour la petite histoire, la grotte dite des Sarrasins, à laquelle il est fait allusion dans la légende, existe réellement. On ne sait pas si son porche monumental abrita des soldats arabes, mais des fouilles ont révélé qu'elle avait été occupée au néolithique (il y a 4 ou 5000 ans) par une petite tribu qui pratiquait la chasse et la culture des céréales pour subsister.

LE TRESOR ENFOUI DU CHATEAU DE FEUILLANT

A 1.5 km au sud-est du Perrier (5 km au sud de Mens), sur une crête adossée au Ménis (1 594 m), finissent de crouler les vestiges mystérieux du château féodal de Follians, que l'on appelle aujourd'hui la tour des Feuillants.

Le paysage est somptueux et le cône sombrement boisé du Ménis, découpé sur l'Obiou (2 790 m), possède un charme indéfinissable, qui fait rôder sur les ruines de la forteresse comme un parfum de moyen âge.

Des terrasses et des fossés, l'empreinte d'un mur d'enceinte et de quelques bâtiments, un moignon de donjon carré de 8 mètres de côté, sont l'essentiel des vestiges que la forêt de conifères n'a pas encore absorbés. Cette ancienne motte castrale du XIe siècle, perchée à 1100 m d'altitude, domine magnifiquement toute la cuvette du bas Trièves.

Aux dires de certains, ce château fut à l'origine un repaire de sarrasins, d'où ils auraient mené leurs raids sur le pays et où se trouverait encore, enfouie quelque part, une idole en or représentant une chèvre. D'autres, au contraire, pensent que l'édifice servit de couvent à des moines du IXe siècle, qui trouvèrent au milieu de la montagne la solitude propre à leur méditation. A chacun de se faire son opinion.

Roland, pour sa part, prit très au sérieux les rumeurs qui affirmaient qu'un trésor, provenant du pillage des églises du Trièves, était conservé dans ce château. Et après tout, quant à prendre une forteresse, autant que le butin soit à la hauteur de l'effort déployé pour s'en emparer. C'est pourquoi il détourna son armée de la petite ville de Mens, qu'il venait de libérer, pour galoper en direction de la montagne du Ménis, à mi-hauteur de laquelle, se dressait un imposant château en bois. Un paysan qu'ils croisèrent leur apprit que le château de Follians appartenait au puissant émir Abd-ul-Jéid, que l'on disait fabuleusement riche. Le prince musulman vivait dans un autre château, situé dans une vallée des Monts de l'Oisans, où il gardait l'essentiel de ses richesses. Mais ses soldats de Follians avaient également amassé d'énormes quantités d'or, à partir desquelles ils avaient fabriqué une idole en forme de chèvre, qu'ils vénéraient au même titre que leur dieu Allah. C'est en tout cas ce qui se disait dans les fermes de la région.

Roland s'avança au pied des palissades de Follians, dominées par l'étendard vert du Prophète, et proposa aux sarrasins de déposer les armes en échange de sa promesse de leur laisser la vie sauve, ou alors de se préparer à mourir dans l'incendie de leur château. Les défenseurs de la place lui répondirent par une avalanche d'insultes et Roland ordonna à son armée de réduire en cendres la forteresse. Les archers francs eurent tôt fait de bouter le feu aux murailles et les chevaliers du comte massacrèrent sans pitié ceux qui tentaient d'échapper au brasier. Mais quelle ne fut pas la déception de Roland et de ses soldats quand ils eurent passé au peigne fin les décombres fumants sans y trouver l'ombre d'un trésor. Les sarrasins avaient dû enterrer l'idole en or juste avant l'assaut, et en retrouver à présent l'endroit, enseveli sous l'accumulation des gravats, s'avérait chose impossible. C'est donc fort dépités que les francs abandonnèrent les ruines du château de Follians, sous lesquelles dort, depuis cette époque, le fabuleux trésor des sarrasins du Trièves.

LE TRESOR DE L'EMIR ABD-UL-JEID

L'échec du château de Follians incita Roland à marcher sur la forteresse d'Oisans de l'émir Abd-ul-Jéid, où il comptait faire un joli butin. Traverser le Valbonnais et ses hautes vallées encore partiellement enneigées ne fut pas chose aisée, mais la perspective de l'or du prince ennemi fit plus pour le moral des troupes que n'importe quelle harangue enflammée du grand Charlemagne en personne. L'armée se retrouva finalement dans la vallée du village de Saint-Laurent-du-lac (le futur Bourg-d'Oisans), occupée à cette époque par un grand lac aux eaux transparentes.

Le repaire d'Abd-ul-Jéid était installé sur un îlot situé au centre de la nappe d'eau : c'était un énorme donjon de granit presque noir, sans porte ni fenêtre et d'apparence imprenable. Pour l'atteindre, il fallait emprunter une nacelle en osier suspendue à un câble et tractée par une chaîne actionnée depuis la plate-forme crénelée de la tour. Prendre d'assaut un tel édifice n'allait pas être une partie de plaisir, pensa Roland en l'apercevant. Mais il n'eut pas le loisir de mûrir le moindre plan de bataille, car l'armée de l'émir montait déjà à leur rencontre dans un grondement assourdissant de sabots et de cris de guerre.

Le comte se hâta de placer sa cavalerie en ordre de bataille, puis, brandissant sa fameuse épée Durandal au-dessus de son casque doré, il lança l'ordre d'attaquer. Ses chevaliers s'ébranlèrent en clamant d'une seule voix le cri de guerre des francs, qui avait sonné le glas de bien des armées ennemies au cours de ces dernières années. L'instant suivant, les deux troupes se heurtaient de plein fouet, dans un vacarme épouvantable fait de cliquetis d'armes et de râles d'agonie. Les sarrasins étaient de fiers soldats, mais n'étaient pas de taille à affronter les vétérans bardés de cicatrices et de fer du comte Roland. Ces derniers avaient taillé en pièces toutes les armées d'Europe qu'ils avaient affrontées jusqu'à ce jour et ne firent pas exception avec les soldats de l'émir Abd-ud-Jéid. L'affaire fut rondement menée, à peine quelques minutes, et Roland put réunir ses barons au bord du lac Saint-Laurent, où le puissant donjon semblait les narguer.

Le prince arabe, qui avait assisté impuissant à la défaite de sa cavalerie, avait fait abattre le câble qui reliait la tour au rivage. Il demeurait sous la protection de sa garde personnelle, puissamment retranché au sommet de la sombre forteresse lacustre. Nul doute, qu'en plus de son inestimable trésor, il avait dû accumuler suffisamment d'eau et de nourriture dans la tour pour soutenir un siège prolongé. Alors que faire ? C'est la question que se posaient Roland et ses conseillers lorsqu'un petit homme malingre à la chevelure aile de corbeau, nécromancien de son état, leur fit une étrange proposition.

L'aide du nécromancien

« Je vous offre un moyen d'accéder à la tour d'Abd-ud-Jéid si vous promettez de m'offrir la moitié des richesses que vous trouverez-là. »

Roland accepta sans hésiter, car il savait que toute tentative conventionnelle se solderait par un échec. Toute la nuit, les guerriers francs entendi-

Les Trois Pucelles, non loin des vestiges de la Tour Sans-Venin

rent les lugubres incantations du magicien résonner entre les montagnes, ponctuées par les affreux cris d'agonie d'animaux sacrifiés. Ils dormirent fort mal, mais constatèrent au matin que le nécromancien avait réussi : une immense passerelle couleur de feu, née de l'enchantement, reliait désormais la rive du lac au sommet du donjon. Roland s'y engagea, suivi de tous ses chevaliers, et il se jeta sans hésiter au milieu des défenseurs. Durandal semblait douée d'une vie propre, virevoltant de victoire en victoire comme un éclair d'acier.

Abd-ul-Jéid, se voyant perdu et ne voulant pas abandonner son trésor aux mains des francs, jeta dans le lac toutes ses richesses, or et pierreries provenant de pillages et de razzias perpétrés durant des années dans les vallées alpestres. Puis il se précipita lui-même du haut des remparts, frustrant Roland du plaisir de l'occire en personne.

La désillusion fut cruelle pour les soldats francs : pas plus qu'à Follians, ils ne s'étaient enrichis. Les plus sages se consolèrent, quand même, en songeant qu'ils avaient gagné une autre forme de richesse, que personne ne songerait jamais à leur disputer : l'éternelle reconnaissance des populations qu'ils venaient de libérer du joug des sarrasins.

Le nécromancien, pour sa part, était d'un genre nettement moins philosophe et assurément plus persévérant. Il composa des nuits durant de nouveaux sortilèges, qui lui permirent, à force de patience, de récupérer jusqu'à la dernière pièce du fabuleux trésor de l'émir sarrasin. Mais à trop jouer avec le feu, on finit par se brûler ! Et lorsqu'il quitta la région, en emportant avec lui les joyaux récupérés au fond du lac, une flamme de l'enfer se fraya un passage à travers une fissure du chemin et transforma le cupide magicien en un rocher noir et tordu, que l'on voit encore, de nos jours, du côté des ruines de Farfayet.

Quant au précieux chargement du nécromancien, on imagine sans peine que le diable trouva à en faire bon usage...

LES TROIS PUCELLES

La quatrième légende nous ramène du côté de la Tour-sans-Venin, construite par Roland au lendemain de sa victoire sur les sarrasins de Grenoble. Le vénérable donjon est dominé par la montagne du Moucherotte (1901 m), à l'avant-garde de laquelle partent en gerbe les aiguilles rocheuses des Trois Pucelles, qui sont en réalité quatre, comme nous allons le voir tout de suite.

Une fois le Dauphiné entièrement libéré par l'armée du comte Roland, lui et ses soldats s'accordèrent un repos bien mérité dans le château de la Tour-sans-Venin, au-dessus de la vallée du Dragon. Les habitants des environs organisèrent une grande fête en leur honneur, au cours de laquelle les preux chevaliers et les vaillants fantassins furent au centre de toutes les attentions des jeunes filles de la région.

Quatre de ces jeunes personnes, en particulier, n'avaient d'yeux que pour Roland, qu'elles couvaient sans cesse de regards langoureux qui en disaient long sur leurs sentiments à son égard. C'étaient les quatre filles du seigneur de Naves, un puissant personnage régnant sans partage sur le plateau de Saint-Nizier et une partie des montagnes du Vercors, où il possédait de nombreux châteaux. Les quatre jolies pucelles voyaient en Roland le très bel homme et le héros qu'il était, mais également le sauveur providentiel qui les avait sauvées d'une mort certaine. En effet, leur père, qui n'avait jamais accepté de reconnaître l'autorité sarrasine et qui avait repoussé vaillament chaque tentative d'invasion de ses montagnes pendant plus de quarante ans, avait finalement été capturé par les infidèles, une semaine seulement avant l'arrivée de l'armée franque en Dauphiné. Le cruel chef des sarrasins, vexé par l'humiliation de tant d'années d'échec, avait souhaité se venger du combatif seigneur de Naves en lui enlevant ce qui avait le plus de valeur à ses yeux : ses filles ! Il avait emmené les quatre pucelles dans la ville de Grenoble, où il avait établi ses quartiers, et s'apprêtait à les faire décapiter sur la place de ville (l'actuelle place aux Herbes) lorsque les guetteurs sur les remparts avaient signalé l'arrivée des francs. L'exécution avait été reportée et la prise de la ville par Roland avait définitivement écarté la menace qui pesait sur les malheureuses. Depuis ce jour, elles vouaient un amour exclusif au grand guerrier étranger.

Malheureusement pour elles, le comte franc ne répondit pas favorablement à leurs avances, durant la fête, et elles s'ouvrirent de leur grand désarroi à leur père, dès le lendemain. Il accepta de parler en leur nom au noble franc et proposa à Roland de lui offrir la main de l'une de ses filles. Le comte se dit infiniment flatté par l'offre du seigneur dauphinois, mais il était déjà fiancé à la belle Aude, qui l'attendait dans son pays, il ne pouvait donc accepter la main d'aucune d'entre elles. Le seigneur de Naves rapporta, la mort dans l'âme, la réponse de Roland à ses filles. Ces dernières, désespérées mais plus décidées que jamais, décidèrent de tenter le tout pour le tout et d'avoir recours à la magie pour tenter de gagner le cœur de celui qu'elles aimaient.

La fée de la fontaine

Elles savaient qu'une bonne fée vivait au lieu-dit La Fontaine (l'actuelle commune de Fontaine), où elles se rendirent à dos de mulet. Il y avait là un arbre très ancien et une fontaine, à côté d'une dalle de marbre blanc. Sur la dalle était posé un gobelet en or, attaché à l'arbre par une chaine du même métal. La plus courageuse des jeunes filles, qui connaissait les coutumes des fées, remplit le gobelet à la fontaine et arrosa copieusement la pierre blanche. Immédiatement, une volée d'oiseaux surgis de nulle part se posa sur les branches de l'arbre et toutes les feuilles s'agitèrent en produisant une sorte de

musique. Lorsque les pucelles reportèrent leur attention vers la dalle de marbre, elles découvrirent une très belle jeune femme qui les regardait amicalement. Les yeux de la fée étaient si lumineux qu'il était impossible de bien distinguer son visage.
« Je suis la fée de la Fontaine », dit-elle sans bouger les lèvres. « Qu'attendez-vous de moi, jeunes filles ? »
La plus courageuse expliqua la raison de leur démarche et la fée lui répondit sans une hésitation.
« Je vous dois un service, en échange de l'offrande d'eau que vous m'avez faite. Retenez cette formule magique... »
Les jeunes filles mémorisèrent la phrase incompréhensible, aux accents chantants, que leur dit la fée.
« ... Celle qui prononcera ces mots, en fixant du regard l'endroit où se trouve l'être aimé, sera à son tour aimé de lui. Mais attention ! Une seule d'entre vous pourra utiliser l'enchantement. Si vous contreveniez à cette règle, vous seriez aussitôt changées en statues de pierre ! Adieu et bonne chance...»
Les oiseaux s'envolèrent de l'arbre et commencèrent à tourner autour de la fée de la Fontaine, puis ils l'entraînèrent dans les airs et disparurent au fond du firmament.

Les quatre soeurs revinrent en direction du plateau de Saint-Nizier, puis s'arrêtèrent sur un petit promontoire d'où elles avaient une vue plongeante sur la Tour-sans-Venin , où résidait Roland. Le plus difficile restait à faire : décider celle qui aurait le privilège de lancer le charme d'amour ! Malgré de longs palabres, aucune ne parvint à obtenir le suffrage des trois autres et il devint bientôt évident que rien ne débloquerait la situation. Pour cette raison, elles décidèrent toutes, secrètement, de tenter leur chance sans obtenir, au préalable, l'assentiment général. La formule magique jaillit de leurs quatre gorges au même instant et dans la seconde qui suivit, les quatre jeunes filles se changèrent en rochers, comme annoncé par la fée de la Fontaine.

Un paysan qui avait assisté au prodige raconta le drame au seigneur de Naves. Le pauvre homme en mourut de chagrin et, dès lors, on appela l'endroit les Quatre pucelles, en mémoire des malheureuses jeunes filles disparues. Au fil des ans, l'histoire originelle s'effaça des mémoires et, vu que l'on ne voyait que trois rochers sur quatre depuis la vallée, les Quatre Pucelles devinrent tout naturellement... les Trois Pucelles !

La redoutable Tarasque

LE CHEVALIER DE BOURDEAU ET LA TARASQUE

La cité provençale de Tarascon, entre Arles et Avignon, fut bâtie, dit-on, après que Sainte Marthe eût délivré cette région d'un dragon appelé Tarasque. Or, dans le petit village Drômois de Bourdeau, près de Dieulefit, se raconte une toute autre histoire...

Bourdeau, quelques kilomètres au nord de Dieulefit dans la Drôme, est un pittoresque village dominé par les ruines d'un important château féodal. La forteresse, dressée sur une butte dominant le Roubion, est formée d'un beau donjon carré entouré d'une enceinte quadrangulaire flanquée de tours rondes aux angles. La « *motte de Bordellis* » est citée dés 1210, la fortification appartenant alors aux sires de Bordeuz ou de Bordel, vassaux des comtes de Die. Au milieu du XIIIe siècle, le château passa par mariage aux Châteauneuf, qui le cédèrent en 1278 aux comtes de Valentinois. Ces derniers reconstruisirent le château dans l'état où nous le voyons aujourd'hui.

Du village dauphinois de Bourdeau à la petite cité provençale de Tarascon, située entre Arles et Avignon, il y a une centaine de kilomètres et apparemment pas de filiation directe. Apparemment seulement, car une légende relevée dans le village drômois raconte comment un chevalier de Bourdeau libéra Tarascon du dragon qui terrorisait alors les populations.

Le dernier dragon de France

Le dernier dragon que l'on tuât en France le fut à Tarascon, vers l'an 810, sous le règne de l'empereur des Francs, Charlemagne. Voici comment.

Le jeune chevalier Arman, de la tour de Bordel, devait se marier un jour d'été avec une jeune fille de l'antique cité d'Arles, en Camargue. Ses parents, ainsi qu'une escorte de chevaliers étaient partis chercher la jeune promise et l'avait ramenée avec eux pour les noces. Malheureusement, alors que le bateau qui les transportait sur le Rhône traversait une lande sauvage appelée Nerluc, un énorme dragon avait surgi du fleuve et mis en pièce la frêle embarcation.

Ce dragon était le dernier de son espèce, une vieille femelle que les gens des environs nommaient la Tarasque et qu'aucune armée n'avait jamais réussi à éliminer. L'animal, d'une longueur et d'une sauvagerie peu communes, était capable de griller un chevalier dans son armure à plus de cent mètres de distance, comme un vulgaire oeuf à la coque. Les passagers du bateau n'avaient donc aucune chance et tous périrent, à l'exception d'un écuyer, qui parvint à déjouer l'attention du monstre en se laissant dériver à la surface comme une épave de bois mort.

De retour au château de Bordel, dans les collines drômoises, il apprit la terrible nouvelle au jeune sire Arman, qui demeurait le seul survivant de sa famille. Désespéré, le malheureux sella son cheval et galopa jusqu'à l'épuisement de sa monture, comme s'il cherchait de cette manière à distancer son chagrin. Mais rien n'y fit. La nuit étant venue, le jeune homme s'allongea sur l'herbe et sombra dans un sommeil agité. Au matin suivant, il avait décidé de partir sur le fleuve afin de venger ses parents et sa tendre promise en tuant l'animal responsable de leur disparition.

Sur le chemin du fleuve, il acheta une miche de pain bien croustillante à une paysanne et entreprit de la manger, tout en continuant sa chevauchée. Un peu plus loin, il croisa une vieille femme, qui le salua.

« Bonjour, mon seigneur » dit-elle en louchant sur la miche entamée. « Que votre pain sent bon... »

« As-tu faim, grand-mère ? » demanda le jeune homme.

« J'ai grand faim, mon prince », répondit la vieille en hochant tristement la tête. « Je vis seule dans une chaumière des environs et ce n'est pas aisé, à mon âge, de subvenir à mes modestes besoins. »

Arman sentit les larmes lui monter aux yeux, car il venait de songer que lui aussi était seul, désormais.

« Prends ce pain », dit-il à la paysanne. « J'ai déjà copieusement déjeuné ce matin. Et puis je t'invite à te rendre dans mon château de Bordel, dès aujourd'hui si tu le souhaites. Tu diras à mes gens que tu viens de ma part et ils t'offriront le couvert et le gîte pour aussi longtemps qu'il te plaira. »

La vieille prit le pain que lui tendait le jeune homme, en souriant de gratitude.

« Vous êtes généreux, mon seigneur. Mais votre pain me suffira. Comme je ne veux pas être en reste avec vous, je souhaite vous offrir un présent en échange. Voyez, sous ce grand fayard, vous trouverez posé contre le tronc quelque chose qui vous sera de grande utilité dans les prochains jours. Mais prenez bien garde à ne pas toucher l'extrémité, la moindre éraflure provoque une mort immédiate. »

Une aide providentielle

Intrigué, Arman s'engagea sous la futaie et découvrit, appuyée contre l'écorce de l'arbre, une magnifique lance en bois rouge et or, terminée par une lame en acier aussi noir que de l'ébène. Le chevalier se retourna vers la vieille femme pour la remercier, mais la fée, car c'en était une, avait déjà disparu. Le jeune homme ramassa donc l'arme magique, qu'il entortilla soigneusement dans sa cape pour éviter de se blesser, puis il galopa d'une traite jusqu'à Mont-Adhémar (futur Montélimar), au bord du Rhône, où il passa la nuit suivante. Le lendemain, il acheta une barque à un pêcheur et se laissa emporter par le courant jusqu'aux landes de Nelruc. Arrivé là, il accrocha son bateau à une touffe de roseaux et commença à frapper la surface de l'eau avec sa rame, pour tenter d'attirer l'attention de la Tarasque. Ce qui ne tarda pas à arriver. La tête hideuse, à la gueule bardée de crocs plus longs que des bras, s'éleva soudain au dessus des eaux, accrochée au sommet d'un long cou recouvert d'écailles.

Un sifflement perçant déchira l'air et Arman eu juste le temps de sauter à l'eau pour ne pas être brûlé vif par la colonne de flammes que venait de cracher le dragon. Lorsqu'il remonta à la surface, il reproduisit le subterfuge qui avait sauvé la vie du jeune écuyer de son père et se laissa dériver comme s'il avait péri dans la fournaise. Mais il n'avait pas lâché la précieuse lance offerte par la fée, la dissimulant le long de son corps inerte. La monstrueuse créature s'approcha d'Arman sans se méfier, en ondulant dans l'eau comme un serpent. A travers ses paupières mi-closes, le jeune homme la vit se pourlécher les babines en le contemplant d'un air gourmand. La peur lui glaça les os et il lui fallut réunir tout son courage pour ne pas céder à la tentation de chercher le salut dans la fuite. Salut tout illusoire, du reste, car il n'aurait jamais pu distancer le monstre aquatique. Son unique chance résidait dans l'effet de surprise : il devait frapper la Tarasque dans la gueule, au moment exact où elle s'apprêterait à le dévorer. Car un coup porté en tout autre endroit serait immanquablement dévié par l'épaisse cuirasse d'écailles dont elle était recouverte. Il se força donc à demeurer parfaitement immobile, jusqu'à l'ultime instant. Et lorsque le dragon ouvrit son immense gueule pour l'engloutir, il lança son arme droit dans la bouche d'où s'échappait un panache de fumée malodorante. La Tarasque poussa un cri d'agonie assourdissant, avant de s'abattre dans l'eau en soulevant des vagues de plusieurs mètres de hauteur.

C'est ainsi que disparut le dernier des dragons, tué en Provence par la lance d'un preux chevalier dauphinois. La terre désertique de Nerluc se peupla ensuite d'habitants, qui bâtirent une ville à laquelle ils donnèrent le nom de Tarascon, en souvenir du monstre disparu.

La version provençale

La tradition provençale raconte, au contraire, que c'est Sainte Marthe (originaire de Sainte-Marie-de-la-Mer) qui apaisa la Tarasque d'un signe de croix, ce qui permit aux habitants de la région de la tuer.

Quoi qu'il en soit, la ville de Tarascon conserve de son passé l'un des plus beaux châteaux médiévaux de France (XIIIe siècle), bâti sur une presqu'île du Rhône. Flanqué de nombreuses tours, entouré de fossés enjambés par deux ponts successifs (autrefois ponts-levis), le magnifique château offre la masse compacte de ses murs jaillissant à 48 mètres de hauteur, où le roi René organisa au XVe siècle des fêtes fastueuses, recevant des hôtes de marque comme la dauphin Louis (futur Louis XI) et Charles d'Orléans, le célèbre troubadour. Le château deviendra ensuite, du XVIIe siècle jusqu'en 1926, une prison célèbre où seront enfermés, entre autres, Cinq-Mars et de Thou.

On ne peut parler de Tarascon, bien entendu, sans évoquer le personnage inventé par Daudet en 1872, le fameux Tartarin de Tarascon. Pour la petite histoire, le personnage réel qui servit de modèle à l'auteur s'appelait Barbarin, chasseur peut-être un peu hâbleur qui avait une fille dont Daudet s'éprit follement. Econduit, le malheureux écrivain se vengea... en caricaturant le père de la demoiselle !...

LES MOINES PAILLARDS DE SAINT ALBAN

Un étrange monastère en ruines sur une presqu'île du Rhône, une forêt peuplée de « châteaux morts », le fleuve indolent paré de brouillards tenaces; il n'en fallait pas plus pour habiller de légendes cette région située à l'extrémité septentrionale du département de l'Isère.

Au sud de l'inquiétant cube en béton de la centrale nucléaire de Creys-Malville (Super-Phénix), finissent de crouler de nombreux châteaux forts.

La forêt aux châteaux morts

Le plus ancien est celui de la Poype, construit à la place d'une motte castrale par les seigneurs de la Poype et abandonné vers 1350. Il en reste un pan de mur à la sortie du village de Creys, en direction des Mollards.

Le moins bien conservé est le château de Pusignieu, qui fut pillé à la Révolution (le régisseur qui était un fort méchant homme fut tué à cette occasion) et démoli ensuite. Il ne reste plus aujourd'hui que les ruines d'un vieux pigeonnier, près du réservoir d'eau du village actuel.

Le plus morbide est la maison forte de Rochevieille, campée au sommet d'une falaise dominant le Rhône, 800 mètres à vol d'oiseau au sud-est de Malville. Si l'on en croit la tradition, l'étrange forteresse, qu'il est difficile de dater précisément, aurait été transformée à une époque en léproserie, avant de devenir le repaire d'une secte satanique aux moeurs peu recommandables. La base d'une enceinte rectangulaire et d'une tour protégeant l'entrée sont visibles au milieu de la forêt dite *des châteaux morts*.

Le seul encore en état est le château de Mérieu, situé à l'entrée des gorges de Malarage, où les eaux du Rhône roulent tumultueusement devant un magnifique cadre champêtre découpé sur les escarpements du Bugey méridional. Construit sur une petite hauteur par le chevalier de Mérieu au XIIe siècle (le donjon seul subsiste de la fortification primitive), le château fort fut profondément remanié au cours des siècles et restauré au XIXe. De la terrasse (ouverte au public les samedis après-midi), s'offre aux regards une vue

Le mystérieux monastère de Saint-Alban,
situé au bord du Rhône en Isère

magnifique sur le défilé menant au plus mystérieux des châteaux de la région : Saint Alban.

De château, Saint Alban n'en a d'ailleurs que l'allure, car il s'agit plutôt, d'après la tradition, d'un ancien monastère. Etabli au sommet d'un rocher avancé sur le Rhône, au pied des falaises de Creys-Pusigneu, il présente encore suffisamment de vestiges - au milieu de l'exubérante végétation - pour tenter de se le représenter au temps de sa splendeur : un grand donjon rectangulaire (en partie conservé) dressé sur une motte, ainsi qu'un certain nombre de bâtiments dont on devine les murs arasés, protégés par deux enceintes successives et dominant une vaste basse-cour accessible par une rampe.

On peut imaginer que la ressemblance avec un château fort n'est pas totalement fortuite. Car si le monastère est antérieur à l'An Mil, comme il est rapporté dans la tradition locale, il n'eut d'autre choix que de se clore de murailles pour échapper aux pillages incessants qui caractérisèrent le haut moyen âge.

Les feux du ciel

Mais le danger ne venait pas de là, nous dit la légende. Saint Alban fut au contraire détruit par les feux du ciel, aux alentours de l'an 900, pour punir les moines qui vivaient là de leurs dérèglements. En effet, ils franchissaient tous les soirs le Rhône à bord d'une barque, afin de retrouver sur l'autre rive les nonnes d'un couvent, détruit en même temps que leur monastère. Non contents de sacrifier au péché de la chair, les moines se complaisaient également dans celui de la gourmandise, mangeant de la viande et des pâtisseries sucrées au miel tous les jours et arrosant copieusement chaque repas des meilleurs vins du pays des « Côtes du Rhône ».

C'est pourquoi un ange vint les mettre à l'épreuve, un soir de Noël. Il neigeait sans interruption depuis trois jours et la tempête semblait atteindre son paroxysme en ce soir de nativité. L'ange avait pris l'apparence d'un vieux pèlerin au regard exténué et il s'en vint frapper avec son bourdon (bâton de pèlerin) au lourd portail de l'enceinte. Un moine goguenard, dérangé dans ses agapes par le tambourinement, se pencha par l'embrasure d'une fenêtre du donjon.

« Qui va là ? » glapit le déplaisant personnage en se curant les dents à l'aide de son couteau.

« Je suis un pèlerin égaré dans la tourmente, mon père. » répondit l'ange en feignant l'épuisement « J'ai froid et je suis recru de fatigue. Je vous demande l'asile pour cette nuit, pour l'amour de Dieu. »

« Nous n'avons pas suffisamment de place pour vous accueillir parmi nous, mon fils » répondit l'autre en s'impatientant visiblement. « Mais il y a un village doté d'une bonne auberge un peu plus loin. Vous n'avez qu'à suivre le fleuve et vous y serez avant la mi-nuit. Bonne nuit de Noël, mon fils ! »

Et sur ce congédiement pour le moins cavalier, le moine s'en retourna vers le festin qui occupait ses comparses. On entendait s'entrechoquer les coupes en métal et rouler les chansons « à boire » au milieu des éclats de voix. Hélas pour eux, leur sort était déjà scellé.

L'ange disparut soudain au milieu des flocons et la cloche de la chapelle commença à sonner le tocsin. Les moines se ruèrent aux fenêtres, juste à temps pour voir les premiers éclairs zébrer le ciel. La foudre s'abattit alors sans discontinuer sur Saint Alban durant près d'une minute, qui sembla une éternité aux occupants terrorisés, et lorsque le cataclysme cessa, le prieuré était la proie d'un terrible incendie dont il ne se releva jamais.

Une version de la légende raconte que nos « moines paillards » périrent tous dans les flammes purificatrices cette nuit de Noël, tandis qu'une autre estime au contraire qu'ils en réchappèrent et s'installèrent ensuite à l'abbaye de Saint Chef, où la rigueur du prestigieux établissement les contraignit à infiniment plus de modération...

On ne sait pas d'avantage si un véritable incendie causa la ruine de l'établissement, donnant par la suite naissance à la légende, ou si, au contraire, l'histoire de colère divine ne fut inventée que longtemps après l'abandon du prieuré, pour tenter d'expliquer une ruine dont les raisons avaient depuis longtemps été oubliées.

On accède aux vestiges à partir de Malville, en suivant sur un bon kilomètre le sentier entre falaise et fleuve. Intéressant et un peu lugubre, par temps de brouillard notamment...

LES AMANTS DE LA TOUR DE SURIEUX

Assiégée et détruite par les armées du prince d'Orange, au début du XVe siècle, il reste du puissant château fort de Surieu une belle tour chargée d'histoire... ainsi qu'une légende, qui rappelle le mythe universel des amants bienheureux et maudits, que même la mort n'a pas réussi à séparer.

Le nom de Surieu vient de Surius, un soldat romain qui s'était vu octroyer cette parcelle de terre en pays Allobroge, au moment de la colonisation romaine.

Le château de Surieu, campé sur un relief surplombant le village de Saint-Romain-de-Surieu (à quelques kilomètres de Roussillon dans l'Isère) a été bâti à partir du XIe siècle, peut-être sur les ruines d'un ancienne forteresse gallo-romaine (oppidum). La puissante forteresse demeura l'un des fiefs importants des seigneurs de Roussillon jusqu'à sa destruction par les troupes du prince d'Orange, en 1426.

Il en reste essentiellement une belle tour ronde, d'une quinzaine de mètres de hauteur, la chapelle du château devenue église paroissiale et un ancien bâtiment restauré qui fut un temps la cure de l'église.

L'église est particulièrement intéressante ; sa façade, bâtie en pierres appareillées, puis en moellons alternant avec des briques, est l'élément le plus ancien de l'édifice. Le tympan du portail présente d'étranges sculptures, ainsi qu'une mystérieuse figure placée au dessus d'une croix grecque et le tout est surmonté d'une fenêtre à plein cintre. Le clocher, contemporain de la façade à laquelle il s'adosse (XIe siècle), est tout aussi curieux, avec son aspect lourd et massif et ses murs percés de meurtrières.

Non loin de là, au pied de la falaise, un sentier mène à la source de Saint Lazare, qui se déverse dans un petit bassin à l'aspect antique. Cette appellation rappelle le passage des reliques de Saint Lazare (évêque de Marseille) dans l'église de Surieu, au moment de leur transfert dans la ville d'Autun en Bourgogne, justifié par l'invasion de la Provence par les Sarrasins. Cet événement était autrefois célébré en septembre dans l'église de Surieu et l'on se rendait en procession jusqu'à la source pour invoquer le saint contre la stérilité ou pour obtenir la guérison des nourrissons.

Mais revenons à la tour et à sa tragique légende.

Le comte Frodac et sa jeune captive, la belle Mathilde, au château de Surieu en Isère

Une nuit de noce tragique

Il advint, aux alentours de l'an 920, que le chevalier Ismidon s'éprit follement de la belle Mathilde. Depuis la mort du père de la jeune fille, son tuteur était le vieux comte Frodac, seigneur de Vienne et vassal du roi de Provence Louis l'Aveugle. L'amour qu'Ismidon avait conçu pour la belle enfant étant réciproque, le chevalier alla demander sa main au comte Frodac, en son palais viennois. Mais celui-ci était également secrètement épris de la jeune fille, si bien qu'il refusa catégoriquement la demande du prétendant et le chassa du château. Il se rendit ensuite auprès de Mathilde et celle-ci lui avoua aimer le chevalier. Pour tenter d'étouffer dans l'œuf cette passion qui l'importunait, le comte décida d'éloigner pour un temps la jeune fille de la cité. Il l'emmena dans son château de Surieu, à une journée de cheval de Vienne, et l'enferma dans la tour qui subsiste encore aujourd'hui.

Le malheureux chevalier obtint, grâce aux indiscrétions d'une gentille lingère du palais de Vienne, la destination de sa bien-aimée. Impatient de la revoir, il sella son cheval et galopa à bride abattue jusqu'à Surieu. Là, le fougueux Ismidon grimpa au lierre qui couvrait la vieille tour afin d'atteindre la fenêtre de sa belle. Il fut malheureusement surpris par un veilleur sur les remparts, qui alerta le comte et Frodac repoussa le chevalier dans le vide au moment où le jeune homme atteignait la fenêtre. Ismidon ne se rompit pas tous les os, grâce à l'épais tapis de ronces qui amortit sa chute, mais il s'en tira avec des bleus et des écorchures sur tout le corps. Frodac convoqua alors les jeunes amoureux devant lui, dans la grande salle du château, et quel ne fut pas leur étonnement en l'entendant déclarer qu'il acceptait finalement de bénir leur union. Il s'excusa pour avoir jeté Ismidon au pied de la tour et expliqua que devant un amour aussi sincère, il ne pouvait que s'incliner.

Leur mariage fut magnifiquement organisé par Frodac et la cérémonie en l'église de Surieu à la hauteur du bonheur qu'éprouvaient les amoureux. Le soir, après la fête, le comte les installa dans une chambre nuptiale magnifiquement parée, au bas de la tour. La jeune mariée éprouva un sinistre pressentiment, mais son tendre époux eut tôt fait de chasser son épouvante. Pourtant, au matin de la nuit de noce, les jeunes gens découvrirent, atterrés, que leur hôte avait fait murer l'unique porte durant leur sommeil : le comte s'était vengé de la plus horrible des façons en les condamnant à une mort certaine.

Finalement, après quelques jours, un remords terrible saisit Frodac ; il fit tomber le mur, mais il était déjà trop tard pour les malheureux époux, qui s'étaient endormis paisiblement dans les bras l'un de l'autre pour ne plus se réveiller.

Le comte, infiniment seul dans son immense détresse, ne connut jamais le repos de l'âme, malgré le pèlerinage expiatoire qu'il fit sur le Sépulcre du Christ et l'église qu'il construisit à ses frais à Bougé.

Quant à la tour de Surieu, personne n'osa plus jamais l'habiter et l'on dit encore qu'à la révolution, on retrouva dans la salle basse les ossements des deux époux, tendrement enlacés.

Afin de clore cette triste histoire, il est bon de souligner que la tour de Surieu ne peut en aucun cas être contemporaine d'Ismidon et de Mathilde, car elle n'a été construite qu'aux alentours du XIIe siècle. Mais il n'est pas interdit de penser qu'existait là, dés le Xe siècle, une tour en bois ou même une ancienne tour romaine, où se joua la terrible tragédie.

LES OGRES EN DAUPHINE... LEGENDES ET REALITE

De nombreux méfaits commis à travers le Dauphiné durant le Xe siècle ont été imputés à tort aux Sarrasins. Ils sont en fait l'oeuvre de pillards qui ont su tirer parti de l'anarchie générale caractérisant cette époque, et en particulier d'une troupe de cavaliers hongrois, les redoutables *Hongres*, que nous connaissons tous - sans le savoir - sous leur appellation contemporaine : les ogres !

La mauvaise interprétation d'un texte ancien est en partie responsable de la confusion qui fut faite entre pillards et sarrasins. En effet, on trouve dans le cartulaire de Saint Hugues, qui fut évêque de Grenoble à partir de 1080, que l'un de ses prédécesseurs du Xe siècle, Isard, chassa de son diocèse une « nation païenne » (*gente paganâ*) qui l'avait envahi. On imagina, des siècles plus tard, qu'il s'agissait des maures, alors établis à la Garde Freinet dans le Var. Mais il n'en était rien. Les envahisseurs « païens » dont parlait Isarn étaient, en fait, une troupe de cavaliers hongrois, qui ravagea le Dauphiné vers 954 et fut chassée par l'énergique évêque l'année suivante.

Les ravages occasionnés par les terribles cavaliers Hongres à travers une bonne partie de l'Europe marqua suffisamment les esprits pour que la mémoire populaire les conserve sous une forme caricaturale : les fameux *Ogres* mangeurs d'enfants de nos contes traditionnels.

ISARN CONTRE LES HONGRES

Isarn, évêque de Grenoble vers le milieu du Xe siècle, était considéré par ses contemporains comme un homme bon et avisé. Il tentait de gérer au mieux les intérêts de sa cité, malgré les incursions fréquentes de bandes de pillards à l'intérieur des frontières de son diocèse. Il savait qu'il ne pouvait compter que sur lui-même et les maigres ressources de l'église pour assurer un semblant de paix sur ses domaines. Les grands seigneurs laïcs avaient trop à faire à se disputer des miettes de l'ancien empire de Charlemagne ou à se défendre eux-mêmes contre les bandes armées ravageant le pays, pour songer

L'évêque grenoblois Isarn distribuant la communion à ses soldats avant la bataille de 955 contre les Hongres

à défendre les populations. Quant au roi de Bourgogne, Conrad le Pacifique, de l'autorité duquel dépendait la région qui deviendrait un jour le Dauphiné, c'était tout juste s'il parvenait à se maintenir sur son trône. Il ne fallait donc pas plus attendre d'aide de sa part. Si bien qu'Isarn en était réduit à organiser lui-même, tant bien que mal, la défense des paroisses dépendant de son autorité.

L'évêque de la dernière chance

Or, il advint qu'en la 16e année du règne de Conrad, ce qui correspond à l'an 954 de notre calendrier, les Hongres, appelés également Magyars, ayant battu le comte Luitfroit sur les bords du Rhin, traversèrent le royaume de Bourgogne comme un vent de mauvaise augure et déferlèrent dans la vallée du Graisivaudan où ils se livrèrent au pillage et au massacre. Les Magyars étaient un peuple de cavaliers qui s'était installé dans la plaine hongroise à la fin du IXe siècle et qui pillait, depuis cette époque, les pays voisins. Ayant l'avantage d'une extrême mobilité, ainsi que des qualités équestres inégalées, ils avaient remporté nombre de succès sur les armées germaines, italiennes et franques qui s'étaient jusqu'à présent opposées à leurs raids éclairs.

Isarn, averti par ses conseillers de l'arrivée imminente des terribles cavaliers Hongres décida d'abandonner Grenoble. Une défense désespérée de la cité par la petite garnison qu'il entretenait, n'aurait conduit qu'à retarder la prise de la ville et à exciter la férocité des vainqueurs. Il était plus sage de livrer la ville aux Magyars et de sauver ainsi la vie de sa population, quitte à revenir plus tard à la tête d'une véritable armée pour en chasser l'envahisseur. Isarn, ses gens et une partie des habitants de la ville quittèrent précipitamment Grenoble, quelques heures seulement avant l'arrivée de la chevauchée hongroise.

L'archevêque de Vienne, Barnuinus, donna à Isarn l'église et le bourg de Salmorenc (l'actuelle ville de Voiron), pour qu'il s'y abrite le temps que la paix soit rétablie dans son diocèse. Ce qui aurait pu durer fort longtemps, car personne ne semblait pressé d'aller se frotter aux Magyars installés à Grenoble. Le roi, lui-même, bien que l'assurant de sa bienveillante sympathie, jugea préférable d'attendre que les envahisseurs ne se lassent de la situation et s'en aillent d'eux-mêmes. Mais Isarn n'entendait nullement demeurer les bras croisés et il décida de prendre le taureau par les cornes : il allait lever une armée lui-même et reprendre sa ville sans l'aide de personne !

Il commença par faire savoir autour de lui que tout chevalier qui serait prêt à s'engager à ses côtés dans cette aventure serait récompensé par un lopin de terre pris sur les immenses friches de son diocèse, d'une taille directement proportionnelle au nombre de combattants qu'il pourrait engager dans la bataille, et sur lequel il serait autorisé à élever un château. La nouvelle circula dans toutes les paroisses du diocèse de Grenoble demeurées indépendantes, puis dans celles des diocèses voisins. Et au plus grand étonnement de l'homme d'église, les candidats ne tardèrent pas à affluer en masse à partir du printemps suivant. C'étaient, pour la plupart, de jeunes chevaliers désargentés, dotés de plus d'ambition et de courage que de troupes aguerries prêtes à les suivre au combat. Ils voyaient dans cette entreprise un moyen facile de s'établir sur une terre où asseoir leur lignage et Isarn crut discerner dans leur nombre et leur enthousiasme vigoureux un heureux présage. L'un d'eux, un grand guerrier au regard farouche, qui se faisait appeler l'*Allemand*, avait même quitté sa Germanie natale pour tenter sa chance au royaume de Bourgogne. Au fur et à mesure que se constituait l'armée de reconquête, un certain nombre de petits seigneurs de Bourgogne commencèrent à prendre au sérieux le projet de l'évêque grenoblois, et furent séduits à leur tour par la promesse d'adjoindre à leurs possessions quelques terres supplémentaires. Ils rejoignirent à leur tour le contingent de Salmorenc, si bien qu'au début de l'automne, l'armée d'Isarn, forte de plusieurs centaines d'hommes, fut prête à marcher sur Grenoble. L'évêque souhaitait attaquer avant l'hiver, pour ne pas être bloqué par la neige et contraint de reporter de six mois la libération de son diocèse.

Une bataille décisive

En apprenant que l'armée de Salmorenc faisait mouvement vers eux, les Hongres s'élancèrent au devant de leurs adversaires. Ils étaient confiants en leur force et souhaitaient affronter l'ennemi sur leur terrain, c'est à dire en rase campagne, où leurs qualités de cavaliers faisaient en général toute la différence. Les armées, se rencontrèrent dans la plaine de Voreppe, dans un environnement qui avantageait nettement les cavaliers Magyars. Ces derniers s'élancèrent les premiers en poussant des cris terribles destinés à jeter le trouble dans le cœur de leurs adversaires. Mais malgré la jeunesse de la plupart d'entre eux, les chevaliers Bourguignons avaient l'âme solidement trempée et une furieuse envie d'en découdre. Il leur en cuisait donc de devoir adopter la stratégie élaborée par Isarn, à savoir s'enfuir soudain en direction de l'Isère, comme si le courage leur manquait tout à coup. Les Hongres, ravis de constater que l'ennemi se débandait, entamèrent aussitôt la poursuite, sans réaliser que les fuyards les entraînaient vers les méandres de la rivière, où le sol devenait soudain lourd et semé d'embûches.

Les Magyars flairèrent soudain le piège, mais il était déjà trop tard. Alors qu'ils commençaient à faire volter leurs chevaux au milieu des flaques boueuses, une centaine d'archers, dissimulés au milieu des roseaux, se dressèrent dans leur dos et lâchèrent leurs flèches. Puis ils se poussèrent afin de laisser le passage aux chevaliers Bourguignons, qui chargeaient à leur tour. Privés de leur liberté de mouvement, totalement désorganisés, les Hongres furent massacrés jusqu'au dernier. La légende veut que l'Isère fut rougie par

leur sang jusqu'au port de Saint-Gervais, une dizaine de kilomètre en aval. Cela paraît bien improbable, mais cela démontre le grand massacre de « païens » qui fut fait en ce jour d'automne 955. Les chevaliers qui venaient de se distinguer par leur bravoure étaient les ancêtres des Bérangers, Sassenage, Alleman, Bressieux, Clermont, Aynards, Bocsozel, Roussillon, Guigues d'Albon (ancêtres des Dauphins), et de bien d'autres encore, qui deviendraient au siècle suivant les familles les plus influentes de la région.
Isarn, qui avait assisté à la bataille depuis l'éperon rocheux qui porterait, quelques décennies plus tard, le château de Voreppe, savourait pleinement son succès. Il savait que le chemin serait long pour réparer les maux que venait d'éprouver son diocèse, mais se sentait habité par une confiance toute neuve, et par l'étrange certitude d'avoir jeté les bases d'un ordre nouveau sur son diocèse.

Et en effet, profitant de la pusillanimité du roi Conrad, Isarn et les chevaliers qui l'avaient aidé dans son entreprise de reconquête allaient progressivement se rendre maîtres de tout le diocèse au cours des années suivantes. Les chevaliers érigeraient sur les terres offertes par l'évêque des forteresses en bois, placées au sommet de buttes en terre artificielles (appelées mottes castrales), symboles de leur toute nouvelle autorité. Ces premiers châtelains de l'histoire prendraient généralement le nom de la terre où ils venaient d'implanter leur résidence fortifiée. Quant à l'autorité publique, fragmentée, affaiblie, elle allait quasiment disparaître au cours du XIe siècle et laisser place, dans l'ancien royaume de Bourgogne, à une véritable mosaïque de fiefs laïques ou ecclésiastiques, qui dessinerait les contours du nouvel ordre féodal, où ceux qui prient et ceux qui combattent seraient désormais nourris par l'immense majorité des anonymes travailleurs.
L'unification de cet entrelacement confus de communautés et de seigneuries ne reprendrait véritablement qu'au XIIe siècle, et conduirait à la création de la principauté du Dauphiné. Mais ceci est une autre histoire...

Les répétitions de l'histoire

Voreppe connut d'autres batailles que celle que nous venons de décrire. En 1814, après la défaite de l'empereur Napoléon Ier, la France fut envahie par les armées étrangères et 1 500 autrichiens se présentèrent devant le pont de Voreppe sur l'Isère. Les partisans de l'empereur, sous les ordres du général Debelle, défendirent farouchement le pont toute la journée du 2 avril, mais en vain : les autrichiens forcèrent le passage et s'emparèrent de la ville à la fin du jour.

L'histoire a des répétitions troublantes, car le 22 juin 1940, les troupes allemandes se présentèrent à leur tour aux portes de Voreppe. Elles échouerent les 23 et 24 juin dans leurs tentatives de forcer la porte des Alpes, défendue vaillament par les 3 000 hommes du général Cartier et le 24 elles furent également clouées au col de la Placette, qu'elles avaient cherché à franchir pour déborder les lignes françaises. L'armistice du 24 juin 1940 mit fin aux hostilités, mais quelques combats désespérés se livrèrent encore le 25.

LES CHEVRES DU CAMP DE LARINA

Un certain nombre de légendes dauphinoises rapportées aux invasions sarrasines ne concernent en fait nullement les incursions musulmanes, mais plutôt les exactions de bandes de pillards qui profitèrent, au Xe siècle, de l'impuissance notoire du pouvoir en place pour ravager le pays.

Certains estiment même que le terme de *sarrasin* viendrait de *farraghin*, un mot désignant simplement un vagabond ou un errant et non pas un peuple précis, et que l'assimilation de ces pillards aux arabes se serait faite au moment des croisades, en un temps où ceux que l'on nommait les Infidèles cristallisaient toutes les peurs et toutes les haines. Aussi qualifia-t-on de *sarrasin* en Dauphiné tout ce qui était ancien et se rapportait, au moins en apparence, à quelque événement guerrier. Aucune des tours ou des grottes dites sarrasines que l'on trouve dans les Alpes ne sont réellement reliées à ce peuple, pas plus que le lieu-dit le Grand-Charnier, dans le massif de Belledonne, ne rappelle un hypothétique massacre de musulmans. Dans ce dernier cas, le mot *charnier* est tout simplement à relier avec le mot ancien *kar* ou *Car*, désignant un rocher (comme les noms *Cantal* ou *Karnac*, par exemple).

Il est probable, en revanche, que les pillards qui marquèrent le plus le Xe siècle furent les sauvages cavaliers Hongres. Ils sont certainement à l'origine de la légende de la prise du camp de Larina, attribuée traditionnellement aux sarrasins.

Cinq mille ans d'occupation humaine

Le camp de Larina (*Larina* vient probablement de *la ruina*, « la ruine » en patois local) domine le village de Hières-sur-Amby en Isère, à la pointe nord du plateau de Crémieu. C'est un triangle de 20 hectares protégé au nord et à l'ouest par les falaises surplombant le Rhône et le val d'Amby et des autres côtés par un rempart en pierres sèches de 1 km de long (conservé sur plusieurs mètres de hauteur). Dans cet espace clos se trouvaient des champs, un village et deux nécropoles, dont une associée à une chapelle, ainsi qu'une source, dite *La fontaine de la vie*, abritée sous un rocher en demi-voûte.

La première occupation humaine attestée date du néolithique (3 000 ans avant notre ère), mais c'est à l'âge du bronze (800 avant notre ère) que les premières cabanes en bois et en torchis furent construites . Les gaulois développèrent à leur tour le village primitif, bâtissant le rempart qui fit de la bourgade une place fortifiée, un *oppidum*. La forteresse fut abandonnée une première fois au moment de l'installation des romains dans la région. Seul un petit temple dédié au dieu Mercure, protecteur des commerçants et des voyageurs, fut élevé à cette époque, tandis que des carrières de lauzes et de moellons étaient exploitées sur le site à la même période. C'est durant le haut moyen âge que l'oppidum connut un véritable développement, avec la construction de cabanes en terre et en bois ainsi que d'une nécropole, remplacées au VIIe siècle par les grandes bâtisses en pierres couvertes de toits de lauzes d'un grand domaine agricole. Les murailles furent à nouveau renforcées et une nouvelle nécropole remplaça la précédente (on y relève 150 tombes faites de coffres en pierre enterrés), associée à une chapelle. Au Xe siècle, le puissant domaine aristocratique de Larina fut abandonné pour des raisons obscures et ses habitants fondèrent les villages voisins, en particulier Châtelans, dominé par son château en bois sur motte préfigurant l'apparition de la féodalité.

Une légende locale relie cet abandon à l'arrivée de pillards sarrasins, mais nous savons maintenant que les intrus n'étaient autres que les terribles Magyars, les fameux cavaliers Hongres dont une armée allait occuper Grenoble durant toute une année.

La prise de Larina

Vers 954, donc, un fort parti de cavaliers hongrois s'empara de l'habitat fortifié de Larina sans coup férir. Les habitants, avertis de la venue des pillards par le tocsin sonnant dans la plaine, s'étaient réfugiés dans des grottes voisines. Le seigneur des lieux avait en effet renoncé à se fortifier dans son domaine pour défier l'envahisseur, car il ne disposait que de quelques guerriers pour défendre une muraille de plus d'un kilomètre de périmètre. Et la population de paysans ne lui aurait pas été d'un grand secours durant un siège. Il jugea préférable de se retirer et de ne revenir qu'après avoir réuni des forces suffisantes pour chasser les intrus.

Les Hongres occupèrent donc Larina pendant un mois, opérant à partir de ce camp retranché d'incessantes opérations de pillages sur les villages, monastères et châteaux environnants. Le seigneur légitime du lieu ne resta pas inactif pendant ce temps : une fois que la population dont il avait la charge fut relogée dans quelques hameaux épargnés, il s'empressa d'aller quérir de l'aide auprès de son suzerain, le roi Conrad de Bourgogne. Malheureusement, le monarque ne lui accorda qu'une brève entrevue, juste le temps de lui annoncer que les demandes d'assistance lui provenaient actuellement en si grand nombre des quatre coins du royaume, qu'il lui était impossible de satisfaire à sa requête dans l'immédiat. Le seigneur de Larina ne s'avoua pas vaincu pour autant. Ayant appris que l'évêque grenoblois Isarn était en train de lever une armée dans le bourg de Salmorenc, afin de reconquérir sa ville également tombée aux mains des Hongres, il décida de tenter sa chance auprès de l'énergique homme d'église. L'évêque l'écouta posément, puis lui proposa un marché équitable : il lui accordait les soldats qu'il lui fallait pour reprendre son domaine fortifié et réclamait, en échange, la participation du seigneur de Larina et de ses chevaliers à la libération de Grenoble. Ce dernier accepta de bonne grâce et dès le lendemain se retrouva en vue de son village fortifié en compagnie des cavaliers de l'évêque.

Une armée de chèvres

Il savait qu'attaquer l'enceinte qui fermait l'extrémité du plateau serait voué à l'échec : les défenseurs étaient trop nombreux au sommet des remparts pour avoir une chance de les déborder. En revanche, il existait un passage fort peu connu partant du val d'Amby, une simple fissure en forme de coin dans la roche, qui permettait d'escalader la falaise défendant l'extrémité orientale du plateau. Et cela, les Hongres l'ignoraient forcément. La seule difficulté allait être de les éloigner suffisamment longtemps de ce côté-ci du village pour avoir le temps de tenter l'escalade. Il imagina donc un stratagème pour faire diversion, aussi curieux qu'ingénieux : il emprunta aux bergers du plateau quelques-unes de leurs chèvres noires et leur banda le museau, de façon à leur interdire de bêler. Puis il attacha des lanternes à leurs cornes et une fois la nuit tombée, les lâcha non loin du rempart. Les animaux s'éparpillèrent en silence, totalement invisibles à travers les ténèbres, car de lourds nuages d'orage couvraient la lueur des étoiles. Seuls les lumignons fixés sur leurs crânes trouaient la noirceur ambiante, ressemblant à d'énormes lucioles flottant un mètre au-dessus du sol. Le phénomène attira l'attention des guetteurs hongrois, qui sonnèrent l'alarme. Les guerriers Magyars furent bientôt tous au sommet du rempart, scrutant l'obscurité et le mystérieux ballet lumineux avec un mélange d'inquiétude et de méfiance. Les soldats de l'évêque et ceux du seigneur de Larina, embusqués depuis des heures dans le val d'Amby, mirent à profit l'inattention de leurs adversaires pour se hisser par la fissure de la falaise - en s'accrochant aux aspérités de la roche et aux branches de buis - jusqu'à prendre pied sur le plateau. Ils filèrent ensuite comme des ombres entre les maisons, tuant silencieusement les rares hongrois demeurés au village, puis abordèrent la muraille par l'intérieur. Ils gravirent aussi discrètement que possible les échelles menant au sommet du rempart et se ruèrent à l'assaut sans un cri. Les Hongres, fort occupés à étudier les lueurs inexpliquées virevoltant dans le noir, furent exterminés avant d'avoir compris ce qui leur arrivait. Larina était libéré !

Cependant, même débarrassé de la présence hongroise, le plateau fortifié ne fut plus jamais habité. En effet, le seigneur du lieu, constatant la difficulté de surveiller un aussi grand périmètre, décida de construire un nouveau village, deux kilomètres plus au sud (l'actuel village de Châtelans), protégé par une puissante fortification en bois aux dimensions plus adaptées.

Quant à la fissure par laquelle les soldats de l'évêque gagnèrent le plateau de Larina, elle était encore empruntée au siècle dernier et connue sous le nom de *trou de la chèvre* !

LE SIEGE DE CHATEAUNEUF A POLIENAS

Une autre légende dauphinoise rappelle le souvenir d'un siège fameux, attribué aux *sarrasins*, mais qui fut vraisemblablement le fait des cavaliers hongrois : celui de Châteauneuf, à Poliénas en Isère (dans la région de Tullins).

Châteauneuf, dont il reste quelques vestiges, était dressé sur un éperon rocheux dominant la plaine de l'Isère à l'est et les anciens marais du petit village de Cras à l'ouest. L'un des premiers sires de Châteauneuf, ancêtre du terrible Guillaume le Cornu (ainsi nommé car il avait eu le nez tranché durant une bataille) et de Josselin (qui ramena de Constantinople la dépouille de Saint Antoine jusqu'en Isère), occupait le premier château en bois qui précéda la forteresse de pierre au Xe siècle.

Les temps étaient troublés. De nombreuses bandes de pillards ravageaient la région, pillant les églises et les villages et obligeant les populations à se réfugier fréquemment dans les châteaux.. Les sarrasins avaient également mis à feu et à sang la vallée du Rhône toute proche, quelque temps auparavant, en épargnant miraculeusement la vallée de l'Isère. Mais cela n'était plus le cas avec le nouveau péril auquel était désormais confronté le pays. Une armée de cavaliers Hongres, arrivant d'un pays lointain situé au delà des royaumes d'Italie, avait envahi toute la région quelques mois auparavant, occupant Grenoble et de nombreux bourgs voisins. Depuis ces positions stratégiques, ils menaçaient tout le centre du royaume de Bourgogne. Le roi Conrad le Pacifique, que le peuple appelait Conrad l'Incapable, se terrait dans l'un de ses châteaux, trop pusillanime pour se risquer à affronter l'envahisseur.

Chaque seigneur tentait donc d'organiser la résistance sur son territoire, accumulant les vivres dans les réserves des châteaux afin de pouvoir, le cas échéant, soutenir un siège. Les guetteurs surveillaient nuit et jour les quatre horizons, à l'affût du moindre éclat d'armure ou de la colonne de poussière qui pourraient être les signes annonciateurs de l'arrivée tant redoutée de l'occupant hongrois.

« Le château avait subi plusieurs assauts, mais à chaque tentative, les envahisseurs avaient été repoussés. »

Les Hongres attaquent

Et un matin de printemps... Le son funèbre du tocsin du donjon de Châteauneuf couvrit soudain le chant des oiseaux ! Les Hongres arrivaient ! Les paysans des environs quittèrent aussitôt les champs et les chaumières pour courir se réfugier au château. Le pont-levis fut remonté après les retardataires et les soldats de la forteresse envahirent les chemins de ronde, armés jusqu'aux dents. Arrivés au pied du château, les assaillants déployèrent leurs forces et commencèrent à cribler de flèches incendiaires les murailles et les toits des bâtiments de bois. Heureusement, le château était dressé sur un rocher suffisamment élevé pour le mettre hors de portée de la plupart des flèches. Quant à celles qui atteignaient leur cible, elles se fichaient, dans la majorité des cas, dans les grandes peaux de boeufs régulièrement arrosées d'eau qui recouvraient les parties les plus inflammables, et le feu s'éteignait de lui-même. Constatant qu'ils ne parviendraient à rien de cette manière, les cavaliers hongrois se retirèrent à deux portées de flèche de la forteresse et installèrent leur campement pour la nuit. Le siège promettait d'être plus long que ne l'avaient escompté les envahisseurs.

Mais tous ceux qui, parmi les assaillants, pensaient que Châteauneuf serait conquis en une semaine, se trompaient lourdement. Un mois, jour pour jour après l'arrivée des Hongres, la forteresse résistait toujours, aussi solide que le rocher sur lequel elle était dressée. Elle avait subi plusieurs assauts, mais à chaque tentative, les envahisseurs avaient été repoussés. Jouant à présent sur le temps, les hongrois prolongeaient encore le siège afin d'affamer les défenseurs. Mais ils commençaient aussi à se lasser et un certain nombre d'entre eux parlaient même, dans le dos de leur chef, de retourner à Grenoble, où leurs amis profitaient de la vie pendant qu'eux, ici, s'ennuyaient à mourir. De leur côté, les assiégés n'avaient pas plus le coeur à se réjouir : les réserves de vivres du château étaient pratiquement épuisées et le moral au plus bas. Le seigneur de Châteauneuf savait que si le siège se prolongeait encore d'une semaine, la famine le contraindrait immanquablement à déposer les armes. Et cette pensée lui était insupportable. Il se creusa donc les méninges et eut soudain une idée...

Un rusé stratagème

Le jour suivant, un peu avant la nuit, les assiégeants hongrois entendirent une musique de fête qui venait de Châteauneuf. Des flûtes, des douçaines et des tambours jouaient de joyeux airs, tandis que des chants et des rires laissaient présumer que les assiégés s'amusaient follement, dansant peut être *caroles* et *maïades* autour des bûchers crépitants que l'on devinait aux lueurs orangées jouant au sommet du donjon. Les assiégeants s'étonnèrent de cet accès soudain d'allégresse chez ces gens qui auraient dû connaître, au contraire, un profond abattement. Les hongrois se couchèrent de fort mauvaise humeur, ce soir là, pestant plus qu'à l'accoutumée contre les moustiques et l'ennui et jetant des regards furibonds à leur chef, un géant balafré au regard autoritaire. Le lendemain fut encore pire, car on entendit toute la journée des cochons grogner et couiner, comme si les cuisiniers de la place assiégée faisaient un grand massacre de ces bestiaux afin de préparer une nouvelle fête. Et de fait, le soir, la musique, les rires et les chants reprirent de plus belle, augurant de festivités encore plus grandioses que la veille. Cette fois-ci, les bouillants hongrois protestèrent bruyamment auprès de leur chef, en disant que si les assiégés festoyaient gaiement de la sorte, alors, ils ne réussiraient jamais à les affamer et à prendre le château. Le géant qui les commandait reconnut que tout ceci était surprenant et même inquiétant, mais il refusa de lever le siège et de perdre le trésor du seigneur de Châteauneuf, que l'on disait immensément riche. La nuit parut interminable aux cavaliers Hongres, bien obligés d'écouter les rumeurs de la fête qui se prolongea presque jusqu'à l'aube. Le jour suivant, la fatigue et l'irritation étaient telles que des querelles ne cessèrent d'opposer les assiégeants entre eux. Et quand on entendit à nouveau le cri déchirant des cochons s'élever au dessus des murailles du château, le chef des hongrois se redressa d'un bond, tremblant de rage. Il hurla à ses soldats l'ordre de démonter le camp et n'eut pas la patience de les attendre. Il brocha à vif son cheval et s'éloigna aussitôt au galop en direction de Grenoble. C'est ainsi, qu'après un mois et trois jours, les Hongres levèrent le siège de Châteauneuf et repartirent les mains vides.

Les assiégés soulagés se réjouirent, car ils n'auraient pas été en mesure de jouer un jour de plus la comédie. Car c'est bien de cela qu'il s'agissait. Ils s'étaient contentés de tourmenter le dernier cochon de la place pour lui arracher les horribles cris qui avaient donné à penser aux assiégeants que l'on tuait de nombreux animaux. Et les festivités n'avaient été que des simulacres de fêtes, au cours desquels les habitants du château s'étaient relayés pour jouer de la musique, rire et chanter tout le long de la nuit. Pour entretenir les grands feux de joie, il avait carrément fallu démonter une partie des bâtiments et en brûler les planches et les madriers. Bien sûr, personne n'avait dansé, aucun n'en avait encore la force, et la plupart avaient même redouté que le grondement sourd de leurs estomacs vides ne couvre les bruits de la fête. Mais leur calvaire était terminé, et ceci sans la moindre goutte de sang versé.

La ruse du sire de Châteauneuf leur avait sauvé la vie à tous.

LE MOYEN AGE

(1 000 à 1 500)

La disparition presque complète de toute forme d'autorité, à l'exception de celle du clergé, est à l'origine de l'émergence d'une foule de seigneurs locaux, qui s'approprient terres et pouvoirs et construisent les premiers châteaux. Le futur Dauphiné est une véritable mosaïque de fiefs laïques ou ecclésiastiques, qui dessine les contours du nouvel ordre féodal, où ceux qui prient et ceux qui combattent sont nourris par ceux qui travaillent.

Le dernier roi de Bourgogne abandonne en 1029 la partie nord du comté de Viennois à Humbert « aux mains blanches », ancêtre des comtes de Savoie, et la partie sud à Guigues « le Vieux » d'Albon, ancêtre des dauphins.

En 1349, le dernier dauphin de Viennois, ruiné, vend son pays à la France. Désormais, les fils aînés des rois de France prendront le titre de dauphin et régneront sur le Dauphiné.

Mélusine annonçant la mort prochaine d'un membre de la famille Bérenger

MELUSINE,
LA BONNE FEE DE SASSENAGE

La commune de Sassenage en Isère possédait autrefois deux des sept merveilles du Dauphiné, ses fameuses « cuves à présages » ainsi que ses « pierres ophtalmiques », mais également un puissant château fort - dont il reste quelques vestiges - et la plus célèbre des fées dauphinoises : Mélusine, la femme-serpent.

Une tribu gauloise appartenant au peuple Voconce se fixa près du village de Sassenage un siècle avant notre ère. Leur principal habitat, que les romains appelèrent *Cassenaticum* (l'endroit habité par les Cassenates) fut nommé au moyen âge *Chassenage* puis *Sassenage*.

On célébra longtemps dans le village primitif, situé aux Côtes-de-Sassenage, un culte dédié à la déesse égyptienne Isis, qui fut remplacé plus tard par celui - plus séduisant - dédié à Notre-Dame-des-Vignes, les coteaux s'étant couverts entre temps de vignobles de grande réputation.

Un prieuré bénédictin s'éleva peu après l'an Mil au milieu de ces vignes tandis qu'un seigneur local bâtissait au sommet de la colline isolée entre les Côtes et la vallée un château en bois. Au XIe siècle et surtout au début du XIIe, avec l'amélioration du climat et de la sécurité, certains habitants de la première agglomération descendirent dans la plaine où ils formèrent un nouveau village et construisirent l'actuelle église romane, dédiée à Saint-Pierre.

Le château fort de Sassenage

Vers la même époque, les seigneurs de Sassenage remplacèrent leur première résidence fortifiée par un solide château fort en pierre, dont les vestiges conservés dans le parc du château baroque de Beauvoir attestent de l'importance. Il se composait, pour l'essentiel, d'une première enceinte flanquée de trois tours semi-circulaires, percée d'une porte fortifiée dominée par une imposante tour rectangulaire, puis d'une seconde enceinte, percée d'une porte et de deux poternes, protégeant le donjon et les bâtiments résidentiels adossés à un énorme rocher de 15 mètres de hauteur. L'ensemble du château couvrait moins d'un hectare, mais sa position remarquable ainsi que sa structure puissamment ramassée en faisait une place forte inexpugnable, dont la silhouette perchée dut fortement impressionner les habitants de la vallée durant le moyen âge.

Depuis cette forteresse, les seigneurs de Sassenage contrôlèrent en toute suzeraineté leur domaine (couvrant une bonne partie du Vercors et de la vallée du Drac) jusqu'à la fin du XIIIe siècle, époque à laquelle ils renoncèrent à leur indépendance et prêtèrent hommage au Dauphin. Le premier Sassenage connu, Hector, vivait en 1080. Sa lignée s'éteint en 1339 et la succession revint alors à Henri de Bérenger (issu d'une puissante famille du Royans), par son mariage avec Béatrix de Sassenage. On aurait peine à énumérer tous les membres illustres des seigneurs de Bérenger-Sassenage. Deuxième baronnie du Dauphiné, elle donna des conseillers au dauphin, des évêques et des dizaines de bouillants chevaliers qui se battirent sur tous les champs de bataille, aussi bien à Azincourt avec le roi de France, qu'à Anthon avec le dauphin où à Garigliano aux côtés de Bayard.

Le château féodal tomba en ruines vers le XVIe siècle, faute d'entretien. Quant au beau château de Bérenger, dit aussi de Mélusine (la célèbre fée est représentée au-dessus de la porte d'entrée) et qui fait l'orgueil de la ville de Sassenage, il a été construit entre 1662 et 1669 à la place d'une ancienne maison-forte.

Détail intéressant, le fromage bleu de Sassenage était déjà fabriqué au moyen âge. Les gens fortunés l'offraient en présent à leurs hôtes de qualité !

Des cuves à présages

Parmi les curiosités naturelles de la commune, les cuves sont de loin les plus remarquables et les plus chargées d'histoire : elles comptaient autrefois parmi les « sept merveilles du Dauphiné ».

Facilement accessibles depuis la place du village, par un itinéraire balisé suivant le lit du Furon, ce sont deux bassins naturels se vidant et se remplissant par le fond, placés à l'entrée de deux grottes superposées. Au-delà du porche monumental où l'eau bouillonne sauvagement, commence un incroyable labyrinthe souterrain qui communique, des kilomètres plus loin, avec le fameux gouffre Berger, découvert en 1953 par le seyssinois Joseph Berger.

Selon la tradition, les cuves indiquent la pluie et l'abondance en grain et en vin si les bassins à l'entrée des grottes sont pleins d'eau le jour de la Fête des Rois, ou la sécheresse et la disette dans le cas contraire.

Mais la légende la plus célèbre de ces grottes est celle relatant l'histoire de la fée Mélusine, qui y serait née. Largement répandue en France, cette légende n'apparaît pourtant dans notre région qu'en 1656, sous la plume de Salvaing de Boissieu, qui l'a très certainement empruntée au célèbre roman poitevin écrit par Jehan d'Arras vers 1390. Certains auteurs croient pourtant qu'un culte païen, dédié à la déesse de la fécondité Lucine, aurait pu être célébré par les Ligures (habitants des Alpes avant l'arrivée des gaulois) dans les grottes de Sassenage. Les siècles et les peuples successifs auraient transformé *Lucine* en *Mélusine* et les seigneurs de Sassenage se seraient appropriés, au moyen âge, la divinité locale pour s'en faire une aïeule de légende, propre à légitimer leur lignage et à asseoir la réputation de leur nom. Peu probable, mais pas impossible.

Toutefois, que la célèbre fée soit originaire du Poitou ou du Dauphiné, voici la légende que l'on raconte à Sassenage.

Un drame de la jalousie

Un jour qu'il était à la chasse, Raimondin, l'ancêtre de la famille des Béranger-Sassenage, rencontra à l'entrée des grottes une belle jeune femme, dont il s'éprit aussitôt. Elle s'appelait Mélusine. Il la demanda en mariage le jour même et elle céda à ses avances, en exigeant simplement en échange un serment solennel : celui de lui accorder la permission de se retirer seule dans ses appartements tous les samedis et de ne jamais chercher à percer son secret. Il accepta et l'union fut célébrée en présence de toute la noblesse que comptait le Dauphiné. Des années heureuses coulèrent ensuite au château et Mélusine donna à son époux douze beaux enfants.

Le bonheur aurait pu durer toujours, mais l'entourage de Raimondin commença à s'étonner de la beauté de son épouse, qui semblait insensible au passage du temps. Certains murmuraient même qu'elle n'était pas humaine ! De surcroît, le frère cadet de Raimondin - qui de tout temps avait été jaloux de son aîné - imagina un stratagème pour l'éloigner de sa femme. Ayant eu connaissance de la surprenante promesse faite par son frère à Mélusine, de ne jamais chercher à la voir le samedi, il commença à faire courir le bruit d'une prétendue infidélité de la belle épouse. Les différentes rumeurs finirent par arriver aux oreilles du seigneur, qui refusa dans un premier temps d'accorder crédit à des telles absurdités. Et pourtant... Force était de constater que la mère de ses enfants n'avait pas pris une seule ride depuis le jour de leur rencontre... Et puis, que pouvait bien faire Mélusine chaque samedi, qui ne souffrît pas la présence de son mari ?...

Le doute, une fois installé, ne pouvait plus conduire qu'à une seule issue : un samedi, la curiosité et la jalousie furent les plus fortes et Raimondin rompit sa promesse, s'introduisant en cachette dans les appartements de son épouse. Bien mal lui en prit. Car il ne la surprit pas dans les bras d'un autre homme, mais dans son bain, sous l'apparence d'un être hybride, mi-femme et mi-serpent (et non pas poisson, Mélusine n'étant pas une sirène). De la taille aux pieds, son corps se terminait en une longue queue couverte d'écailles qui ondulait dans l'eau du baquet. Se voyant découverte, l'infortunée se redressa sur son appendice caudale, en poussant un cri déchirant. Deux ailes diaphanes que Raimondin n'avait pas encore remarquées se déplièrent et la fée s'enfuit à tire-d'aile par une fenêtre entrouverte. Elle tournoya au dessus du château en gémissant de chagrin, avant de se réfugier dans les grottes de Sassenage, qu'elle ne devait jamais plus quitter.

Son époux, inconsolable, se maudit le restant de son existence d'avoir douté de sa bien-aimée. Mais il eut beau la chercher partout, jamais il ne la revit. Ce qu'il ne pouvait savoir, c'est que la fée subissait un châtiment qui lui avait été infligé par sa mère, également fée, et qui la condamnait à n'être femme que six jours sur sept, lui interdisant par ailleurs de demeurer avec un homme qui aurait découvert son secret.

On raconte que certaines nuits, la jolie fée revint pourtant en grand secret au château de son époux, afin de cajoler ses enfants qui lui manquaient terriblement. Elle se manifesta encore au cours des siècles suivants, mais seulement pour annoncer la mort des membres de la famille seigneuriale, par des cris et des gémissements poussés trois jours avant chaque décès.

Non loin des grottes où réside la malheureuse fée, se trouvait aussi un lieu chargé de magie appelé le « Préciosier », où l'on trouvait dans l'eau du Furon les fameuses « pierres ophtalmiques » de Sassenage, de petites calcédoines appelées aussi larmes de Mélusine, que l'on disait propres à guérir la plupart des affections oculaires. Elles étaient, avec les cuves de Sassenage, deux des sept « merveilles du Dauphiné ».

LES RELIQUES DE SAINT ANTOINE EN DAUPHINE

L'abbaye de Saint-Antoine, joyau gothique du Dauphiné, fut la maison mère de l'un des ordres religieux les plus prestigieux du moyen âge. La vie du saint, comme la venue de ses reliques en Dauphiné se perdent cependant dans les brumes de la légende.

Le pittoresque village médiéval de Saint-Antoine, non loin de Saint-Marcellin en Isère, s'étage sur le versant d'un vallonnement du plateau de Chambaran que domine l'ancienne abbaye de Saint-Antoine, l'un des fleurons gothiques du sud-est de la France.

Une vie consacrée à l'érémitisme

Saint Antoine le Grand - à ne pas confondre avec saint Antoine de Padoue, vivant au XIIIe siècle - naquit vers 251 à Queman en Egypte, de parents chrétiens aisés. Très tôt orphelin, le jeune homme fut subjugué par le message du Christ dans les Evangiles. Il distribua son héritage aux pauvres et, après un apprentissage de la prière et du travail manuel effectué auprès d'un sage vieillard, fit sa première expérience de l'isolement dans un tombeau creusé dans le roc. Sa grande piété lui valut cependant rapidement une réelle célébrité, qu'il jugea bien encombrante et il choisit de partir vers le désert afin de s'installer dans un fortin abandonné, pour s'y consacrer exclusivement à la prière et à la méditation. Mais la solitude tant recherchée ne dura pas, car sa réputation grandissante attira de plus en plus de disciples autour de sa retraite. Antoine accepta finalement, en 305, d'ouvrir les portes de son nid d'aigle et d'organiser en communauté les fidèles qui l'avaient rejoint au fil des années. Il leur imposa une règle de vie austère, basée sur l'isolement dans des cellules séparées, la prière et la pénitence, créant ainsi le premier monastère de l'histoire de la chrétienté.

La légende raconte qu'il voyagea ensuite aux quatre coins du monde, porté par un nuage, afin d'apporter le réconfort de sa parole et la lumière de sa foi aux chrétiens persécutés ainsi qu'aux peuples à évangéliser. On lui attribue de nombreux miracles datant de cette période, tel celui de la guérison d'un

Eglise de l'abbaye de Saint-Antoine en Isère, au XIXe siècle

porcelet né aveugle et dépourvu de pattes, déposé à ses pieds par la mère du malheureux animal. Mais la solitude recommença à lui manquer et il s'enfonça à nouveau dans le désert, du côté de la mer Rouge cette fois-ci, où il rencontra saint Paul l'ermite, dont il partagea un temps l'existence. Il finit ses jours dans une grotte du mont Quelzoûm, à l'âge canonique de 105 ans, le 17 janvier 356, si l'on en croit une biographie écrite par saint Athanase, patriarche d'Alexandrie. Ce dernier insista particulièrement dans son livre sur les luttes que saint Antoine eût à mener au cours de sa vie d'ermite contre les démons de la tentation. Ce récit connut un tel retentissement qu'il fit connaître la vie monastique à travers le monde et valut au saint égyptien le titre de « Père des moines ». Du coup, Antoine fut rapidement élevé au rang de saint par les pontifes de Latran.

Sept siècles s'écoulèrent ensuite, avant que l'ermite de la mer Rouge ne démarre - bien involontairement - une seconde carrière, dans un lieu dont il ignorait tout, du côté des Chambarans, en Dauphiné.

La promesse faite à un mourant

Le village de Saint Antoine en Isère s'appelait alors la Motte-aux-bois et appartenait à la puissante famille des Châteauneuf, dont le résidence principale était située à Poliénas. Le premier Châteauneuf que nous connaissons s'appelait Guillaume le Cornu (ainsi nommé car un ennemi lui aurait tranché le nez au cours d'une bataille), personnage certainement légendaire, mais que l'on disait apparenté aux premiers comtes de Valence et, plus indirectement, aux ducs d'Aquitaine. C'était également le descendant du seigneur qui avait si brillamment résisté au siège mené contre son château par les cavaliers hongrois, au siècle précédent (se reporter au chapitre concernant les Ogres en Dauphiné). Guillaume prononça le voeu, à la veille d'une bataille cruciale pour son lignage, de faire un pèlerinage à Jérusalem s'il l'emportait sur ses ennemis. Il fut vainqueur et voulut honorer son engagement, mais tomba si grièvement malade à Marseille, qu'il ne put embarquer et eut juste le temps de prier son fils de faire le pèlerinage à sa place, avant de mourir. Ce fils, nommé Josselin ou Geilin, accéda à la requête de son père, mais oublia bien vite sa promesse une fois Guillaume enterré.

Quelques années plus tard, Josselin fut blessé lors d'une escarmouche et déposé, pour la nuit, dans une petite chapelle dédiée à saint Antoine. Des fantômes terrifiants l'assaillirent durant son sommeil, des damnés au corps carbonisé qui cherchaient à l'entraîner en direction d'un lac de lave à l'odeur sulfureuse. Ils lacéraient sa chair de leurs doigts crochus en hurlant à ses oreilles des malédictions. « Viens brûler avec nous dans les flammes éternelles, traître à la parole donnée, traître à ta foi... » était la phrase qui revenait le plus souvent dans la bouche tordue des créatures sataniques. Josselin hurlait, se débattait, jurait qu'il n'était pas un traître, mais il était emporté inexorablement en direction du lac incandescent. Quand soudain, un grand vieillard, sec comme un buis, apparut dans son rêve et mit en fuite les damnés à coups de bâton. Ce n'était rien moins que saint Antoine en personne. Il regarda Josselin gravement et lui dit : « Sache qu'ils ont raison, mais il est encore temps pour toi de t'acquitter de tes serments ! ». Puis il disparut, alors même que le jeune seigneur s'éveillait. Tremblant de terreur rétrospective, Josselin décida de réaliser la promesse faite à son père dès qu'il serait remis de ses blessures, mais également de ramener d'Egypte les reliques de l'ermite saint Antoine pour répandre en Dauphiné la gloire de son sauveur.

Il embarqua le mois suivant pour l'Egypte, mais s'aperçut une fois arrivé, que les reliques du saint étaient depuis quelques années déjà conservées dans la cathédrale sainte Sophie de Constantinople. Ayant gagné la capitale byzantine, après une courte visite au Saint Sépulcre de Jérusalem, Josselin combattit plusieurs années durant aux côtés des troupes du roi Bajazé de Constantinople, pour l'aider dans sa guerre contre le sultan de Turquie. Il fut finalement récompensé de son aide en étant autorisé à ramener les reliques de saint Antoine jusqu'à son château de Châteauneuf, en 1070. Hélas, l'insouciant chevalier ne se préoccupa nullement de construire une église digne de recevoir les précieuses reliques, mais prit, au contraire, l'habitude d'utiliser les ossements du saint comme amulettes pour le protéger durant les batailles et en distribua même à ses amis pour les préserver du mauvais sort. Son successeur et parent, Guigues Didier, suivit l'exemple de son aîné, sans plus s'émouvoir que lui de l'irrespect notoire de cette pratique.

« Providentiel » Mal des Ardents

Une situation inacceptable pour le pape Urbain II, qui passa deux jours au château du nouveau seigneur de Châteauneuf en 1088, pour le convaincre de faire cesser ces pratiques sacrilèges et de déposer ce qu'il restait du grand ancêtre dans une église. Convaincu par les reproches pontificaux, Guigues Didier déposa la châsse en ébène contenant les reliques dans une petite chapelle située sur sa terre de la Motte-aux-bois, où il possédait également un château (dressé à l'emplacement actuel du cimetière de Saint-Antoine). Le hameau prit le nom de Saint Antoine. Le seigneur repenti fit également venir des moines bénédictins de l'abbaye de Montmajour pour veiller sur les restes du saint et démarra la construction d'une grande église romane, qui ne serait consacrée qu'en 1119, par le pape Calixte II.

Entre temps, en 1089, éclata en Dauphiné une terrible épidémie ramenée d'Orient par les Croisés, le « Mal des Ardents » ou « ergotisme », provoqué par un parasite du seigle qui engendrait une sorte de gangrène desséchant les membres (et nécessitant l'amputation), accompagnée de douleurs et de convulsions affreuses et d'impressionnants délires, que la crédulité de l'époque assortissait de visions sataniques. Une alimentation sans seigle arrêtait spontanément la progression du mal, mais cela personne ne le savait au XIe siècle. C'est donc un banal régime sans pain qui sauva Girin, fils de Gaston de la Valloire, mais ce dernier pensa au contraire que c'étaient les reliques de saint Antoine qui lui avaient sauvé la vie. C'est pourquoi il créa en 1095, en compagnie de son fils « miraculé » et de six autres nobles de la région, la confrérie des « Frères de l'Aumône » et se voua désormais à soigner les victimes du « Mal des Ardents » que l'on nomma bientôt le « Feu de saint Antoine ». Le succès obtenu par le traitement que l'on appliquait dans sa maison, à base de frictions à la graisse de porc, de « saint vinage » (plantes médicinales macérées dans le vin de leur vigne) et surtout d'une diète sévère (sans pain), eut tôt fait de rendre populaire le saint et surtout les « Frères de l'Aumône », qui se multiplièrent rapidement.

Une église monumentale fut édifiée à la place de l'église primitive à partir du XIIIe siècle, mais elle ne fut achevée dans l'état où nous la voyons aujourd'hui que courant XVe. Les « Frères de l'Aumône » chassèrent les moines bénédictins de Montmajour qui avaient jusqu'alors la garde des reliques et en 1297, le pape Boniface VIII les éleva au rang d'ordre religieux indépendant, érigeant l'hospice en abbaye. L'ordre des antonins connut alors une gloire sans précédent, fondant plus de 1300 établissement à travers toute la chrétienté (dont 40 monastères), et l'abbaye de Saint Antoine fut visitée et enrichie par plusieurs rois de France (dont François Ier), par deux empereurs d'Allemagne, par des papes et un nombre incalculable de grands seigneurs de toutes nationalités.

La naissance du système hospitalier

Mais ce qui est encore plus remarquable, c'est que nos moines dauphinois venaient de jeter rien de moins que les bases du système hospitalier moderne. Car en plus d'offrir l'hospitalité aux indigents et de soigner le mal de saint Antoine (puis plus tard d'autres affections, comme la syphilis), l'abbaye possédait un service où se pratiquaient les amputations (on jugeait que les malades qui ne guérissaient pas et qu'il fallait amputer ne s'étaient tout simplement pas suffisamment repentis de leurs péchés !), ainsi qu'une maladière pour les lépreux. Mais elle offrait en plus une véritable assistance « sociale » aux handicapés (les « démembrés ») en contrepartie de travaux adaptés à leur handicap. Les hôpitaux de Saint Antoine firent progresser la science médicale de leur temps et de grands médecins laïques sortirent de cette noble institution.

Les antonins furent également célèbres au moyen âge pour... leur porcs ! En effet, les hospitaliers avaient le droit de laisser leurs porcs errer dans les rues avec une clochette attachée autour du cou, et les nourrir était pour les paysans un moyen de s'attirer les bonnes grâces du ciel. On suppose que cette coutume est à relier au miracle de la guérison du porcelet par l'ermite. C'est en tout cas ce qui valut au saint d'avoir pour attribut un porc et une clochette...

L'abbaye fut pillée et saccagée de nombreuses fois durant les guerres de religion, en particulier par le terrible baron des Adrets (qui fit égorger les prêtres sur les marches de l'autel). La Révolution de 1789 donna, comme à l'accoutumée, le coup de grâce. Quant à l'ordre lui-même, il sombra progressivement dans une certaine déliquescence de ses institutions, profondément perverties par le train de vie si peu monastique de ses riches commandeurs et terrassé par le poids de sa propre démesure. Il fut dissous en 1774, alors que l'amélioration des conditions de vie avait réduit les risques d'épidémie en Europe et fait perdre aux hospitaliers leur principale raison d'être.

L'admirable église abbatiale, chef-d'œuvre du gothique flamboyant, demeure, malgré les outrages que lui ont fait subir le temps et la bêtise humaine, l'un des plus beaux monuments du Dauphiné, qui rappellera longtemps encore la vie - en partie légendaire - d'Antoine l'Egyptien qui, s'il fut solitaire par conviction, n'en réunit pas moins bien des hommes autour de son nom.

SAINT BRUNO EN CHARTREUSE

En l'an 1084, Bruno - alors chancelier de l'évêché de Reims - prit la résolution d'abandonner les honneurs et le confort matériel pour se retirer loin des troubles du monde. Il partit dans les Alpes sauvages, où il espérait pouvoir installer sa communauté d'ermites, et l'évêque Hugues de Grenoble lui indiqua, pour sa retraite, les profondes forêts du massif de la Chartreuse. Ce dernier avait vu, en songe, une communauté religieuse s'établir dans ce « désert » inhospitalier...

Deux kilomètres à l'est de Saint-Pierre-de-Chartreuse, la maison mère de l'ordre cartusien est toujours là, véritable cité monastique coupée du reste du monde, qui témoigne d'une relation presque millénaire entre une poignée de moines et leur créateur.

Le couvent lui-même ne se visite pas car il est toujours occupé, mais le musée installé dans la *Correrie* (ancienne dépendance où se réglaient les rapports avec le monde extérieur, sous la responsabilité du père *Courrier*) présente des reconstitutions grandeur nature du cloître et d'un « ermitage » (habitation des moines), initiant le visiteur à l'histoire de l'ordre et à la vie des chartreux. Le monastère proprement dit est situé à un quart d'heure de marche de la Correrie, au milieu d'un paysage grandiose de hautes falaises jaillissant des forêts de sapins. Sa dimension, comparable à celle d'une petite ville médiévale, et son mur d'enceinte flanqué de tours et de chapelles, semblent démesurés lorsque l'on sait qu'ici ne vivent en permanence qu'une trentaine de religieux. Mais ce monastère est la maison mère de l'ordre cartusien et reçoit régulièrement des représentants des 17 autres Chartreuses, ce qui explique l'importance des édifices qui le composent. De plus, la règle cartusienne présente l'originalité d'associer aux principes du cénobitisme (vie communautaire) les exigences d'extrême solitude imposées par l'anachorétisme (vie érémitique), ce qui impose énormément d'espace pour un nombre limité d'occupants. Le monastère ayant été détruit neuf fois au cours de son histoire (par une avalanche et huit incendies), l'architecture actuelle ne date que du XVIIe siècle, bien que certains bâtiments soient nettement plus anciens. Un grand nombre de personnages célèbres visitèrent en leur temps ce superbe établissement et son site pittoresque, parmi lesquels on peut citer Alexandre Dumas (père), Chateaubriand, J.J. Rousseau, Balzac, Stendhal, Liszt et Lamartine.

Saint Bruno, fondateur de l'ordre des chartreux

Un désert en Dauphiné

Bruno, fondateur de l'ordre des chartreux, naquit à Cologne vers 1035, sous le règne de Conrad II le Salique, et devint directeur des écoles monastiques de Reims en 1056, puis chancelier de l'archevêché en 1074. Mais il refusa ensuite le siège archiépiscopal qu'on lui proposait pour se consacrer à sa passion de la vie érémitique. Huit siècles après Antoine l'égyptien, « le père des moines », Bruno vendit ses biens et se retira en solitaire dans la forêt de Sèche-Fontaine, près de l'abbaye de Molesme (Côte d'Or). Il faut rappeler, pour comprendre ce choix, que le puissant courant eschatologique - annonciateur du jugement dernier - encourageait alors les âmes les plus hautes à renoncer au pouvoir et au sexe pour se tourner vers la méditation et la prière, dans l'espoir de trouver le salut. Après une année de cette vie érémitique, il s'avéra bientôt difficile à Bruno de concilier ses exigences de solitude avec la proximité d'une population nombreuse et il partit pour les Alpes sauvages, en compagnie de six compagnons qui partageaient sa quête de solitude. Ils rencontrèrent l'évêque de Grenoble, Hugues de Châteauneuf, qui leur indiqua un endroit désert au milieu des montagnes presque inviolées de la Chartreuse, propice à la vie d'ascèse et à l'isolement absolu qu'ils souhaitaient.

La légende affirme que le futur saint Hugues avait été prévenu à l'avance de la venue des sept moines, par un songe prémonitoire fait quelques jours auparavant. Il y avait vu sept étoiles qui, venant du septentrion, avaient traversé le ciel et s'étaient posées au milieu des forêts inhospitalières du massif de « Cartusia », au nord de Grenoble. Dieu avait aussitôt entrepris d'y construire une demeure somptueuse destinée à célébrer sa gloire. C'est pourquoi l'évêque n'hésita pas et conduisit en personne Bruno et les siens au « désert de la Grande Chartreuse », que ses propriétaires (les sires de Miribel et le prieur de la Chaise-Dieu) concédèrent gratuitement aux ermites.

Bien entendu, la réalité est tout autre. Le choix du site fut dicté en fait par des considérations purement pratiques : d'une part la Chartreuse était à cette époque la région de basses montagnes la moins peuplée du diocèse (et donc la plus adaptée à l'établissement d'un ermitage) et, d'autre part, les relations conflictuelles qu'entretenait l'évêque avec le Dauphin le contraignirent à choisir un site placé dans une région relevant de l'autorité des comtes de Savoie, ce qui était le cas au nord du torrent du Guiers-Mort. La nécessité avait donc été la seule source « d'inspiration » de notre avisé évêque !

L'endroit où il mena Bruno et ses moines avait la réputation, si l'on en croit dom Pierre Dorlande, d'être « un lieu affreux, froid, montagneux, couvert de neiges, environné de précipices et de sapins. » C'était, dit-il encore, « un ermitage fort ample et étendu, mais habité seulement par des bêtes et inconnu des hommes pour l'âpreté de son accès. »

Mais il convenait parfaitement à Bruno, qui décida de s'y établir en compagnie de ses six compagnons : maître Landuin, natif de Lucques en Toscane, deux anciens chanoines du prieuré de Saint-Rufin à la Côte-Saint-André, tous deux appelés Etienne, un chapelain nommé Hugues et deux laïcs, Guérin et André. Ils commencèrent par loger dans des grottes avant d'avoir achevé les cabanes qui allaient devenir leurs premières demeures, à l'emplacement aujourd'hui occupé par la chapelle Notre-Dame de Casalibus (« casalibus » venant du latin *casalia*, cabane en bois). L'ermitage de Bruno était quant à lui situé à l'emplacement exact de l'actuelle petite chapelle Saint-Bruno, au sommet d'un rocher escarpé situé au nord des précédents. Une première chapelle fut également élevée à cette époque, afin de célébrer les prières collectives qui rythmaient la vie des moines.

De l'ermitage à l'ordre cartusien

Hélas, Bruno fut contraint de quitter ses compagnons en 1090, pour répondre à un appel du pape et il termina sa vie en Calabre, où il fonda le monastère de Santa Maria della Torre. Il mourut en 1101, sans jamais avoir revu le monastère qu'il avait créé en Dauphiné. Il ne fut béatifié qu'en 1511, par le pape Léon X, et canonisé en 1623.

L'absence de Bruno n'empêcha pourtant pas le monastère de la Grande Chartreuse de croître et de prospérer, si bien que son cinquième prieur, nommé Guigues, décida en 1127 de mettre par écrit les principes édictés jadis par le fondateur. Ces premiers « Statuts » de l'ordre prescrivaient essentiellement le silence et l'isolement le plus absolu, mais également des prières communes au milieu de la nuit et des jeûnes sévères et nombreux. Un passage du texte de dom Guigues est particulièrment édifiant sur l'image que ces hommes avaient de la femme : « ... nous ne permettrons jamais aux femmes d'entrer dans notre enceinte, car nous savons que ni le sage, ni le prophète, ni le juge, ni l'hôte de Dieu, ni ses enfants, ni même le premier modèle sorti de ses mains n'ont pu échapper aux caresses ou aux tromperies des femmes. Qu'on se rappelle Salomon, David, Samson, Loth et ceux qui ont pris des femmes qu'ils avaient choisies et Adam lui-même, et qu'on sache bien que l'homme ne peut cacher du feu dans son sein sans que ses vêtements ne soient embrasés, ni marcher sur des charbons ardents sans se brûler la plante des pied. » La règle ne souffrait pas d'exception et un prieur qui avait eu la faiblesse de laisser rentrer une reine en 1418 fut suspendu trois mois et sommé de prendre « garde à ne point faire cette chose derechef ! »

Le premier monastère, modeste village de cabanes en bois, fut détruit par une avalanche de rochers en 1132 et transféré à la suite de la catastrophe deux kilomètres plus bas, à l'emplacement où il est encore. Il sera pourtant encore détruit huit fois par des incendies au cours de son histoire - dont un allumé au XVIe siècle par l'inévitable baron des Adrets - mais à chaque fois sera reconstruit. D'autres Chartreuses furent fondées au début du XIIe siècle : Durbon dans les Hautes-Alpes, Meyriat dans l'Ain, Silves Bénite en Isère, Bouvante dans la Drôme, Saint-Hugon en Savoie. Puis ce fut au tour de l'Espagne, de l'Italie, de la Suisse, du Danemark, de l'Angleterre et beaucoup plus récemment des Etats-Unis, d'accueillir de nouveaux établissements. L'ordre atteignit sa plus grande extension à la fin du XVe siècle et compta à cette époque 206 fondations.

Les moines de la Grande Chartreuse furent chassés à deux reprises de leur sanctuaire, la première fois au moment de la Révolution (ils ne revinrent qu'en 1816) et la seconde fois entre 1903 et 1940 (à la suite d'une loi votée par les députés supprimant toutes les communautés religieuses de France !).
Une seconde légende rattachée à l'ordre cartusien, aussi fausse que la précédente, présente les chartreux occupés à creuser leur propre tombe à la nuit tombée, et psalmodiant inlassablement la même litanie : « ...frères, il faut mourir, frères, il faut mourir... » ! Légende bien étrange, colportée certainement par des laïques assimilant un peu hâtivement le renoncement au monde accepté par les religieux à un renoncement à la vie.

L'élixir secret des pères chartreux

Les liqueurs fabriquées par les moines chartreux contribuèrent également grandement à leur renommée. Ils cultivaient depuis l'origine de l'ordre de nombreuses plantes médicinales et l'apothicaire du monastère fabriquait même un élixir secret, utilisé comme revigorant, digestif, vermifuge, mais également contre la fièvre et les « maladies de femmes ». Ce « remède miracle » n'était guère vendu, au début, qu'en Savoie et en Dauphiné. Cependant, une fois les moines dépossédés par la Révolution de toutes leurs terres, troupeaux, mines de fer et installations métallurgiques (ils employaient 500 personnes en 1789), ils se trouvèrent contraints à inventer d'urgence de nouvelles sources de revenus. Jamais à court d'idées, il créèrent aussitôt, à côté de l'élixir curatif des débuts, une gamme d'élixirs « de table » - dont les célèbres liqueurs vertes et jaunes actuelles - en vue de les commercialiser. Le succès fut immédiat et l'on passa de 700 litres produits en 1833 à 1 300 000 litres en 1900, la distillerie (installée dans la ville de Voiron en Isère depuis 1935) continuant à prospérer de nos jours, sous la haute autorité de trois religieux détenteurs du secret de fabrication.

Mais, plus remarquable que leur réussite à travers neuf siècles d'histoire, c'est leur persévérance et leur foi inébranlable qui forcent l'admiration. Quant à Bruno, le premier d'entre eux, nul doute que son souvenir vivra aussi longtemps que ces montagnes de Chartreuse, qu'il aimât tant qu'il avait choisi d'y terminer sa vie.

La belle dame du rêve de Guillaume

LA SOURCE DU LADRE A LA MOTTE-SAINT-MARTIN

Englouties en 1962 par le lac artificiel de Monteynard, les sources thermales de la Motte-Saint-Martin furent, en leur temps, de grande réputation. Une légende raconte que les eaux brûlantes de l'une d'elles guérirent même un croisé de la lèpre que le malheureux avait contractée en Terre Sainte...

Des vestiges de thermes romains attestent d'une utilisation fort ancienne des sources thermales du petit village de la Motte-Saint-Martin, qui s'appela la Motte-aux-Eaux sous la révolution. Les sources du Puits et de la Dame jaillissaient autrefois près du Drac, avec un débit de 7 litres par seconde et à la température surprenante de 63 °C, si bien qu'on disait au pays que les œufs pouvaient y être cuits dur.

Au XIVe siècle, l'eau était apportée à dos de mulet dans des barriques et déversée, encore chaude, sur les malades occupant les baignoires en bois du petit établissement thermal de Pérailler, près de la Motte. Les curistes buvaient également le précieux liquide, dont la composition, proche de celle de l'eau de mer, guérissait rhumatismes, goutte, sciatique, maladies utérines, névroses, scrofules, etc. Le fameux Lesdiguières y soigna une sciatique au XVIe siècle et des tonneaux d'eau furent même transportés jusqu'à Paris dans les années 1760, pour de riches particuliers.

Napoléon envisagea en 1811 d'amener l'eau des sources jusqu'à Grenoble, à l'aide d'un conduit de 31 km, et d'y créer un important établissement thermal destiné à 1800 bains militaires. Mais le projet tomba... à l'eau, si l'on peut dire et c'est plus logiquement à la Motte-Saint-Martin que l'établissement vit le jour, en 1830, dans l'imposant château renaissance du village. Ce dernier, dressé au centre du cirque de Vaulx, avait été construit sous Louis XIV à l'emplacement d'un ancien château-fort appartenant aux Dauphins. L'exploitation du centre cessa en 1926 et les sources elles-mêmes furent englouties en 1962, lors de la mise en eau du barrage de Monteynard. Le jeune lac, qui a la réputation d'être le plus venté d'Europe et fait pour cette raison le bonheur des planchistes, a emporté au fond de ses abîmes le souvenir des eaux miraculeuses. Seule une très ancienne légende, située au moment des croisades, nous rappelle encore leur existence...

La première croisade

Le pape Urbain II exhorta la chrétienté à libérer les Lieux Saints en 1095, au concile de Clermont. Il répondait ainsi à la guerre sainte de l'Islam et tentait surtout de canaliser la fougue des grands féodaux européens, avides de conquêtes et de pouvoir en cette fin de siècle prospère, marquée par une reprise économique spectaculaire et une démographie galopante. La croisade des chevaliers, prêchée par le pape, fut cependant devancée par la croisade des pauvres, conduite par Pierre l'Ermite et Gautier sans Avoir, qui sema la terreur sur son chemin avant de se faire massacrer en Asie Mineure, le 21 octobre 1096.

La véritable croisade, divisée en quatre groupes et forte d'environ 50 000 hommes, gagna Constantinople l'année suivante. Les lotharingiens étaient menés par Godefroy de Bouillon, duc de Basse-Loraine, les français du nord par les comtes de Flandre et de Normandie, les normands de Sicile et d'Italie par Bohémond de Tarente et les languedociens par le comte de Toulouse, Raymond de Saint-Gilles. C'est avec ce quatrième corps de croisés qu'un jeune chevalier dauphinois nommé Guillaume Tire-l'Epée, traversa la Lombardie et longea la côte Dalmate, en direction de la capitale byzantine. Il n'était pas seul de sa province à répondre à l'appel du pape ; Isoard, comte de Die, Alleman d'Uriage, Claude de Montchenu, Girard de Roussillon, les comtes de Savoie, de Forez, de Gap, pour ne citer qu'eux, chevauchaient également en compagnie des languedociens. Le comte dauphinois Guigues III, pour sa part, ne participait pas à la croisade, trop occupé à agrandir sa principauté pour se soucier de l'avenir du Saint Sépulcre.

Guillaume, en revanche, était un idéaliste porté par une foi sans faille et se croiser pour débarrasser la Terre Sainte de la présence de l'Infidèle lui avait semblé une évidence. Il avait vendu sans hésitation ses maigres biens pour s'équiper de pied en cap et, accompagné de son écuyer, s'en était allé combattre pour la gloire de sa religion. Il s'illustra particulièrement lors de la prise de Nicée en 1097, d'Edene et d'Antioche en 1098, et se surpassa durant le siège de Jérusalem l'année suivante. Les croisés emportèrent la ville et la nouvelle se répandit dans toute la chrétienté comme une traînée de poudre, déchaînant l'enthousiasme de millions de personnes durant des semaines entières. Guillaume Tire-l'épée était également sur un petit nuage ; il avait enfin réalisé son rêve de jeunesse, fouler la terre où Jésus Christ était mort sur la Croix.

Un mal terrible : la lèpre !

Mais l'euphorie des premiers temps fut soudain balayée par une terrible révélation : une fièvre inexpliquée lui avait fait consulter un médecin et il apprit à cette occasion qu'il avait contracté la plus terrible des affections de l'époque, la lèpre ! La maladie infectieuse entraînait progressivement la chute des extrémités, doigts, orteils, nez... et débouchait irrémédiablement sur la mort après quelques années. Le jeune chevalier, atterré, décida de rentrer au pays pour mourir en Dauphiné. Abandonnant sur place son écuyer, il prit le premier navire pour Marseille en prenant bien garde de ne pas laisser deviner son état à quiconque, car il aurait immédiatement été débarqué ou même jeté en pleine mer si le rivage s'était révélé trop éloigné. Arrivé sans encombre à destination, il acheta un nouveau cheval et remonta la vallée du Rhône, en évitant au maximum les villes et les villages et en demeurant en permanence enroulé dans une longue cape qui lui dissimulait en partie le visage. Il traversa la principauté d'Orange, puis les collines des Baronnies, contourna sans y pénétrer la ville de Gap et se retrouva finalement dans son Trièves natal, qu'il regrettait à présent d'avoir quitté un jour. Car mourir au combat pour son Dieu était une fin glorieuse qu'il avait envisagé mille fois avec sérénité, mais se putréfier de la sorte alors qu'il était encore vif n'était pas une fin facile à accepter. Il ruminait du matin jusqu'au soir les mêmes idées noires, se demandant sans cesse quel était son crime pour avoir mérité pareil châtiment. Il interrogeait Dieu, Jésus son fils, la Sainte-Vierge et tous les saints dont il connaissait l'existence, mais aucune réponse ne lui parvint jamais du ciel, qui demeurait désespérément vide au dessus de son visage ravagé par la maladie. Il se sentait abandonné de tous, des hommes comme de son créateur, mais à aucun moment il ne tint rigueur à ce dernier de l'éprouver aussi cruellement. Il croyait qu'il y avait forcément une raison à ce qui lui arrivait, même si cette raison lui échappait totalement. Il décida de porter sa propre croix avec courage et dignité et s'installa dans une petite grotte située au bord de la rivière Dragon (le Drac). L'endroit était idéal pour y achever paisiblement sa triste vie, car il était suffisamment éloigné du monde des hommes et en même temps à une heure de marche du petit prieuré de Pérailler, où un moine miséricordieux accepta de lui offrir, tous les deux jours, du pain et des fèves accompagné d'une outre de vin. Guillaume préferait cette vie solitaire à l'internement dans une léproserie, car il aurait été alors obligé de contempler en permanence sa propre déchéance en croisant le regard des autres ladres (c'est ainsi que l'on nommait jadis les lépreux). La compagnie de ses semblables lui manquait, naturellement, mais pas au point d'accepter de terminer ses jours dans une maladrerie. Il ne souhaitait pas non plus rendre visite à sa famille, de peur de leur communiquer sa maladie, d'une part, mais surtout de leur laisser une aussi affligeante image de lui.

Une apparition inattendue

L'infortuné chevalier vécut donc quelques mois au bord de la rivière, se voyant décliner jour après jour, mais conservant au fond du cœur une petite étincelle d'espoir. Vint pourtant le moment où il ne fut plus en mesure de se lever pour aller chercher sa nourriture au couvent, et il comprit que la fin était proche. Il remercia son Dieu de lui avoir permis de fouler la Terre Sainte au moins une fois dans sa vie et attendit la délivrance avec un détachement résigné.

La nuit suivante, il fit un rêve étrange : une très belle femme, qu'il n'avait jamais rencontrée auparavant, le regardait amicalement. Elle était drapée dans une robe blanche aux reflets diaprés et ses yeux étaient si lumineux qu'il était difficile de bien distinguer son visage.
« Tu ne vas pas mourir », déclara-t-elle sans remuer les lèvres. « Bois cette eau et tu auras la vie sauve. »
En rouvrant les yeux, un peu avant l'aube, il se fit deux remarques :
« Tiens, je suis encore vivant... Mais de quelle eau parlait-elle ? »
Les derniers mots n'avaient pas fini de résonner dans son crâne, que la réponse à sa question éclatait comme une évidence. Il tourna les yeux vers un ronflement inhabituel qui provenait du fond de la grotte : une source, surgie d'on ne sait où, bouillonnait à présent sur la terre battue. La vapeur qui se dégageait du liquide glougloutant apprit à Guillaume que l'eau devait être brûlante. Gagné par un espoir insensé, il réunit ses dernières forces et rampa jusqu'à l'eau cascadante où il remplit un gobelet en bois de l'improbable breuvage. Il souffla dessus pour le faire refroidir puis, impatient, avala une première gorgée qui lui brûla la langue. Il grimaça doublement, car c'était aussi horriblement salé, mais un bien être inexplicable descendit aussitôt dans son ventre. Une seconde gorgée, tout aussi brûlante que la précédente, sembla rendre un peu de leur force d'antan à ses muscles atrophiés. A la troisième gorgée, il fut en mesure de s'asseoir sur son séant et de sourire. Il ne comprenait pas pourquoi ni comment, mais il se savait sauvé. Une démangeaison soudaine au niveau des moignons de ses mains et de ses pieds lui apprit que les chairs se reconstituaient. C'était un miracle ! Ou de la magie ? Il éclata d'un rire libérateur et se laissa tomber sur le dos, à côté de la précieuse source.
Qui était la femme de son rêve ? La Sainte Vierge ? Une fée ? Il ne le saurait jamais, mais qu'importait. Il allait vivre, vivre ! C'est tout ce qui importait pour le moment...

A la suite de cette aventure, on baptisa la source nouvellement créée « Source de la Dame » et l'endroit devint l'objet d'un véritable culte populaire qui se répandit à travers toute la Matheysine.

Des morts par millions

Cette histoire, si elle se termine bien pour Guillaume Tire-l'Epée, n'est pas représentative du destin tragique des centaines de milliers de malheureux qui contractèrent la lèpre durant le moyen âge. Leur calvaire est difficile à imaginer de nos jours.

Les lépreux - les *ladres*, du nom de Lazare - étaient exclus des lieux d'habitations et même dépossédés de tous leurs droits (on allait jusqu'à tenir pour nul les mariages antérieurement contractés) et regroupés dans des maladreries où ils mourraient dans le dénuement le plus total. Ils étaient tenus de porter des vêtements distinctifs et d'agiter une clochette lorsqu'ils se déplaçaient. La maladie est pourtant peu contagieuse, mais on l'ignorait alors, et les contemporains de Guillaume préféraient veiller à l'isolement des lépreux plutôt qu'au traitement d'une affection connue comme irrémédiable , quoique d'évolution lente.

D'une façon générale, le moyen âge fut une époque profondément crédule et dénuée de toute notion d'hygiène et de prophylaxie. Les gens imaginaient par exemple que les parasites, qui grouillaient en permanence dans leurs vêtements et leurs cheveux, naissaient spontanément dans certaines circonstances et n'occasionnaient pas d'autres désagréments que des piqûres et des démangeaisons. Aucune mesure préventive de salubrité n'existait donc pour lutter contre la prolifération des poux, puces, punaises et autres petites bêtes du même acabit. On se contentait seulement de laver couvertures et vêtements cinq ou six fois l'an, de s'épouiller mutuellement et de couvrir, quand c'était possible, le sol des maisons d'une jonchée de verdure odorante, régulièrement renouvelée, pour assainir un peu l'atmosphère. Les autres commensaux, mouches, moustiques, rats et souris n'étaient pas autrement inquiétés et pullulaient fréquemment autour de la nourriture .
Mais bien sûr, qui, à cette époque, aurait pu se douter du terrible danger que faisait courir aux hommes leur présence quasi permanente ? Personne ne connaissait l'origine des maladies et des épidémies, tout au plus les attribuait-on à des conjonctions astrales néfastes ou à des coups de colère divins, propres à corrompre gravement la qualité de l'air et de l'eau. Cela explique que ces parasites et les maladies infectieuses qu'ils propageaient aient été les deux premières causes de mortalité durant tout le moyen âge.
La grande peste noire, par exemple, qui tua la moitié de la population européenne à partir de 1347, fut transmise par une banale puce dont les rats étaient porteurs. On accusa les sorcières, les juifs ou les simples d'esprit, on brûla même une bonne partie de tout ce petit monde, mais sans inquiéter un seul instant les véritables responsables de la fulgurante pandémie.

On l'oublie un peu facilement, mais sans la science et les progrès de la médecine, l'espérance de vie à la naissance ne serait pas comme elle l'est aujourd'hui d'environ un siècle, mais seulement d'un peu plus de... vingt ans ! Un grand merci à Monsieur Pasteur et à tous les autres génies oubliés de la science médicale !

COMMENT LES COMTES D'ALBON DEVINRENT LES DAUPHINS DE VIENNOIS

Personne ne sait véritablement comment le nom du paisible cétacé ami des hommes devint, au XIIe siècle, le titre de dignité des comtes d'Albon. Et pourtant, les hypothèses historico-légendaires ne manquent pas...

« La fortune du nom de Dauphin présente quelque chose d'extraordinaire et cela surtout à dater du moment où en a été perdu le sens réel. Depuis celui de César et aussi celui du Grand Charles, il est à peu près le seul nom d'homme qui, porté par un prince, soit devenu le titre de ses descendants avec le symbole héréditaire de leur grandeur. »

(G. Manteyer)

Chacun sait que le titre de « Dauphin », que portèrent les comtes d'Albon (encore appelés comtes de Viennois) jusqu'à l'acquisition de leur état par le royaume de France, en 1349, désigna ensuite le fils aîné du roi de France, héritier présomptif de la couronne.

L'origine de cette appellation demeure, en revanche, une énigme, qui a suscité bien des légendes au cours des âges. Guigues IV - arrière-petit fils de Guigues Ier d'Albon (seigneur drômois né autour de l'An Mil) - fut le premier de sa lignée à être surnommé « Dauphin », au début du XIIe siècle.

Pourquoi ? Les hypothèses ne manquent pas.

Les hypothèses

L'une d'elles, purement légendaire, considère que le peuple gaulois des Allobroges, qui occupa le Dauphiné avant les temps historiques, ne serait pas originaire de Germanie mais de...Grèce ! De la ville de Phocide, pour être exact, où l'aimable cétacé faisait l'objet d'un culte particulier. Cet animal était, du reste, souvent représenté dans l'art antique, les fouilles de la ville romaine de Vienne en Isère ayant par exemple livré d'admirables mosaïques représentant ce grand ami des marins. Les crétois, pour leur part, pensaient que leurs morts étaient emportés vers les Iles des Bienheureux sur le dos de dauphins, tandis que les grecs croyaient que ces animaux étaient d'anciens pirates repentis, transformés en animaux marins par Dionysos et appliqués, depuis, à secourir les naufragés. Un Apollon de la cité de Delphes était même honoré sous la forme d'un dauphin durant l'époque archaïque, preuve supplémentaire de la fascination extrême que cet animal exerça de tout temps sur les hommes, y compris à l'époque chrétienne où il représenta souvent le Christ, « sauveur des hommes ». Mais de là à déplacer le berceau de l'Allobrogie sur les rives de la mer Egée, le pas à franchir demeure tout de même considérable...

D'autres, plus raisonnables, ont imaginé que le premier Dauphin de Viennois était apparenté à une famille vénitienne appelée *Delfino*, ou bien encore qu'un voyage en mer, au cours duquel le jeune comte aurait croisé quelques spécimens du mammifère marin, lui aurait valu son surnom. Ce dauphin peut également, plus prosaïquement, n'être que celui qui figure sur ses armoiries, pur symbole de victoire et de salut, choisi au moment de l'établissement du blason familial afin de porter bonheur à la lignée. Ce nom-symbole pourrait aussi lui avoir été attribué par Margueritte de Bourgogne, sa femme, comme une invitation à partir en Croisade et comme gage de victoire.

Mais l'hypothèse la plus communément admise aujourd'hui est celle qui considère le mot « Dauphin » comme un simple surnom de baptême du jeune Guigues IV, donné par sa mère, la princesse anglaise Mathilde (fille du roi Edgar Aetherling), afin d'honorer le souvenir d'un cousin écossais de la jeune femme appelé Dolfin. La dite-princesse, aux dires de certains, pourrait cependant ne pas avoir été originaire d'Angleterre (*Anglia*) mais plutôt de Sicile (*Apulia*). Fille du comte Roger de Sicile, elle aurait donné à son fils aîné le surnom de Delfino, fréquent à cette époque en Italie.

Quelle qu'ait été sa nationalité, il est en tout cas vraisemblable que la mère de Guigues IV Dauphin fut à l'origine de son surnom. Et ce qui est remarquable, c'est que le surnom du jeune comte Guigues IV ne tarda pas à devenir un véritable titre de dignité (comme « César » à l'époque romaine), lorsque son propre fils en usa à son tour pour s'intituler « Dauphin de Viennois ». En revanche, on ne parlera pas de Dauphiné (désignant la principauté des Dauphins) avant la fin du XIIIe siècle.

Le titre de Dauphin fut également porté, de 1155 à 1428, par les comtes de Clermont en Auvergne . Il faut dire que le premier d'entre eux à s'être ainsi proclamé « Dauphin », Guillaume VII le Jeune (mort en 1168), avait épousé Marchise d'Albon, fille de... Guigues IV Dauphin !

LE DESTIN TRAGIQUE DE LA VILLE D'ARS

Le joli lac de Paladru, le plus grand lac naturel du département de l'Isère, possède - outre ses vestiges préhistoriques et médiévaux - une très ancienne légende aux accents de tragédie antique.

Le lac de Paladru (entre Voiron et la Tour-du-Pin, dans le département de l'Isère) possède une riche histoire, attestée par de nombreux vestiges. Les restes du village préhistorique des Baigneurs, actuellement immergés sous trois mètres d'eau, à l'ouest de la plage municipale de Charavines, sont les plus anciens témoignages d'occupation humaine de la région (2740 avant Jésus-Christ). Le musée de la Maison de Pays, à Charavines, présente des maquettes de cet étonnant village des premiers âges, accompagnées des découvertes faites au cours des campagnes de fouilles subaquatiques. Sont aussi présentées dans ce musée, l'histoire et la reconstitution des trois habitats fortifiés que compta le lac à l'horizon de l'An Mil.

Paladru posséda également son château fort, dont il reste toujours des vestiges, enfouis sous une inextricable végétation, 600 mètres à vol d'oiseau au nord du village, à l'ouest de la chapelle des Trois Croix. Cette forteresse du XIIIe siècle, qui succédait à un château en bois sur motte, appartenait aux sires de Paladru, de vaillants chevaliers vassaux des seigneurs de Clermont. Le château tomba aux mains du comte de Savoie en 1333, à l'issue d'un siège terrible dont il ne se releva jamais.

La principale légende du lac est celle qui décrit la fin tragique de la ville d'Ars...

Sodome et Gomorrhe dauphinois

Ars était une petite cité prospère, établie sur la rive ouest du lac de Paladru. Ses habitants vivaient dans l'opulence et le confort, mais également dans la pratique des plaisirs les plus excessifs et l'impiété la plus totale. La journée, la petite ville avait pourtant l'apparence d'une ville tranquille, avec son marché coloré et son petit port de pêche très actif, mais le soir venu, son roi, qui n'avait jamais renié les anciens dieux des Celtes, entraînait toute la

Un moine chartreux racontant à un voyageur la fin dramatique de la ville d'Ars

population à se livrer aux pires dérèglements. Les moines d'un petit ermitage voisin, installé dans une clairière au milieu de la forêt, cherchaient depuis des années à ramener les Arsois à plus de tempérance, mais sans jamais réussir à les convertir à la véritable foi. Dieu, ému par la situation, décida un jour d'intervenir en personne et d'éprouver la miséricorde des incorrigibles mécréants. Il revêtit l'apparence d'un pauvre pèlerin et se présenta, un soir d'orage, aux portes de la ville. Il déclara s'être égaré et chercher l'hospitalité pour la nuit. Les sentinelles le regardèrent avec mépris, mais acceptèrent de le laisser passer en échange de quelques pièces de monnaie. Le faux voyageur frappa à toutes les portes de la cité, de la plus riche demeure à la plus humble masure, mais il fut repoussé sans ménagement à chaque fois. On lui répondait systématiquement qu'il n'y avait pas de place pour lui et il repartait en écoutant les rires et les chansons qui filtraient à travers les portes closes. Il tenta également sa chance du côté du palais, mais deux soldats aux mines patibulaires lui en interdirent l'accès, en lui jetant à la figure que le roi ne recevait pas les indigents de son espèce. Lorsqu'il eût parcouru chaque ruelle de la cité obscure, force lui fut de constater que personne ne se souciait de son prochain, dans toute la ville d'Ars.

Quittant alors la cité, sous la pluie battante, il s'éloigna à grands pas en direction d'une colline proche, accompagné un certain temps par les railleries des sentinelles. Arrivé au sommet de la butte, il se retourna vers le lac et étendit les bras en direction de la ville inhospitalière, en la maudissant d'une voix tonnante. Le ciel s'ouvrit en craquant, libérant la foudre qui déchaîna un incendie purificateur sur Ars l'impie, et dans l'instant qui suivit, le lac porta le coup de grâce en submergeant les maisons d'une vague immense.

Ainsi disparut la ville maudite. Et l'on raconte depuis, qu'à certaines heures du soir, particulièrement les jours de brume, les pêcheurs voguant sur le lac entendent sous les eaux des cris de détresse accompagnés d'un glas funèbre. On dit même que l'un d'eux, pour dégager son filet qui s'était pris dans la flèche d'un toit submergé, entra en nageant dans une église où les cierges étaient mystérieusement restés allumés. Il trouva, au pied des murs lézardés, la cloche en or, qui avait dû se décrocher durant le cataclysme, et la ramena dans son village. Mais avant qu'il n'ait eu le temps de la vendre et d'en tirer un bon prix, elle s'était volatilisée et avait repris sa place au fond du lac de Paladru.

Une allégorie bien pratique

Après la légende, la réalité. Pour commencer, la « ville d'Ars » correspond au domaine fortifié du Pré d'Ars, qui fut - il est vrai - en partie inondé vers 1040 lorsque les eaux du lac recommencèrent à monter. Mais le haut du village continua pourtant à être habité. En 1116, les moines chartreux de la

Grande Chartreuse installèrent un monastère à la Silve Bénite (2 km au sud-ouest du Pin sur la route d'Oyeu), dans un sombre vallon isolé, à 3 km du lac, où ils trouvèrent l'isolement nécessaire à leur recueillement. Les Arsois virent d'un mauvais oeil l'intrusion des religieux sur les terres où ils chassaient et pêchaient en toute liberté jusqu'alors et les conflits ne tardèrent pas à surgir. Mais les chartreux avaient de puissants appuis auprès d'Humbert II, comte de Savoie, et de l'empereur d'Allemagne Frédéric Barberousse (son fils, Thierry, était entré comme convers à la Sylve Bénite en 1168), dont les libéralités permirent un développement prodigieux du monastère. Et il est probable que ce sont les soldats du comte de Savoie qui détruisirent vers 1170, par le fer et par le feu, la petite bourgade d'Ars, brûlant également l'église et massacrant sauvagement sa population, autant pour assurer la tranquillité des chartreux que pour punir les Arsois alors en lutte contre le pape Alexandre III.

Grâce à la « providentielle » intervention divine et à la disparition de l'infortunée communauté paysanne, les moines eurent enfin accès au lac poissonneux dont ils devinrent copropriétaires en compagnie des seigneurs de Clermont. Le récit des exactions militaires des reîtres savoyards fut habilement « maquillé » en châtiment divin, légende moralisatrice qui puisa également son inspiration dans la montée des eaux du siècle précédent (liée à une modification de la pluviosité), bien pratique pour effrayer les populations crédules et supprimer toute velléité de reconquête de leur terres par les paysans.

Dans une autre perspective, le récit de la fin tragique de la ville d'Ars est également une allégorie des luttes entre les évangélisateurs chrétiens et les derniers reliquats de l'ancienne religion druidique. Le souvenir est resté vivace des luttes farouches et meurtrières qui opposèrent la chrétienté conquérante au paganisme entré en résistance.

LE TROUBADOUR DE CHABESTAN

Le métier de troubadour ou de trouvère n'était pas dénué de périls. A chanter les louanges des belles dames dans les châteaux, on s'attirait parfois... les foudres de leurs époux ! C'est la cruelle expérience que fit un poète du village de Chabestan dans les Hautes-Alpes, vers 1180.

Le vieux village de Chabestan, appelé Cabestan au moyen-âge, domine la vallée du Petit Buëch, dix kilomètres au sud de Veynes, dans le département des Hautes-Alpes. Le drame qui suit fut écrit dès 1228 et repris depuis par de nombreux auteurs, parmi lesquels on peut citer Mistral et Stendhal.

Un amour interdit

Guilhem de Cabestan était le fils cadet du seigneur de Cabestan, vassal du Dauphin. Il goûtait fort peu le métier des armes, lui préférant la poésie et la fréquentation des jeunes filles, auprès de qui il remportait un franc succès. Arrivé à l'âge d'homme, il décida de quitter ses collines natales pour visiter la Provence, où il acquit rapidement une certaine notoriété, en chantant les oeuvres de sa composition de château en château. Sa vie était douce et plaisante, car on aimait en ce temps là inviter à sa table ces attachants personnages itinérants qu'étaient les conteurs, et les récompenser largement du rêve et de la poésie qu'ils introduisaient dans les austères donjons seigneuriaux.

Mais il advint, vers 1180, que Guilhem franchit le pont-levis du château de Castel-Roussillon, résidence du sire Raymond de Roussillon. Le jeune homme envisageait de ne séjourner là qu'un jour ou deux, avant de poursuivre son chemin vers la ville d'Apt, toute proche. Mais lorsqu'il aperçut, le soir même, l'épouse du seigneur des lieux, Marguerite, sœur du comte de Provence, il en oublia tous ses plans d'avenir. La jeune femme était d'une beauté sans exemple et son sourire aurait fait fondre toute la neige des Alpes si l'envie lui en était venue. Pour elle, il conta ses plus belles histoires, ce soir-là. Il n'avait d'yeux que pour sa grâce innée, n'entendait que ses rires, ses applaudissements, et se perdait dans le bleu céruléen de son regard lorsqu'elle devenait songeuse. Bref, il était amoureux !

Il oublia sa décision de quitter rapidement le château et, jour après jour,

Le troubadour de Chabestan à la cour de Raymond de Roussillon

égaya les soirées de Marguerite et de Raymond de Roussillon. Un jour, n'y tenant plus, Guilhem profita de l'absence du seigneur pour rejoindre Marguerite dans son jardin privé, où elle était occupée à tailler ses rosiers. Il avoua à la belle dame surprise l'ardeur de l'amour qu'il avait conçu pour elle, et lui récita un poème composé à son intention, qui finissait ainsi : « ...Ma dame est si belle que je m'en attriste, car elle ne songe nullement à moi. »
La belle dame en question demeura bouche-bée un instant, charmée par le tendre aveu du jeune homme, mais également inquiète d'être surprise en sa compagnie.
« Il ne faut pas que vous restiez plus longtemps ici, mon ami », chuchota-t-elle en jetant des regards circonspects autour d'elle. « Mon époux, s'il vous découvrait en mon jardin, vous passerait sur le champ au fil de l'épée ! »
« Ainsi, vous vous inquiétez pour moi ! » dit-il, rayonnant. « C'est donc que vous pensez un peu à moi, quand même. Dites-le et je quitte aussitôt cet endroit. Ne le dites pas et je demeurerai ici tellement longtemps que je prendrai racine à côté de vos rosiers ! »
« Je songe un peu à vous. » répondit la belle châtelaine en riant.
« De grâce, acceptez également, alors, d'écouter un autre poème, demain à la même heure... »
Elle accepta et à compter de ce jour, le plaisant jongleur de mots la rejoignit tous les après-midi, durant ses travaux de jardinage, pour lui déclamer de nouveaux poèmes d'amour. Finalement, un soir, elle s'approcha de lui et prit sa main pour la poser délicatement à la naissance de son sein.
« Sentez-vous, mon doux ami ? », demanda-t-elle en rougissant d'adorable manière. « Je crois qu'il bat pour vous, désormais... »

Une fin tragique

A ces mots, Guilhem ne se sentit plus de joie et il déposa un tendre baiser sur les lèvres de Marguerite. Hélas, un domestique les aperçut enlacés et s'empressa de mettre au courant sire Raymond, dès son retour de la chasse. Fou de jalousie, le mari trompé retrouva Guilhem, occupé dans sa chambre à composer un nouveau poème et le perça de part en part avec son épée, sans lui accorder la moindre chance de s'expliquer. Il lui arracha ensuite le cœur et le donna à cuisiner à ses marmitons.
Le soir venu, il fit servir l'organe accommodé de légumes à son épouse qui le mangea de fort bon appétit, tout à son bonheur clandestin. Elle s'étonna, vers la fin du repas, de l'absence du troubadour et Raymond lui répondit avec un sourire ambigu qu'il était pourtant bien avec eux. Et il sortit de dessous la table la tête tranchée de l'infortuné Guilhem, qu'il posa à côté de l'assiette de son épouse.
« Vous venez d'ailleurs de manger son cœur ! » dit-il en la fixant droit dans les yeux.

La malheureuse Marguerite se sentit défaillir devant l'horreur de la situation, mais elle réagit avec la dignité qui convenait à son rang.
« Vous m'avez rendu ce qui fut mien ! » dit-elle en toisant son mari. « Et ce mets était si fin, si savoureux, que je ne souhaite plus jamais en manger d'autre... »
Et, courant vers une fenêtre entrebâillée, elle se précipita sans un cri au bas du donjon. Elle n'avait survécu que quelque heures à l'homme qu'elle avait aimé.
La mort de Marguerite parvint aux oreilles du comte de Provence, qui vengea sa sœur en tuant de sa main le cruel sire de Roussillon et en rasant son château.

Chansonniers du temps jadis

Heureusement, tous les troubadours ne connurent pas un aussi funeste destin. Bon nombre d'entre eux acquirent une réelle notoriété et ils nous ont laissé, en héritage, près de 30000 pièces lyriques datées du XII au XIIIe siècle. Ces poètes portaient le nom de troubadours dans le sud de la France et de trouvères dans le nord. On compta parmi eux de grands seigneurs, comme le duc d'Aquitaine Guillaume IX (fondateur de la poésie occitane), le comte de Provence, roi d'Aragon Alphonse II ou le roi d'Angleterre Richard Cœur de Lion. Certains se contentaient de réciter et de chanter des oeuvres célèbres, d'autres composaient - c'est le sens du verbe « trouver » (*trobar* en langue d'oc) et disaient leurs propres créations. Cet art de cour se « démocratisa » à partir du XIIIe siècle, s'élargissant à la bourgeoisie et aux clercs puis à toutes les couches de la population.
L'un des grands noms de cette poésie lyrique mise au service de l'amour courtois et de l'idéal chevaleresque, s'appelait Rigaut de Barbézieux. Il vivait à la même époque que le malheureux Guilhem de Chabestan et fut l'un des « meilleurs artisans de la langue maternelle » et l'un des « grands maîtres de l'amour ». Voici, extrait de son œuvre, deux couplets de l'une de ses plus belles création.

COMME JADIS PERCEVAL...

Comme jadis Perceval
- Au temps qu'il vivait -
Fut si fort émerveillé
Qu'il ne sut pas demander
A quoi servaient
La lance et le Graal,
Je demeure interdit,
Mieux-que-Dame, devant votre beauté :
J'oublie tout
Lorsque je vous contemple ;
Je veux vous prier, je ne puis : je rêve.

Que si, par doux regards tendres,
Par mes yeux, et sans retour,
Au cœur où me sont si chers,
A vous il plaisait
Me donner le profit
Des peines et des maux,
Mieux-que-Dame, que souvent je souffris,
Si cruels,
Lors j'aime mieux mourir
Tant vous désire, qu'avoir joie d'une autre...

Les gorges de la Romanche, au niveau de Livet-Gavet

BOURG-D'OISANS : DE L'INONDATION A LA FOIRE DE BEAUCROISSANT

La vallée de Bourg-d'Oisans conserve de nombreux souvenirs de son passé lacustre. La rupture en 1219 d'un lac qui l'occupait, fut à l'origine de la plus terrible inondation que connut Grenoble... mais aussi de la création de la plus ancienne foire de France : celle de Beaucroissant !

La tradition populaire colporte de nombreuses tentatives d'explication de la formation ou de la disparition des lacs qui occupèrent, à certaines époques, la vallée de Bourg-d'Oisans. Vallée d'une horizontalité si absolue, qu'il suffisait qu'un éboulement vienne obstruer l'unique et étroite vallée permettant d'évacuer ses eaux vives, pour qu'aussitôt elles refluent et forment une étendue d'eau, à la pérennité des plus incertaines.

La jeune fée effrontée

L'une des légendes locales décrit en particulier les événements qui déclenchèrent la terrible catastrophe de 1219 : jadis, vivait dans cette plaine de Bourg-d'Oisans une bonne fée, entourée de toutes ses filles, plus belles les unes que les autres. Le pays était recouvert de prairies à l'herbe tendre dans lesquelles s'épanouissaient des centaines d'arbres fruitiers, qui fournissaient à ses habitantes la seule nourriture adaptée à leur nature délicate. La quiétude heureuse de ce monde, situé en marge de celui des hommes, aurait pu durer éternellement si la beauté des jeunes nymphes vivant en ces lieux n'avait éveillé l'intérêt d'un vieux géant, habitant les montagnes de Belledonne. Le colosse solitaire, intrigué par les rires de cristal que lui portaient les vents montant de la vallée, s'était en effet intéressé aux jeunes fées, qui jouaient non loin de sa montagne. Et pour son malheur, il s'était follement épris de l'une d'elles. Il conçut alors le projet de l'épouser et se présenta devant la mère des jeunes filles pour lui demander la main de celle qui avait su toucher son coeur. La bonne fée, fort ennuyée, ne souhaitait pourtant pas vexer son encombrant voisin. Elle jugea opportun de laisser à sa fille la liberté de choisir. Elle la convoqua et lui exposa la requête du géant. La beauté sembla sur le point de défaillir puis, se reprenant, répondit avec un air horrifié : « Je préférerais épouser un crapaud plutôt que cet immense vieillard ! »

Le malheureux prétendant, furieux d'avoir été éconduit de la sorte, retourna dans sa montagne en jurant de se venger de l'effrontée et de sa mère qui ne lui avait pas appris les bonnes manières. Il décida le jour même d'inonder le terrain de jeux des jeunes nymphes, en créant un barrage sur la Romanche au niveau des gorges qui prendraient plus tard le nom de Livet. Il rompit un pic enneigé de la montagne et l'envoya rouler au fond de l'étroite vallée. L'avalanche qui en résulta fut terrifiante et la quantité de rochers qui s'accumula en travers du torrent fut telle que les eaux refluèrent aussitôt dans la plaine de Bourg d'Oisans. Les fées n'eurent aucun mal à se mettre à l'abri avant la montée des eaux, mais aucun de leurs charmes ne se révéla capable de rompre le colossal barrage occupant désormais la vallée de Livet. Elles ne purent qu'assister, impuissantes, à l'engloutissement inexorable de leur petit coin de paradis. Il leur fallut ensuite s'exiler, afin de trouver ailleurs les fruits nécessaires à leur survie, car tous les arbres avaient disparu sous les eaux du lac. Nul ne sait où les menèrent leurs pas ailés, mais le vieux géant de la montagne ne revit jamais celle que son coeur persistait à aimer et mourut de chagrin quelques années plus tard.

Déluge nocturne

Après la légende, la réalité.

Ce n'est évidemment pas un géant qui créa le lac, mais un énorme glissement de terrain, intervenu le 10 août 1191 au niveau de Livet et qui fit refluer la Romanche dans toute la plaine de Bourg-d'Oisans. Le village de Bourg-d'Oisans, lui-même, échappa de justesse à l'inondation progressive de sa vallée, mais il n'en était pas à sa première expérience de ce type. En témoigne le nom qu'il portait déjà depuis au moins un siècle et demi : Saint-Laurent-du-bord-du-Lac ou Saint-Laurent-du-Lac.
Le nouveau lac - le plus grand qui ait occupé la vallée - mesurait du nord au sud près de 15 kilomètres, atteignant environ 2 kilomètres en largeur, et semblait bien devoir occuper éternellement l'ancien « pays des fées ».

Pourtant, le soir du 14 septembre 1219, date demeurée fameuse pour des générations de grenoblois, les rochers et la terre qui composaient la digue de Livet cédèrent soudain, et le lac Saint-Laurent s'engouffra d'un coup dans les gorges de la Romanche, se vidant furieusement après 28 années d'existence. L'énorme trombe d'eau ravagea la vallée puis emporta le pont du Drac à Claix, balayant tout sur son passage, hommes, bêtes et maisons. A 10 heures du soir, le mur d'eau pénétra dans la cité de Grenoble, bousculant tout et noyant ceux qui n'avaient pas eu le temps de monter dans les étages ou sur les toits. La ruée des flots atteignit l'Isère, dont les eaux stoppées brutalement refluèrent de toutes parts (le niveau monta de 9 mètres), et emportèrent la foule qui, cherchant à fuir vers la Chartreuse, s'était retrouvée bloquée contre la grille verrouillée du pont. Une fois le gros de l'inondation évacué, la rivière rentra dans son lit avec une rare violence, emportant à son tour le pont de l'Isère.

L'inondation ravagea la vallée jusqu'à Tullins, et dans les semaines qui suivirent, aux victimes par noyades (on parle de 5 000 morts !), s'ajoutèrent celles causées par les épidémies.

L'année suivante, à l'occasion du premier anniversaire de ce drame, l'évêque de Grenoble, Jean de Sassenage, accompagné d'une foule nombreuse de grenoblois ayant réchappé de la catastrophe, effectua un pèlerinage afin de remercier le Ciel de les avoir sauvés du déluge « envoyé par le diable ».Ils se rendirent pour cela à la chapelle de la Sainte-Croix à Parménie, élevée en 877 à la place d'un ancien *oppidum* romain, sur une colline dominant Beaucroissant en Isère. Les pèlerins s'installèrent au pied du relief portant l'oratoire, autour du petit village de Mollard-du-Paul, échangeant avec les habitants des marchandises contre de la nourriture. Ce troc initial s'amplifia d'année en année, marchands et forains se mêlant bientôt au flot des pèlerins, et c'est ainsi que naquit la plus ancienne foire agricole de France, la fameuse « Beaucroissant ».

Devant une source de profits aussi providentielle, Guy de Tullins, seigneur de l'endroit, ne tarda pas à instaurer des taxes sur les transactions effectuées à l'occasion de la *vaude* et à construire un château pour y entreposer ses gains, à côté de l'ancienne localité de Mollard-du-Paul.

Comme le dit le célèbre proverbe, « toujours à quelqu'un malheur est bon » !

L'EFFONDREMENT DU MONT GRANIER EN CHARTREUSE

L'effondrement d'un pan de la montagne du Granier, le 24 novembre 1248, ensevelit plus de 5 000 personnes, rayant de la carte toute une région du Grésivaudan et donnant, évidemment, naissance à une légende...

Cette partie du Dauphiné possède sa catastrophe naturelle, à l'instar de Grenoble, qui s'enorgueillit d'avoir été ravagé par le déluge de 1219. Le soir du 24 novembre 1248, après des jours de pluies abondantes, tout un pan de la montagne du Granier (1933 m) s'effondra soudain dans la plaine de l'Isère au milieu d'un vacarme de fin du monde, ensevelissant la petite ville de Saint-André et les villages environnants jusqu'à Chapareillan, tuant plus de 5 000 personnes en moins d'une minute.

Les traces de la catastrophe sont toujours visibles : une vaste échancrure aux couleurs lunaires vient rompre l'uniformité des falaises calcaires de la ligne de crête, au nord du mont Granier, là où la montagne s'est décrochée avant de glisser dans la vallée. En bas, et jusqu'aux abords de la ville savoyarde de Myans, le paysage est totalement chaotique, parsemé de reliefs tourmentés et de blocs plus grands que des maisons, entrecoupés de marais et de petits lacs. Le riche pays de coteaux de Saint-André, désormais enfoui sous les débris de la montagne et connu sous le nom d'abîmes de Myans, est devenu depuis un vignoble réputé.

Du cataclysme à la légende

Le cataclysme - peut-être consécutif à une secousse sismique - frappa fortement les imaginations de cette époque crédule et donna très logiquement naissance à une légende, qui servit du reste certains intérêts : en effet, la région sinistrée comptait avant le drame un riche prieuré bénédictin, dit du Granier, qui était convoité par un certain Jacques Bonivard, conseiller du comte de Savoie. Le rusé personnage arriva à ses fins par quelque moyen douteux, début 1248, et expulsa les moines qui se réfugièrent à Myans, où était vénérée de longue date une Vierge Noire. Le seigneur savoyard remplaça les religieux par des gens à sa solde, dont les moeurs dissolues ne tardèrent pas à scandaliser le voisinage... si l'on en croit la tradition colportée plus tard par les moines, naturellement. Et ce serait une « énorme ripaille », organisée le 24 novembre 1248 par Bonivard et les siens, qui aurait finalement exacerbé le courroux divin au point de l'inciter à lancer la terrible avalanche sur l'ancien prieuré, afin d'y ensevelir les mécréants.

Ecrasant du même coup des milliers de pauvres gens, mais on excusa adroitement la divinité en prêtant aux malheureux habitants de la région tous les défauts de la terre ; vénaux, méchants, tricheurs, à l'occasion même un peu détrousseurs et assassins, les habitants de ces Sodome et Gomorrhe dauphinoises méritaient finalement bien de disparaître ! Cela fit en tout cas parfaitement l'affaire de nos moines, qui purent tout à loisir répandre la légende moralisatrice destinée - on l'aura compris - à dissuader quiconque aurait de nouvelles prétentions sur leurs possessions. On observe la même stratégie dans l'affaire de la ville d'Ars près du lac de Paladru en Isère.

Les bénédictins élevèrent ensuite une église au bourg de Myans, aux portes duquel l'avalanche était venue mourir, afin de remercier la Vierge Noire d'avoir stoppé la folie des éléments et sauvé le village. Le culte préexistant prit de l'ampleur et attira désormais des milliers de pèlerins venus de toute l'Europe. La légende fut parachevée lorsque l'on y rajouta, pour augmenter la ferveur des fidèles, que l'église contenant la statue de la sombre Madone - pourtant postérieure à la catastrophe - avait été sauvée « miraculeusement » du cataclysme par l'intercession de la Vierge Noire. Ainsi naissent et grandissent les légendes...

Certains affirment également que chaque année depuis le drame, dans la nuit du 24 novembre - triste anniversaire de la catastrophe - des hurlements et des plaintes déchirantes s'élèvent encore des lacs et des marécages de la région des « abymes ». Et qu'il vaut mieux ne pas s'y attarder, si l'on tient à conserver sa raison...

LA TABLE DU ROI, SUR LE RHONE

Un rocher tabulaire émergeant du Rhône, au nord de Tain-l'Hermitage, possède la réputation d'avoir accueilli le roi Saint-Louis, le temps d'un repas.

Le Rhône au moyen-âge était non seulement une importante voie de communication mais également la frontière naturelle entre le Dauphiné - relevant en théorie de l'autorité de l'Empereur d'Allemagne - et le royaume de France. On appelait communément la rive gauche « l'empire » et la rive droite « le royaume » et on continua à le faire encore longtemps, même après l'acquisition du Dauphiné par la France en 1349.

Un rocher tabulaire, émergeant de l'eau en contrebas des ruines du puissant château féodal de Serves dans la Drôme (7 km au nord de Tain-l'Hermitage), est appelé le *Rocher du Roi* par les habitants, en souvenir - si l'on en croit la tradition - d'un repas que le roi Saint-Louis aurait pris sur cette « bonne table » dauphinoise. Cela se passait en août 1248 et le monarque français descendait alors le Rhône pour rejoindre l'essentiel de ses troupes stationnées dans la ville d'Aigues-Morte, d'où elles devaient embarquer pour la Terre Sainte. La légende raconte que le navire du roi stoppa auprès du rocher à la mi-journée et que lui et sa suite y déjeunèrent, fort satisfaits de fouler un moment la terre ferme sans avoir à débarquer sur l'une des rives du grand fleuve. Les occasions de se dégourdir les jambes à terre allaient se faire rares durant les semaines à venir. En effet, Saint-Louis et son armée de croisés embarquèrent le 25 août 1248 pour Chypre où ils passèrent l'hiver, avant d'attaquer l'Egypte au printemps suivant, dans la plus parfaite ignorance des conditions climatiques de ces contrées. A compter de ce moment, ils ne connurent plus guère de repos. Les batailles, la chaleur et la maladie allaient désormais devenir leur lot quotidien. Vainqueur à Damiette en 1249, le roi fut ensuite battu et pris à Mansourah l'année suivante et dut verser une rançon considérable pour recouvrer sa liberté. Il passa les quatre années suivantes à réorganiser les défenses et l'administration de la Syrie franque, ce qui assura quelques décennies supplémentaires de sursis aux territoires chrétiens d'Orient.

Le pavé de Gargantua

Ce rocher est également appelé par certains le *Pavé de Gargantua ;* il aurait été jeté dans le fleuve par le bon géant afin de traverser le Rhône sans se mouiller les pieds. Gargantua est l'une des créations majeures de François Rabelais (1494-1553), l'un des plus grands génies de l'esprit et de la littérature mondiale. L'auteur de Pantagruel (1532) et de Gargantua (1534) s'inspira pourtant d'ouvrages plus anciens (« Les grandes chroniques du géant Gargantua » de Charles Billon, par exemple) et de traditions populaires multiséculaires pour composer les aventures comico-philosophiques de son géant débonnaire. Ce n'est donc pas étonnant de retrouver partout en France, et en particulier dans les Alpes (Rabelais séjourna un temps à Grenoble), des traces du « passage » de son Gargantua : empreintes gigantesques creusées par quelques parties de son corps (le Fauteuil de Gargantua à Chantelouve en Isère par exemple), dents arrachées et plantées au hasard dans nos montagnes (Les Trois Pucelles ou la Dent de Crolles en Isère), étrons monumentaux (l'Aiguille de Quaix en Chartreuse), failles vertigineuses taillées d'un seul coup d'épée (gorges d'Engins en Vercors, gorges de la Galaure dans la Drôme), rochers lancés pour jouer au palet ou tout simplement pour les ôter de sa chaussure (la « Pierre Frite » à Décines dans le Rhône ou le rocher de Pierrelate dans la Drôme) et fleuves et ruisseaux nés de son urine inépuisable (il engendra, entre autre, le Rhône).

Mais si Gargantua n'a jamais traversé notre région autrement que dans l'imagination de ses habitants, d'autres voyageurs jetèrent en revanche régulièrement l'ancre auprès du rocher : ce sont les bateliers du Rhône, qui faisaient parfois relâche sur cette île minuscule pour festoyer et vider quelques bonnes bouteilles de Côtes-du-Rhône !

Quant au château de Serves-sur-Rhône, dressé fièrement au-dessus du grand fleuve et de sa « table royale », il est cité depuis 1243 et appartenait à cette époque au Dauphin. Protégeant un important péage fluvial, il renfermait également un atelier monétaire.

LE TRESOR DES TEMPLIERS DU CHATEAU DE BOUQUERON

Le spectaculaire château de Bouqueron aux allures de « burg romantique », campé au sommet d'un escarpement rocheux dominant Corenc et Grenoble, recèle - si l'on en croit la légende - un fabuleux trésor ramené de Terre Sainte par les Templiers.

Le château de Bouqueron est comme posé en équilibre au-dessus d'un promontoire dominant Corenc (*Coreneum* au XIe siècle), deux kilomètres au nord des tours de l'Ile Verte à Grenoble.

Construit d'après la tradition par Pierre de Bouqueron, un seigneur pillard vivant au XIe siècle, la construction en pierre ne fut pour sa part bâtie qu'un siècle ou deux plus tard à la place de la fortification primitive en bois. Il fut ensuite acquis, au cours de son histoire, par de puissantes familles du Dauphiné, les Châteauneuf au XIIIe siècle, les Alleman puis les Sassenage au XIVe siècle, pour ne citer qu'elles.

Le superbe manoir qui domine toujours la vallée du Grésivaudan du haut de son nid d'aigle a conservé de ses origines d'importants murs de soutènement. Plus trace, en revanche, de l'enceinte cantonnée de quatre tours d'angle, ni du donjon flanquant le bâtiment résidentiel.

Une ruse du Chevalier Noir

La légende rapporte que vers 1280, un sire de Bouqueron donna sa fille Elmengarde - que l'on disait d'une rare beauté - à Bertrand de Theys, dont elle était tombée follement amoureuse. L'élu de son coeur, plus connu sous le titre de « Chevalier Noir », était pourtant précédé d'une fort mauvaise réputation. On le disait querelleur et autoritaire et il avait la réputation de terroriser les populations du Grésivaudan pour obtenir de leur part une obéissance absolue. Mais l'amour étant aveugle à ce type de considération, la jeune et inexpérimentée Elmengarde pria son père de lui accorder d'épouser le beau chevalier à la sombre armure. Le vieil homme, sensible au bonheur de sa fille, accéda à sa requête et bénit leur union. Cette alliance était du reste la bienvenue, car elle remettait la jeune fille entre les mains d'un homme - certes brutal - mais

Le château de Bouqueron

vigoureux et capable de lui assurer la protection dont elle aurait besoin une fois son père disparu. Car l'héritier légitime du vieillard, son fils unique Bérard de Bouqueron, avait quitté le château familial dix années plus tôt et nul ne savait s'il rentrerait un jour. L'aventureux jeune homme avait souhaité mettre son épée au service de la chrétienté en 1270 et avait participé à l'expédition de secours monté par Charles de Sicile pour secourir le roi de France Saint Louis, bloqué par le choléra et la chaleur sous les murs de Tunis. Les croisés étaient malheureusement arrivés trop tard, quelques semaines après la mort de Louis, que la maladie avait emporté en même temps que la moitié de son armée. Bérard s'était alors mis au service de l'ordre des Templiers et combattait en leur compagnie, aux dernières nouvelles, du côté d'Antioche en Terre Sainte.

Le rusé chevalier Bertrand de Theys souhaitait, pour sa part, que Berard ne revienne jamais, désireux de s'accaparer tous les biens des Bouqueron à la mort du père de sa jeune épouse. Cette mort intervint fort rapidement après les noces, du reste, et aussitôt son attitude vis à vis d'Elmengarde se modifia radicalement. La sollicitude et les paroles amoureuses des premiers temps furent remplacées par une indifférence mâtinée de méchanceté. Dans le même temps, il commença à faire régner la terreur dans les campagnes environnantes, comme il le faisait jadis dans son Grésivaudan natal. Seule la crainte du dauphin l'empêcha d'étendre ses exactions à la prospère cité de Grenoble, tellement proche.

Le trésor perdu des Templiers

Elmengarde se crut pourtant sauvée, un matin de printemps 1281, lorsqu'elle entendit un messager annoncer à son époux le retour imminent de son frère Bérard. La rumeur disait que le vaillant croisé, qui s'était couvert de gloire en Terre Sainte, avait été largement récompensé par les riches templiers et qu'il ramenait dans ses bagages une cassette remplie d'or et de bijoux. Aussitôt séduit par l'idée de s'enrichir facilement, le vénal Bertrand de Theys enferma son épouse dans le cachot situé sous le donjon et reçut les bras ouverts son beau frère, qu'il rencontrait pour la première fois. Il expliqua l'absence d'Elmengarde en expliquant qu'elle s'était rendue pour quelques jours chez l'une de ses tantes vivant à Romans et Bérard, qui ne connaissait pas la réputation de son nouveau parent, se laissa abuser.

Le chevalier de Bouqueron s'installa dans les appartements de feu son père, tout à la fois heureux de redécouvrir le château de ses jeunes années et triste de n'y retrouver aucun visage connu. Il se mit au lit avec un étrange pressentiment, ce soir-là, mais n'eut pas le temps de chercher la cause de son malaise, car le Chevalier Noir l'assassina lâchement à la faveur de la nuit. Le meurtrier en fut pourtant pour ses frais, car il ne trouva pas la cassette tant convoitée parmi les affaires de son beau frère. De toute évidence, le prudent chevalier de Bouqueron avait pris soin de cacher son trésor et il avait emporté avec lui le secret de son emplacement . Furieux, Bertrand de Theys fit fouiller partout, abattant progressivement les tours et l'enceinte du château, mais en vain. Le trésor des templiers demeurait introuvable.

De frustration, et parce qu'il fallait bien vivre, le ténébreux chevalier redevint le pillard sans foi ni loi qu'il avait été avant d'épouser Elmengarde. Mais cette fois-ci, il dépassa largement les bornes, massacrant par simple plaisir des innocents dont les familles en appelèrent à la justice du dauphin, Humbert II de la Tour du Pin. Le puissant monarque réagit avec la plus extrême vigueur, prenant le château de Bouqueron et faisant pendre sans autre forme de procès le Chevalier Noir et tous ses soldats aux crénaux du donjon. Les paysans de la région furent soulagés, mais pour la malheureuse Elmengarde, il était déjà trop tard : elle était morte de faim au fond de son cachot, oubliée de tous.

La légende raconte que le dauphin de France Louis II - futur roi Louis XI - fit de fréquents passages à Bouqueron, vers 1450. Il rechercha également le fabuleux trésor de l'Ordre du Temple de Jérusalem, mais sans plus de succès que ses prédécesseurs, détruisant malheureusement à cette occasion la dernière tour du château. La tradition veut aussi que le dauphin se cacha en 1456 dans une pièce dérobée de la vieille forteresse mutilée - dite « chambre du Diable » - pour échapper aux soldats de son père Charles VII, contre lequel il s'était rebellé.

Le mystère des Templiers

De nombreux édifices sont aujourd'hui attribués en Dauphiné aux templiers, sans qu'il soit parfois possible de savoir si les chevaliers du temple occupèrent réellement l'endroit. Citons pour exemple, autour de Grenoble, la tour des Templiers de Veurey et la chapelle des Templiers à Notre-Dame de Mésage (en réalité chapelle d'une commanderie des Hospitaliers de Saint-Jean de Jérusalem).

L'ordre des templiers, sur lequel tant d'auteurs et de chercheurs de trésors ont vainement fantasmé, a été fondé à Jérusalem en 1118, par deux chevaliers français désireux de mêler la vie religieuse et la défense des lieux saints et des pèlerins. L'ordre se dota d'une véritable règle au concile de Troyes de 1128, rédigée par saint Bernard et imposant aux moines-soldats les voeux de pauvreté et de chasteté, ainsi que l'obligation de combattre pour la gloire de Dieu. Un grand maître élu, assisté d'un chapitre général, devait veiller au bon fonctionnement de l'institution.

Aux XIIe et XIIIe siècles, le Temple fut en Orient et dans la péninsule Ibérique de toutes les batailles, ses châteaux prestigieux protégeant les routes et ses soldats forçant l'admiration des plus vaillants chevaliers laïques. Mais au-delà de ses exploits militaires, l'ordre fut également très riche et constitua l'un des principaux banquiers de la chrétienté. Mais après la chute de Saint-Jean d'Acre en 1291, qui sonnait le glas de l'Empire latin d'Orient, les templiers se concentrèrent en France, où l'opinion publique ne tarda pas à s'interroger sur l'utilité de ces « moines-soudards » désormais oisifs et objets de toutes les railleries. Ne disait-on pas, à la fin du XIIIe siècle, « jurer comme un templier » lorsque l'on s'exprimait vulgairement ou « aller au Temple » lorsque l'on allait chez la prostituée ? Le pape s'émut de la situation mais, trop pusillanime pour prendre de réelles décisions, laissa agir le roi de France, Philippe le Bel. Ce dernier, jugeant le Temple trop encombrant, décida purement et simplement de le supprimer en 1307 : le 13 octobre, à l'aube, tous les templiers de France furent arrêtés et enfermés, tandis que le trésor de l'ordre, conservé à la tour du temple à Paris, était confisqué. Nombre de moines furent torturés (certains même brûlés vifs) et 137 d'entre eux reconnurent, pour échapper au supplice, avoir été des traîtres à leur foi, des idolâtres et des sodomites. Le pape ne confirma la suppression de l'ordre qu'en 1312, lors du fameux concile de Vienne en Dauphiné, où il attribuait également les biens fonciers des templiers à l'ordre des Hospitaliers de Saint-Jean de Jérusalem.

Ne survécut bientôt plus du Temple que le mythe de ces nombreux trésors, disséminés par les moines-guerriers, si l'on en croit la tradition, un peu partout en France. Mais ce mythe ne repose sur rien de solide, car les templiers, pris par surprise en 1307, n'eurent pas le temps d'enterrer leur or et tout fut saisi par les agents du roi. Quant aux prétendues activités secrètes du Temple, elles sont également à ranger au rayon de la légende.

Cependant, nul doute que le nom même des templiers suffira longtemps encore à évoquer dans les esprits les mystères troubles d'un passé insondable...

Les prétendants au mariage se présentant devant le château de la Roche

LES BELLES HISTOIRES DES DONJONS D'ALLEVARD

Le pays d'Allevard, terre de légendes et de forêts, fut, du temps des seigneurs, hérissé de tours puissantes, montant la garde face à l'ennemi savoyard. De ces fortifications médiévales demeurent de nombreux vestiges ainsi que quelques belles histoires à la nostalgie poignante.

La pratique de l'extraction du fer et de la métallurgie (attestée dans la région dès le XIe siècle) permit au bourg d'Allevard de prospérer et de se clore de remparts durant le XIIIe siècle. Ses forges devinrent même fort réputées et la tradition rapporte que ce sont elles qui fabriquèrent les armures portées à Marignan par le chevalier Bayard et le roi François Ier.

L'activité minière, dans un premier temps ouverte à tous moyennant un droit d'« antivage » payé au dauphin, devint peu à peu la chasse gardée de quelques sociétés d'exploitation, préfiguration des forges de l'époque moderne. Il est impossible de ne pas évoquer la famille Barral, à ce sujet. Présente dès 1675 à Allevard, elle marqua profondément l'économie locale, en concentrant progressivement entre ses mains les capacités de production de fonte de la vallée et l'essentiel des forêts avoisinantes (25000 hectares vers 1800), indispensables réserves de combustible pour les fourneaux industriels.

Les trois légendes qui suivent sont pourtant bien éloignées de la sordide réalité industrielle de ces derniers siècles.

La première a pour cadre le château de la Roche, appelé encore Bâtie de la Roche, qui s'élevait jadis sur une colline au dessus de Saint-Pierre d'Allevard (au lieu dit *molard de Roche*), et dont rien n'a subsisté. Cette fortification était formée, au XIVe siècle, d'une haute tour carrée à trois étages, accolée à un logis de deux, et d'un bâtiment secondaire, reliés par un mur crénelé percé d'un portail et d'une poterne. Elle appartenait à cette époque à la famille Aymon de Saint-Pierre. Plus tard, en 1755, elle fut acquise par les Barral, dont s'édifiait à grand pas la puissance métallurgique.

HERMANCE AU COEUR DE PIERRE

C'est vers l'année 1300 que la famille Aymon de Saint-Pierre d'Allevard acquit le château de la Roche. Voici, d'après la légende, comment cela se produisit.

Le vieux seigneur de la Roche n'avait qu'une fille, appelée Hermance, à laquelle il légua tous ses biens en mourant. Hermance était, dit-on, la plus belle jeune fille qui se soit vue en pays allevardin, peut-être même dans tout le Dauphiné. Quiconque posait le regard sur sa blondeur rayonnante, tombait immanquablement amoureux de la jeune châtelaine. Mais son apparence angélique dissimulait la noirceur d'une âme perfide et orgueilleuse, et la sécheresse d'un coeur de pierre. Elle n'aimait personne et ne supportait la présence d'autrui que lorsque celle-ci lui était d'une quelconque utilité. Malheureusement pour elle, son père avait écrit dans son testament qu'elle devrait rechercher un époux avant son vingtième anniversaire, sous peine de perdre la jouissance de tous les biens qu'il lui avait légués. C'est ce que le vieux serviteur de son père rappela à la jeune fille, quelques jours avant le fatidique anniversaire. Elle commença par refuser, rouge de colère, prétextant que son père n'avait plus toute sa tête lorsqu'il avait rédigé cette clause du testament, puis elle se ravisa. Elle sourit de son air le plus angélique et emmena le vieil homme au bord d'un précipice. Elle désigna du doigt la plus haute cime perchée au-dessus de l'abîme, où seul un fou se serait risqué, et déclara au serviteur perplexe :

« Ni la beauté, ni la gentillesse ne sont pour moi des critères acceptables. Seule la bravoure rend les hommes intéressants. Si quelqu'un songe à m'épouser, il va devoir s'en montrer digne, et gravir à cheval ce roc escarpé, que tu vois là-haut. J'en fais le serment devant Dieu, celui là seul qui remplira cette condition recevra ma main et mon domaine en guise de dot! »

Le vieux serviteur blêmit mais fut contraint d'accéder à la demande de la cruelle jeune fille. Des messagers quittèrent aussitôt le château pour annoncer la nouvelle dans toute la province. Et dès le lendemain, les premiers prétendants se présentèrent devant le pont-levis. Il y avait parmi eux quelques damoiseaux des environs, un chevalier savoyard et un aventurier au visage barré par une large cicatrice. Ils semblaient décidés et aguerris et pourtant tous furent tentés de refuser, en découvrant la terrible épreuve imaginée par Hermance. Mais un seul sourire de la jeune fille leur tourna la tête et ils tentèrent leur chance à tour de rôle. Pas un n'en réchappa, tous disparurent en hurlant au fond du terrible précipice. La belle châtelaine ne sembla pas affectée par le drame et elle repartit en baîllant vers le travail de broderie qu'elle avait interrompu pour l'occasion.

Les trois frères

Etrangement, bien que la nouvelle de la tragédie fit rapidement le tour du pays, chaque jour continua à apporter son chargement de jeunes insensés, qui s'offrirent en sacrifice au jeu cruel de la méchante châtelaine. Un jour, trois chevaliers de Saint-Pierre d'Allevard vinrent tenter la même entreprise. Ils étaient tous trois fils du seigneur Pierre Aymon, un noble qui possédait une maison-forte non loin de là. Ils avaient fière allure avec leurs belles armures damasquinées luisant dans le soleil et leurs immenses destriers piaffant d'impatience. La foule des manants, qui se réunissait désormais tous les jours au bord de l'escarpement retint son souffle, subjuguée par les nouveaux venus. Chacun espérait que parmi ceux-là se trouverait celui qui ferait cesser le carnage.

L'aîné des trois frères entreprit l'escalade en premier. Mais il n'était pas à mi-chemin que son cheval glissât et s'affalât lourdement, précipitant le malheureux cavalier dans l'abîme.

Le second frère éperonna rageusement sa monture et s'élança sur les traces de son aîné. Avec un peu trop de hâte sans doute, car son cheval, emporté par son élan, négocia mal un virage et tomba à son tour dans le ravin. Le cri de dépit de la foule fit écho au hurlement du malheureux chevalier.

Le cadet s'avança à son tour. Il était d'une pâleur extrême, mais dans son regard brûlait une lueur de froide détermination. Après un regard pour le torrent où avait disparu ses deux frères, il commença l'ascension, avec un luxe de précautions que n'avaient pas déployé les précédents. La prudence sembla payer, car il surmonta un à un tous les obstacles placés en travers de son chemin. La population, médusée, suivait sa progression dans un silence absolu. Le chevalier approchait de la cime, quand soudain une plante humide trahit le sabot de sa monture et l'homme et la bête furent précipités ensemble au fond du précipice.

Un immense cri de désespoir monta de cent gorges, roulant dans l'abîme au dessus du linceul bouillonnant des eaux. Hermance, elle-même, fut émue par la cruauté du sort, qui récompensait si mal la bravoure et l'habilité déployée par le preux gentilhomme. Mais elle essuya bien vite la larme qui avait roulé sur sa joue et reprit sa superbe indifférence pour retourner au château.

Un juste châtiment

Durant les jours qui suivirent, plus personne ne se présenta pour défier la montagne et Hermance pensa qu'elle était enfin débarrassée de cette corvée. Mais une semaine après la fin tragique des trois frères, le veilleur au sommet du donjon sonna l'arrivée d'un nouveau prétendant. Agacée, la jeune fille posa son ouvrage de broderie sur le coussiège en pierre et se pencha à la fenêtre pour voir à qui, cette fois, elle avait affaire. L'étranger qui se présentait devant le pont-levis était nu tête et ne portait pas d'armure. Il se dégageait pourtant de lui une force et une noblesse qui troubla Hermance, comme jamais elle ne l'avait été.

« Il est beau » fut tout ce qu'elle réussit à penser en le contemplant, le coeur battant à tout rompre.

C'était en effet un très beau jeune homme, au regard de braise et à la chevelure aile de corbeau répandue sur ses larges épaules. Hermance ne trouva rien à répondre lorsqu'il exprima son désir de gravir la montagne. Mais au fond d'elle, elle trembla pour lui, découvrant soudain la signification du mot « amour ». Elle aurait voulu se jeter à ses pieds sur le champ, s'offrir à lui et lui jurer une fidélité éternelle pour qu'il accepte d'abandonner son projet insensé. Mais elle devina, à son air farouche, qu'il n'était pas homme à renoncer. Elle se contenta donc de l'accompagner du regard, à moitié morte d'inquiétude, tandis qu'il s'élançait vers le sommet. Elle priait le ciel de ne pas lui enlever celui-là, manquant défaillir à chaque embardée du cheval, à chaque hésitation du cavalier, à chaque péril qui avait coûté la vie aux précédents prétendants. Des larmes coulaient sur son visage, sans qu'elle ne cherche à les contenir, mais personne ne s'en rendit compte, car toutes les attentions étaient mobilisées par la tentative de l'inconnu.

Et lorsque le cavalier prit enfin pied sur le sommet du promontoire, toute la tension accumulée se libéra dans une formidable explosion de joie populaire accompagnée d'une immense ovation adressée au jeune héros. Folle de joie, Hermance se précipita au devant du jeune homme, qui entamait la redescente. Elle tendit les mains vers lui mais, contre toute attente, il la repoussa sans ménagement.

« Ne m'approche pas, misérable femme qui a fait verser tant de larmes ! » cracha-t-il avec mépris.

« Te souviens-tu seulement de tous ces preux chevaliers dont tu as causé la perte ? Te rappelles-tu ces trois frères qui ont péri sous tes yeux la semaine passée ? En as-tu ris ou bien as-tu seulement baillé en écoutant leurs râles d'agonie ? Je m'appelle Guillaume Aymon et ces trois là étaient mes frères ! C'est pour les venger que je suis là. Tu m'aimes, dis-tu. Eh bien moi je te maudis, et je sais que ton père, du haut des cieux, en fait autant. »

Sur ces mots terribles, le chevalier brocha à vif son cheval et s'éloigna au galop en direction de la vallée. Hermande, torturée par cet amour qui lui échappait et prise de remords affreux, se précipita dans l'abîme où avaient péri ses victimes.

C'est ainsi que le dernier des quatre fils du seigneur Aymon de Saint-Pierre gagna le château de la Roche, qu'il ne voulut jamais habiter.

L'étrange ouverture du donjon d'Acquin

Le second donjon allevardin évoqué à travers une légende locale est la curieuse tour d'Acquin, de Saint-Pierre d'Allevard. Cette étonnante tour circulaire de six mètres de diamètre et d'une quinzaine de mètres de hauteur, domine le village à moins d'un demi kilomètre de l'église paroissiale. Propriété d'Hugues Acquin en 1339, elle attestait de la noblesse de son possesseur mais ne constituait en aucun cas son habitation, qui devait se trouver à proximité.

On pénétrait dans l'édifice soit par l'ouverture du rez-de-chaussée, depuis l'intérieur d'un bâtiment adjacent, soit peut-être par un escalier en bois extérieur desservant une porte au premier étage, dont il reste un trou informe côté vallée. Cette ouverture, qui pourrait également avoir été des latrines, est à l'origine de la légende retranscrite ci-après.

L'EVASION DE LA TOUR D'ACQUIN

Hugues de la tour d'Acquin avait un fils un peu fantasque, qui passait de longues heures à rêvasser dans les bois, où il composait des poèmes. Arnoul, c'est ainsi que le jeune homme s'appelait, avait peu de goût pour les affaires de ce monde et en particulier pour le métier des armes auquel son père le destinait. Il profitait donc de la moindre occasion pour s'échapper du château familial et s'engager sous les épaisses futaies de Brame-Farine, au-dessus de Saint-Pierre. Peu de gens venaient là, car on disait à l'époque l'endroit habité par les fées, qui chantaient certains soirs de neige, d'où le nom de Brame-Farine.

Un jour que le garçon errait dans la sombre forêt, il rencontra une ravissante jeune fille dont les vêtements uniformément blancs révélaient une origine étrangère. Elle venait, disait-elle, d'un pays qu'elle appelait le Monde des Vivants, où il n'y avait ni mort, ni guerre, ni maladie, ni péché et où le lait et le miel coulaient en abondance. Lorsqu'il lui demanda, sceptique, où pouvait bien se trouver pareille contrée, elle lui répondit tout naturellement qu'elle s'étendait sous la colline de Brame-Farine. Elle lui proposa de l'emmener avec elle, car elle sentait qu'il serait plus heureux dans son monde souterrain que dans celui du soleil. Il réfléchit longuement à l'étrange proposition, mais il n'eut pas le temps de se prononcer, car son père, qui le cherchait depuis des heures, arriva à cet instant.

« A qui parlais-tu ? » demanda Hugues intrigué.

« Mais à cette jeune fille ! » répondit le jeune homme.

Pourtant, lorsqu'il se retourna, la belle inconnue s'était mystérieusement volatilisée. A sa place ne demeurait qu'une belle pomme blanche. Etonné et vaguement déçu, Arnoul plaça le curieux fruit dans sa poche et raconta à son père que la jeune fille appartenait à un peuple que n'atteignaient ni la mort ni la souffrance et qu'elle l'avait invité à visiter son pays.

Hugues n'en crut pas un mot, mais il n'en fit rien paraître. Il s'en ouvrit seulement au vieux guérisseur du village, à qui il expliqua que son fils était en train de perdre la raison, à rester si longtemps seul dans cette maudite forêt. Le vieillard lui conseilla de rompre l'enchantement qui le liait visiblement à Brame-Farine en l'enfermant un certain temps dans la tour de son château. Hugues se rangea à son avis et, le cœur lourd, entraîna son fils au premier étage du donjon. Arnoul eut beau supplier, lui expliquer qu'il n'était pas envoûté, rien n'y fit.

« C'est pour ton bien.» dit son père en cadenassant la lourde trappe qui était l'unique accès.

Une complicité surnaturelle

Mais la claustration forcée du jeune homme n'eut pas l'effet escompté. Au contraire. Arnoul refusa de toucher à la nourriture qu'on lui glissait chaque jour par une trappe, se nourrissant exclusivement de la pomme blanche, qui réapparaissait intacte chaque matin au pied de son lit. Son intérêt pour la belle inconnue de la forêt tourna peu à peu à l'obsession.

Et un jour, alors qu'il était accoudé à l'unique fenêtre de sa cellule improvisée, il vit un grand cygne majestueux s'approcher de lui.

« Libère toi et monte sur mon dos ! » dit l'oiseau dans la langue des hommes.

Eberlué, Arnoul reconnut pourtant la voix de l'animal : c'était celle de la jeune fille de Brame-Farine. Par quel miracle avait-elle endossé cette apparence, il ne chercha pas à le savoir. Il se contenta d'utiliser son épée comme d'un levier, pour desceller une à une les pierres de l'encadrement de l'étroite fenêtre, jusqu'à ce qu'il puisse passer par l'ouverture et grimper entre les deux ailes blanche de sa complice. La jeune fille l'emporta à travers les airs et Hugues ne revit jamais plus son fils. Peut-être vit-il éternellement sous la colline de Brame-Farine, en compagnie de la jolie fée.

Certains disent, pourtant, que fort longtemps après la disparition d'Arnoul, on vit un jeune homme se présenter au village de Saint-Pierre, l'air hagard. Les gens lui demandèrent qui il était et il répondit qu'il était Arnoul d'Acquin, fils d'Hugues d'Acquin, leur seigneur. Mais comme les derniers seigneurs avaient fui durant la révolution et que la tour d'Acquin n'était plus qu'une ruine, ils le prirent pour un dément. Le malheureux les contempla d'un regard infiniment triste, puis il s'enfonça dans la forêt de Brame-Farine d'où il ne revint jamais.

La troisième légende a pour décor l'imposante tour du Treuil (XIVe siècle), étonnamment bien conservée au nord d'Allevard. Quatorze mètres de côté avec des murs épais de deux mètres à la base pour une trentaine de mètres de hauteur, elle compte aujourd'hui six niveaux contre quatre au moyen âge (un rez-de-chaussée à fonction de réserve, deux étages résidentiels et un grenier). Elle conserve quelques fenêtres à coussiège, une cheminée monumentale et les escaliers, aménagés dans l'épaisseur des murs et desservant les étages.

LES FANTOMES DE LA TOUR DU TREUIL

Vers 1330, Pierre de Crouy-Chanel, de la tour du Treuil, et Agnès de Sassenage s'aimaient tendrement. Hélas ! Antoine, le père du jeune homme annonça à son fils qu'il lui avait trouvé un beau parti et que sa promise arriverait au château pour les épousailles peu après les vendanges. Pierre protesta, supplia, mais sans effet. Rien ni personne ne pouvait faire changer d'avis le têtu seigneur Antoine de Crouy-Chanel lorsqu'il avait une idée dans le crâne, et son fils pas plus qu'un autre.

Le jour des noces fut là bien vite et le malheureux jeune homme vit arriver de toute la province les invités que son père avait conviés au mariage. Puis ce fut au tour de sa mystérieuse fiancée de se présenter au château, voilée de blanc et escortée par la dauphine Isabelle en personne. Pierre avait décidé de dire « non » au prieur de Saint-Pierre d'Allevard qui devait les unir. Mais cela ne l'empêchait pas d'être courtois et il traversa le pré - où les tables s'alourdissaient de cuissots de faisan, de pâtés de chevreuil et de marcassins cuits à la broche - pour aller présenter ses hommages à la noble dame ainsi qu'à l'inconnue.

Quelle ne fut pas sa surprise de voir cette dernière soulever son voile et se jeter dans ses bras en riant : c'était Agnès ! Le facétieux père du jeune homme lui avait joué un tour et souhaitait lui faire la surprise. Le soulagement l'emporta sur la colère d'avoir été trompé et la fête fut à la hauteur de l'événement, remplie de rires et de chansons. Le bonheur des jeunes mariés faisait plaisir à voir. Le lendemain, malgré un ciel charriant les premiers flocons de neige de l'année, une promenade à cheval réunit les plus jeunes. Agnès caracolait gaiement autour de son époux quand soudain, un énorme sanglier dérangé par la joyeuse chevauchée, traversa la piste devant elle. La jument cabra violemment et la jeune mariée fut désarçonnée. Pierre sauta de son cheval et se précipita au secours de sa compagne, mais il n'y avait plus rien à faire. La tête d'Agnès avait heurté une souche : elle était morte sur le coup !

Désespéré, le jeune homme quitta le Dauphiné quelques jours seulement après le drame, afin de consumer la ruine de son existence à combattre

Les prières d'Antoine de Crouy-Chanel finirent par être entendues

l'infidèle en Terre Sainte. Il ne revint que cinq années plus tard, toujours inconsolable, rappelé par son père qui se mourait au pays. A compter de ce jour, il ne quitta plus la tour du Treuil, ne se risquant sur la terrasse qu'à la tombée de la nuit, pour guetter un signe, bien improbable, de la disparue. Sa constance fut pourtant récompensée, car le fantôme d'Agnès le visita chaque fin d'automne, en souvenir des deux jours pendant lesquels elle avait vécu au château.

Une mystérieuse présence

Le souvenir des malheureux époux continue à hanter la tour du Treuil, encore aujourd'hui. Lorsque le soir lève des fraîcheurs et des vapeurs mélancoliques sur le fronton des montagnes, en tendant bien l'oreille, il est possible d'entendre la tour murmurer... C'est peut-être tout simplement la voix du vent sur les pierres usées, mais on dirait que l'antique donjon soupire. Ô, c'est très faible, presque à la limite de l'inaudible. C'est comme une invisible présence au milieu des rougeurs crépusculaires... Serait-ce eux ?... Pourquoi pas, après tout. La mort est certainement impuissante à séparer ceux qui s'aiment aussi fort que s'aimaient Agnès de Sassenage et Pierre de Crouy-Chanel.

Ecoutez enfin les mots d'un poète inconnu, qui nous parle si joliment du drame de la tour du Treuil.

« Jusqu'en ces levées de nuits, quelquefois, où le ciel fleuri de flocons se trahit,
Rendant la belle absente au demi vivant inlassable qui sourit, à bout de ses larmes,
Heureux dans son infortune, de serrer encore en ses bras le spectre de sa bien-aimée. »

La jeune bergère se languissant à la fenêtre du donjon de Brande

L'OUBLIEE DE LA TOUR DE BRANDES

L'Alpe d'Huez est l'une des plus célèbres stations de sports d'hiver du Dauphiné. Mais à côté de ses kilomètres de pistes, elle offre également au curieux les vestiges d'un village minier médiéval et d'un modeste château endeuillé par un drame légendaire.

L'Alpe-d'Huez, en Isère, est située au cœur du superbe massif montagneux de l'Oisans (culminant à 4 102 m à la Barre des Ecrins), qui est à l'Isère ce que le massif du Mont-Blanc est à la Savoie.

Après avoir vaincu en -15 les farouches Ucennii, habitants des vallées de l'Oisans, les romains tracèrent à travers la vallée de Bourg-d'Oisans une grande route qui reliait Rome, capitale de l'empire, à Vienne, capitale de la province. Après l'époque romaine, le trafic s'interrompit et la région cessa de prospérer, se repliant petit à petit sur elle-même. Le nom d'Ucennie fut remplacé par celui de Visan puis, au moyen âge, par celui de Uissan, que la région porta jusqu'au XVe siècle, avant de prendre son nom actuel d'Oisans.

Les mines de plomb argentifère de Brandes (à l'est de l'altiport de l'Alpe-d'Huez) furent exploitées dès le XIe siècle, mais ce n'est qu'au début du XIIIe siècle que se développa un véritable village, au pied du rocher de la mine sur lequel étaient installées la chapelle Saint Nicolas et sa nécropole. Un parcours fléché, parsemé de panneaux pédagogiques décrivant les techniques d'extraction et de purification du minerai d'argent, guide les visiteurs sur le site, entre les vestiges d'habitations et d'ateliers. Le rocher de la mine porte également, en son point le plus haut, une fortification qu'il est difficile de dater précisément. Succédant peut-être à une tour de guet romaine, elle fut certainement construite au XIIIe siècle par les Dauphins, pour assurer la sécurité de l'importante exploitation minière qui fournissait l'argent à l'atelier monétaire de Grenoble. Ces mines constituaient une richesse essentielle du Dauphiné.

Ne subsiste plus sur le terrain que la plate-forme qui supportait autrefois le donjon circulaire, ainsi que le fossé annulaire creusé dans le rocher. Cette tour disparue possède un bien triste légende.

Prisonnière par amour

On raconte que le Dauphin Guigues VIII - qui fut le plus vaillant de sa race - rencontra au hasard d'une chasse à l'ours près du village de *La Garde*, une petite paysanne plus belle que le jour. Ils tombèrent follement amoureux l'un de l'autre, d'un amour logiquement impossible, car un prince ne pouvait épouser une simple bergère, surtout s'il était déjà marié, en l'occurrence à la princesse Isabelle de France. Ils trouvèrent pourtant le moyen de poursuivre leur idylle à l'insu de tous : la jeune fille fit croire qu'elle était tombée dans le torrent de la Sarène et s'y était noyée - on retrouva l'un de ses petits sabots au bord de l'eau - et elle s'enferma volontairement dans une chambre secrète située au dessous du donjon de Brandes, dont le Dauphin connaissait seul l'accès. Guigues la rejoignit dès lors en cachette presque tous les soirs, lui apportant ses repas et surtout le feu de sa passion. Il passait également des semaines entières au village de Brandes, prétextant une affection pulmonaire chronique requérant l'air pur des montagnes, plutôt que les brouillards de la vallée de l'Isère. On le vit si souvent dans la petite ville minière, que certains se demandèrent même s'il n'avait pas contracté la terrible maladie ramenée par les croisés de Terre Sainte, la lèpre. Si bien que les habitants de l'Oisans désignèrent bientôt le donjon de Brandes sous le nom de *Tour du Ladre*, « ladre » étant le mot de l'époque pour désigner un lépreux. Mais bien au contraire, le Dauphin ne s'était jamais si bien porté : il rayonnait littéralement de bonheur, et même son épouse commença à en concevoir de la suspicion, s'étonnant de ses fréquents séjours en montagne. La jeune bergère, pour sa part, avait perdu son hâle naturel et présentait désormais une peau blanche comme la neige, mais cela la rendait encore plus attirante aux yeux de son prince. Elle s'ennuyait ferme durant la journée, et toute autre femme moins éprise aurait renoncé à cette vie d'internement, mais le bonheur que lui procurait les visites de son noble amant suffisaient à lui faire oublier tous ces désagréments.

Pourtant, un matin de 1333, le Dauphin dut partir en urgence à la tête de son armée, afin de repousser les troupes du comte de Savoie qui avaient envahi une fois de plus la province, s'emparant du Pont-de-Beauvoisin et du château de la Perrière, près de Voreppe, où elles s'étaient fortifiées. Le souverain ne pensait s'absenter qu'un jour ou deux, le temps de reprendre son château à l'adversaire, mais un carreau d'arbalète le faucha alors qu'il s'exposait imprudemment sous les remparts. Il expira en prononçant le nom de sa bien aimée.

Une dizaine d'années s'écoula avant que l'on ne reparle du donjon de Brandes. A l'occasion de travaux de rénovation ordonnés par Humbert II - frère et successeur du défunt Guigues VIII - des maçons s'étonnèrent de la présence d'une porte condamnée au fond d'un couloir dérobé. Ils forcèrent le passage et découvrirent le corps de l'infortuné bergère, miraculeusement préservé des outrages du temps. Elle était aussi belle qu'à l'époque où son prince lui rendait encore visite et semblait simplement assoupie, dans l'attente d'un baiser qui ne viendrait plus. L'un des ouvriers, natif de La Garde, reconnut la malheureuse et la fit enterrer dans le cimetière paroissial, au pied de la croix que l'on avait déjà dressée pour elle, une douzaine d'années plus tôt.

L'or blanc des Alpes

Six ans après la tragique découverte, le Dauphiné fut rattaché à la France et c'est pour le nouveau monarque que l'exploitation des mines se poursuivit, jusqu'à épuisement du filon d'argent. Après de nombreux avatars (inondations, éboulements), les mines cessèrent leur activité. La population abandonna alors le village de Brandes pour descendre dans la plaine de Bourg d'Oisans. La tradition locale raconte que les puits et les carrières servirent ensuite de repaire à une bande de brigands et de faux monnayeurs, et qu'il fallut l'intervention musclée des autorités pour les en déloger.

Le silence retomba ensuite définitivement sur la montagne... Jusqu'en 1935, date à laquelle les skieurs chaussés de skis en bois prirent possession du premier téléski de l'Alpe-d'Huez, à la recherche d'une autre forme de richesse, l'*or blanc*. Aujourd'hui troisième station de sports d'hiver en France, l'Alpe-d'Huez offre en outre la possibilité de monter au sommet du Pic Blanc à 3 324 m, par le téléphérique, et de découvrir un panorama immense sur tous les sommets alpins, des monts de Chartreuse et du Vercors jusqu'au Pelvoux et au Mont-Blanc, en passant par la Meije et le Grand-Paradis. Une tempête géologique qui ne laisse jamais indifférent...

Humbert II hébergeait en permanence d'innombrables invités

LA RUSE DU ROI DE FRANCE POUR OBTENIR LE DAUPHINE

La mort prématurée de l'impétueux dauphin Guigues VIII, en 1333, scella le destin de sa principauté, puisque son successeur, Humbert II - un inconscient atteint de la folie des grandeurs - se mit lui même dans l'obligation de vendre son état au roi de France en 1349. La légende raconte - mais en est-ce bien une ? - que le rusé monarque français manoeuvra subtilement dans l'ombre pour précipiter la ruine du prince dauphinois...

Le dauphin Guigues VIII, époux de la fille du roi de France Philippe V le Long était un soldat intrépide. Il avait remporté en 1326 la très glorieuse bataille de Varey en Bugey sur les savoyards et contribué en 1328 à la victoire de Cassel, aux côtés du roi de France dont il avait commandé le 7e corps d'armée.

La guerre contre les Savoyards reprit lorsque le comte Aimon de Savoie (Amédée V) succéda à son père Edouard, en 1329. En 1333, Guigues VIII, dont le projet était d'assiéger Chambéry afin d'en terminer une fois pour toute avec l'ennemi héréditaire, installa temporairement son armée à Voreppe. Il souhaitait, avant d'envahir la Savoie, prendre toutes les places-fortes qu'elle entretenait sur la frontière. La première était celle de la Perrière, qui commandait le passage entre Saint-Laurent-du-Pont et Voreppe. Cet ancien château fort dauphinois était tombé aux mains des savoyards quelques mois plus tôt et était occupé depuis par une importante garnison. La forteresse était campée au sommet d'une colline aux flancs abrupts, située entre le col de la Placette et le lac de Saint-Julien-de-Raz. Un puissant donjon carré dominait le château proprement dit tandis qu'une seconde enceinte, flanquée de tours rondes, protégeait au sud-ouest le petit bourg castral de Saint-Gelin (devenu Saint-Julien par corruption, au moment de sa reconstruction, au nord du site initial).

Fauché dans la force de l'âge

C'est là que son destin attendait le dauphin, alors âgé de vingt-neuf ans, sous la forme d'un arbalétrier savoyard embusqué derrière un merlon de l'enceinte. Ne tenant pas compte des appels à la prudence de ses conseillers,

Guigues, connu pour sa hardiesse, monta en compagnie de Hugues Alleman et d'Aimar de Clermont vers le château assiégé qu'il souhaitait reconnaître. Il était occupé à exposer son plan de bataille, le bras gauche tendu vers la place adverse, lorsqu'un carreau d'arbalète le frappa mortellement sous l'aisselle. Il trouva la force de retourner sur ses jambes au camp de bataille établi au pied de la colline, avant de rendre l'âme au milieu de ses chevaliers les plus émérites : les Alleman, Clermont, Sassenage, Bressieux, Terrail, etc...

Une légende raconte qu'il prononça, avant d'expirer, le nom d'une jeune bergère, avec qui il entretenait une passion adultérine en Oisans (se reporter à la légende « L'oubliée de la tour de Brande »). L'histoire, pour sa part, a retenu une version plus « convenable », ses dernières paroles étant « officiellement » : « *Je meurs sans regret, puisque je laisse la gloire du Dauphiné en de si valeureuses mains* ». Quels qu'aient été ses derniers mots, la mort du valeureux souverain provoqua en tout cas la fureur de son armée. Dès le lendemain, les troupes animées par la vengeance se lancèrent fougueusement à l'assaut du château qu'ils emportèrent, et massacrèrent sans pitié la garnison. La forteresse et le bourg de Saint-Gelin furent totalement ruinés à la suite de cet épouvantable carnage.

Une légende locale raconte que seule subsista la pierre de l'autel de l'église castrale, dédiée à saint Marcellin, et que les habitants de la région prirent l'habitude d'y venir en procession pour invoquer ou faire cesser la pluie.

« Cette pierre est au milieu d'une terre, appelée Champ du Vas », explique Claude Expilly en 1623. « Les paroissiens des environs y vont en procession, en été, pour avoir la pluie... ou la faire cesser. Ils disent qu'en baissant la pierre, la pluie cesse, ou qu'en la levant, elle arrive... » Peut être cette pierre est-elle la grande dalle taillée, posée à côté d'un bassin en pierre, située sous la forêt en contrebas des vestiges du château.

Le premier acte de la fin de l'indépendance du Dauphiné était joué. Restait le second, qui n'en serait pas moins dramatique et certainement infiniment plus pitoyable.

Le Versailles dauphinois

Le malheureux Guigues VIII n'ayant point laissé d'enfant de son mariage avec Isabelle de France, son frère, le très discutable Humbert II, lui succéda. « *D'une ambition démesurée* », écrivit Pilot, « *il choquait par sa hauteur la plupart de ses vassaux, tandis qu'il rampait pour se faire agréger aux chapitres de Vienne et du Puy* ». Stendhal parle même d'Humbert II comme d' « *un imbécile au-dessous de sa position, qui ne savait pas ce que tout le monde savait de son temps, faire la guerre* ». S'il peut paraître excessif de traiter d'imbécile un monarque simplement parce qu'il était pacifiste et féru d'art, il n'en demeure pas moins que celui-ci était également volage, prodigue à l'excès, inconstant et surtout qu'il aimait s'entourer d'un luxe tapageur... et ruineux ! Il se fit même nommer général en chef d'une armée de croisés en 1346, changeant son nom pour l'occasion en Ymbert, mais après une surprenante victoire dans la région de Smyrne, son épouse Marie des Baux décéda à Rhodes, le laissant inconsolable et il prit le chemin du retour.

Humbert II, dès le début de son règne, avait fait du château de Beauvoir-en-Royans sa résidence principale, le transformant en un véritable palais des mille et une nuits, où l'on ne comptait pas moins de 1 000 fenêtres si l'on en croit la tradition. Il ne reste malheureusement plus grand chose de cette immense résidence adossée au Vercors, mais un certain nombre de vestiges, dont le donjon et une grande baie gothique de la chapelle, laissent imaginer la dimension des édifices du temps de leur splendeur. Humbert II y mena un train de vie fastueux, à l'exemple de ses oncles par alliance, les rois de Naple et de Hongrie. Des fêtes dispendieuses, plus éblouissantes que celles organisées à la cour du roi de France, au cours desquelles se produisaient les meilleurs danseurs, acteurs et jongleurs d'Europe, succédaient aux parties de chasse et aux flâneries au milieu des jardins somptueux habités par une faune exotique de singes et d'oiseaux rares. Le dauphin était entouré en permanence d'une cour nombreuse et oisive vivant dans un luxe inimaginable, et on compta jusqu'à 2 000 personnes au palais, belles dames parées de robes traînantes, gentilshommes vêtus de manteaux si courts « *que souvent ils ne passaient pas le genou* », chevaliers, hommes d'armes, écuyers, confesseurs, aumôniers, moines, physiciens, artistes, chirurgiens, barbiers, domestiques, artisans, danseuses, saltimbanques, fauconniers, gardeurs d'ours, bouffons, etc...

Manipulé par le roi de France

L'irréflexion des prodigalités du souverain (à qui l'on doit entre autres la création sur ses fonds propres de l'université de Grenoble) fut amplifiée par les manoeuvres subtiles du roi de France, Philippe VI, qui entretenait d'habiles courtisans dans l'entourage d'Humbert II afin de pousser le dauphin à la dépense. Ses agents contribuaient, si l'on en croit la légende, à fournir régulièrement au dauphinois de nouveaux noms d'artistes étrangers à quérir en ses Etats ou de nouveaux embellissements à entreprendre dans son palais ou dans ses châteaux.

C'est également le roi de France qui contribua à placer Humbert II à la tête de la ruineuse croisade de 1346, où il espérait certainement le voir périr étant donné que le dauphin avait désigné son fils comme son successeur dès 1343, « dans le cas qu'il mourût sans postérité », et à la condition que ce dernier reprenne son titre de « dauphin de Viennois ».

C'est encore le même roi qui fit renoncer Humbert II, par de fallacieux « conseils avisés », à épouser en secondes noces la princesse Blanche, tante du comte de Savoie. Un pareil rapprochement entre les deux états alpins aurait constitué une réelle menace pour la France. Finalement, Humbert II, qui rêvait toujours d'une postérité, accepta d'épouser la fille de Pierre Ier, duc de Bourbon. Encore

un excellent parti et une excellente dot, mais une fois de plus, Philippe VI intrigua pour qu'il n'en fût rien. Il ne proposa rien de moins au Bourbonnais que de faire épouser à sa fille celui de ses fils ou petits-fils qui deviendrait dauphin du Viennois à la mort d'Humbert II.
D'un autre côté, les faux courtisans à la solde du roi de France vantaient régulièrement au dauphin le soulagement qu'il aurait à se retirer des cruautés de ce monde pour embrasser la vie monastique. D'aucuns même, soupçonnent Jean Birel, général des chartreux, d'avoir été un autre agent de Philippe VI, tant son insistance à solliciter Humbert dans ce sens peut sembler curieuse à bien y regarder. Les dettes s'accumulèrent tant que finalement, le 16 juillet 1349, le dernier dauphin vendit son royaume exsangue à la couronne de France. On appela fort élégamment la chose un « transport », mais c'est bien d'une vente dont il s'agissait.

Un décès lourd de conséquences

Il faut ajouter qu'aux déboires financiers du souverain dauphinois s'étaient greffés deux drames personnels qui avaient pesé lourd dans sa décision de vendre : le fils unique qu'il avait eu de son mariage avec Marie des Baux, André, était mort à l'âge de deux ans d'une chute accidentelle depuis une fenêtre du château de Beauvoir, si l'on en croit la tradition, mais plus vraisemblablement d'une de ces maladies infantiles si communes en ces temps. Une autre légende raconte que l'enfançon serait tombé d'une fenêtre du palais delphinal de Grenoble et se serait noyé dans l'Isère (sans quais à l'époque). Certains esprits soupçonneux ont même accusé le roi de France, encore lui, d'avoir fait empoisonner l'héritier présomptif d'un état qu'il guettait de longue date. Mais cela resterait à démontrer. A la mort du fils unique d'Humbert en 1335 s'ajouta le décès de son épouse, à Rhodes, en 1347.
Les lourds emprunts qu'il avait contractés pour financer son train de vie, le mécénat et l'expédition en Terre Sainte, l'absence de tout héritier pour lui succéder et son extrême solitude le décidèrent donc, tout naturellement, à vendre sa principauté à un état allié. Il se retira ensuite dans les ordres et ne réserva que quelques châteaux pour son usage, et en premier lieu son palais de Beauvoir, où il finit paisiblement ses jours en compagnie de sa mère, Béatrix de Hongrie.

Lorsqu'Humbert II s'éteignit à l'âge de 42 ans, son ancien pays ne s'appelait plus le Dauphiné mais... la France ! Et il était gouverné depuis déjà six ans par le fils aîné du roi de France, Charles Ier, premier dauphin de France.

Les guerres de religion du XVIe siècle imposèrent une succession de batailles et de sièges au bourg de Beauvoir et à son château, ce qui précipita la ruine de l'ancien « Versailles des Dauphins ».

LA MAIN COUPEE DE LA BATAILLE D'ANTHON

La bataille d'Anthon, en 1430, fut le plus terrible affrontement que connut le Dauphiné durant le moyen âge; cette belle victoire dauphinoise est aujourd'hui encore célébrée par une légende aux allures de camouflet pour le perdant, Louis de Chalon, prince d'Orange.

Il faut remonter en 1424 pour comprendre ce qui amena les dauphinois et les orangistes à s'affronter sur les terres du château d'Anthon, au confluent des départements actuels du Rhône, de l'Ain et de l'Isère.

Plus exactement en cette journée du 17 août 1424, date de la bataille de Verneuil en pleine guerre de Cent Ans. Les français alliés aux écossais furent vaincus ce jour-là par les anglais, déjà maîtres d'une bonne moitié de la France. Les pertes furent lourdes, en particulier parmi le contingent dauphinois, qui perdit 300 chevaliers appartenant aux meilleures familles, dont Bertrand de Saluce, le puissant seigneur d'Anthon qui disparaissait sans descendance. L'ambitieux prince d'Orange, qui se présentait comme ayant-droit de la veuve de Bertrand de Saluce, revendiqua la baronnie d'Anthon et toutes les terres ainsi que tous les châteaux qui lui étaient associés (Fallavier, Auberives, Saint-Laurent-de-Mure, Colombier, etc). Mais ses prétentions furent rejetées par le dauphin qui accorda l'héritage au marquis de Saluce.

C'est pourquoi, vers 1429, le prince d'Orange, dont l'ambition réelle était de mettre la main sur tout le Dauphiné pour réunir sa principauté aux domaines qu'il possédait en Bourgogne, pénétra dans le Viennois à la tête d'une puissante armée. Il était fort du soutien de ses alliés bourguignons, anglais et savoyards (à qui il avait promis d'abandonner le Grésivaudan), et savait les places fortes dauphinoises presque entièrement dégarnies. Il s'empara en quelques mois des châteaux d'Anthon, de Colombier, d'Azieu, d'Auberives, de Pusignan, de Surieu, d'Anjou, et porta ses ravages jusque sous les fortifications de Vienne.

Raoul de Gaucourt, gouverneur du Dauphiné et ancien compagnon d'armes de Jeanne d'Arc (il avait participé avec elle à la libération d'Orléans), réagit en levant une armée rassemblant la fine fleur de la noblesse dauphinoise, s'adjoignant également les services d'un aventurier espagnol de passage dans la région, Rodrigues de Villandrando, et de sa bande de routiers. Gaucourt,

La bataille d'Anthon fut le plus dramatique affrontement que connut le Dauphiné au moyen âge

après avoir installé ses quartiers à la Côte-saint-André, entreprit de reconquérir les châteaux tombés à l'ennemi. Il reprit successivement Auberives, Pusignan, Azieu et Colombier.

Une éclatante victoire dauphinoise

Au matin du dimanche 11 juin 1430, Louis de Chalon quitta la forteresse d'Anthon où il résidait, à la tête de près de 4 000 hommes, pour intercepter la coalition dauphinoise, composée de 1 600 soldats et chevaliers, qui marchait sur eux. Les forces en présence étaient considérables pour l'époque. A titre de comparaison, la fameuse bataille d'Azincourt en 1415, au cours de laquelle les anglais massacrèrent la chevalerie française, opposa 9 000 hommes côté anglais à 5 000 côté français. Raoul de Gaucourt, prévenu des mouvements de l'adversaire par ses éclaireurs, organisa une embuscade à la sortie de la profonde *forêt des Franchises* (1 km au nord-est des ruines du gros donjon de Malatrait, sur la commune de Janneyrias en Isère). Le chef dauphinois comptait sur la surprise pour compenser la faiblesse de ses effectifs.

Lorsque les orangistes approchèrent de la lisière du bois, en début d'après midi, leur avant garde fut soudain attaquées par les routiers de Villandrando, tandis que des arbalétriers disposés de chaque côté de la colonne faisaient pleuvoir une pluie de projectiles en poussant des cris à glacer le sang. Ce fut ensuite au tour des chevaliers dauphinois, également embusqués, de se ruer fougueusement à l'assaut en brandissant leurs lourdes épées. Incapables de se déployer correctement sous les arbres ou de manoeuvrer efficacement pour tenter de se regrouper, les soldats du prince d'Orange ne parvinrent pas à briser l'élan de leurs adversaires et se dispersèrent dans la plus grande confusion. Les lames dauphinoises taillèrent en pièces ceux qui acceptèrent le combat et 600 orangistes périrent durant l'affrontement ou se noyèrent dans le Rhône en tentant de s'enfuir, tandis que 800 autres étaient faits prisonniers.

La légende raconte que le prince d'Orange lui-même ne dut son salut qu'à la vitesse de son cheval. Il lança sa monture dans le Rhône, au terme d'une haletante course-poursuite, échappant ainsi de justesse à ses poursuivants. Il traversa le fleuve, malgré son armure, sur le dos de son cheval qui peinait à se maintenir à la surface. La légende raconte également qu'un écuyer, qui l'avait suivi dans sa fuite, se cramponna à la queue de sa monture pour ne pas se noyer. Le prince lui aurait coupé le bras d'un coup d'épée, afin de se débarrasser de ce poids mort qui compromettait sa propre sécurité. Arrivé sur la rive opposée, il sauta du dos de son vaillant destrier et lui baisa les sabots, pour remercier l'animal de lui avoir sauvé la vie. En se relevant, il fit une bien macabre découverte : la main du malheureux écuyer était demeurée solidement accrochée à la queue de son cheval et elle semblait maintenant l'accuser pour son forfait. Il s'empressa de l'arracher et repartit au galop en direction de Lyon.

Raoul de Gaucourt, pour sa part, profita de cette formidable victoire pour pousser plus loin son avantage. Il marcha aussitôt sur Orange, qu'il enleva sans difficulté. Parallèlement, toutes les possessions du prince dans la vallée du Grésivaudan et dans le Viennois furent définitivement intégrées au domaine delphinal. Et le malheureux Louis de Chalon perdit non seulement ses biens et sa principauté, mais également la confiance de ses alliés bourguignons et savoyards et il jugea plus prudent de se retirer discrètement dans le Jura.

La bataille d'Anthon, qui fut le plus dramatique affrontement que connut le Dauphiné au moyen âge, a laissé deux noms de lieu-dit qui ont franchi les siècles : *les Burlanchères* (du patois *beurler* qui signifie « hurler ») et *la Batterie* (qui signifie « emplacement d'une bataille).

LA VILLE ENSEVELIE DU CLAPS, A LUC-EN-DIOIS

L'énorme éboulement intervenu en 1442 dans la vallée de la Drôme, au lieu-dit le Claps, non loin de l'ancienne cité gallo-romaine de Luc-en-Diois, a donné naissance à plusieurs légendes de villes ensevelies.

En amont de Luc-en-Diois, la vallée de la Drôme est interrompue par un éboulement d'énormes rochers qui, de la cime du pic de Luc, se sont abîmés dans le fond de la gorge en 1442. Il créa à cette époque une digue naturelle qui empêcha la Drôme de s'écouler librement. En conséquence, elle reflua dans la vallée et forma deux lacs, qui ne s'asséchèrent qu'au cours du XIXe.

Une légende très ancienne raconte que le lac inférieur engloutit, en se formant, la ville antique de Luc-en-Diois (Lucus Augusti), ainsi que le bourg médiéval qui lui avait succédé. Mais on sait aujourd'hui qu'il n'en est rien, le site antique de Luc étant tout bonnement situé à l'emplacement de la ville actuelle.

Une autre légende raconte les raisons de l'éboulement de 1442. Il y est dit qu'avant le cataclysme existait au pied du pic de Luc un charmant petit village, prospère et sans histoire. La vie y était heureuse, jusqu'au jour funeste où survint une armée de brigands étrangers, qui s'installa dans le hameau et en chassa tous ses habitants. C'était l'une de ces bandes de soldats démobilisés - si nombreuses à courir les campagnes au moment de la Guerre de Cent Ans - et que l'on nommait alors les Grandes Compagnies. Ces pillards sans foi ni loi se livrèrent pendant plusieurs semaines aux atrocités les plus révoltantes à travers toute la Drôme, balayant sans difficulté les petites armées des seigneurs qui cherchèrent à s'interposer. L'histoire semblait vouloir se répéter, car déjà au siècle précédent, des brigands de la même engeance avaient assiégé Die et ruiné une bonne partie de la région, repartant ensuite sans encombre, chargés d'un important butin.

Quelques-uns des rochers obstruant la vallée, au lieu-dit le Claps (dans la Drôme)

Le courage des justes

Mais cette fois-ci, les choses allaient se passer différemment : des hommes de la ville de Luc-en-Diois, las des viols et des pillages incessants, résolurent d'exterminer sans pitié cette racaille. L'un d'eux, un berger qui connaissait parfaitement la montagne, les mena à la nuit tombée près du sommet de la montagne de Luc. De là-haut, ils pouvaient voir le village où avaient élu domicile les bandits, illuminé par des feux sur lesquels les malandrins faisaient griller des moutons volés le jour même. Des rires et des chants paillards montaient par intermittences jusqu'à eux, attisant leur haine et leur envie de revanche. Le berger mena ses compagnons jusqu'à une pente hérissée de grands quartiers de roc. Ils en choisirent un qui paraissait sur le point de basculer dans le vide et se mirent à l'ouvrage. Les uns engagèrent de longues perches en bois sous la base du rocher et commencèrent à pousser, tandis que les autres, qui avaient passé une corde autour de son sommet, se mirent à tirer. Le bloc oscilla sur sa base à plusieurs reprises, semblant hésiter sur l'attitude à adopter, puis il bascula dans la pente en craquant sinistrement. Il commença par rouler pesamment dans l'herbe rase puis, prenant de la vitesse, exécuta un certain nombre de bonds désordonnés qui l'envoyèrent percuter d'autres blocs, au sommet d'un immense pierrier. Un grondement sourd sembla alors naître du centre de la montagne, tandis que les milliers de tonnes de rochers couvrant le flanc du pic de Luc se précipitaient soudain droit sur le village. Le cataclysme fut épouvantable et pas un bandit n'eut le temps de s'échapper.

On imagine d'ailleurs facilement l'ampleur de l'avalanche lorsque l'on se promène de nos jours entre les blocs qui obstruent toujours la vallée. Certains font plusieurs dizaines de mètres de hauteur et sont une véritable aubaine pour les amateurs d'escalade, nombreux à fréquenter ce site prestigieux.

LOUIS XI ET L'OURS DU VERCORS

La légende a attribué à tort au dauphin Louis II - futur roi Louis XI - une mésaventure avec un ours qui faillit lui coûter la vie. L'histoire, bien que réelle et attestée dans les textes, est en fait antérieure de deux siècles à la date habituellement avancée.

Commençons par la légende, telle qu'elle est décrite traditionnellement en Dauphiné et plus particulièrement dans le sud du Vercors où se situe notre histoire.

Louis II aimait les parties de chasse, et c'est durant l'une d'elles, vers l'année 1450, qu'intervint la célèbre mésaventure qui allait marquer à tout jamais deux familles de la vallée de Quint. Le Dauphin avait jeté ce jour là son dévolu sur la profonde forêt de Malatra, sise au pied de la montagne d'Ambel, et il chevauchait en compagnie de quelques gentilshommes de la province à la recherche d'un cerf à traquer. Une ombre fuyante, aperçue derrière un rideau d'arbres, incita soudain le téméraire dauphin à se séparer de sa suite et à engager seul le *pourchas*. Galopant à bride abattue le long d'une sapinière aux riches odeurs de résine, le chasseur gagna rapidement sur sa proie. Il pensait avoir levé un jeune cerf et se réjouissait par avance de sa bonne fortune. Mais soudain, sa proie - qui s'était embusquée au détour d'un rocher - se dressa devant lui, toutes griffes dehors et il regretta aussitôt sa précipitation : l'animal qu'il avait pris en chasse n'était pas un inoffensif daguet mais un ours énorme, que la course avait mis de fort méchante humeur et qui comptait maintenant en découdre avec son poursuivant. La monture du chasseur se cabra en hennissant de frayeur, envoyant le dauphin rouler au milieu d'un buisson. Le chasseur eut la présence d'esprit de ne pas lâcher sa lance en chutant, et il la projeta sans attendre en direction du fauve dressé au-dessus de lui. Malheureusement, le coup porta dans le gras du flanc et l'ours arracha l'arme d'un simple coup de patte, en poussant un grondement terrifiant. Il retomba sur ses pattes antérieures et se rua sur le dauphin. Celui-ci, séparé de son cheval - qui avait déguerpi sans attendre son reste - se hissa prestement au sommet d'un rocher bordant un ravin. Il se croyait tiré d'affaire, mais le plantigrade, rendu fou furieux par sa blessure, n'entendait pas en rester là. Il s'engagea à son tour dans la fissure du rocher empruntée par le chasseur et commença à grimper en direction de sa proie. Le dauphin, qui n'avait qu'un couteau de chasse à opposer à l'énorme créature, appela à l'aide et se recula au maximum au bord du gouffre béant. Il croyait sa dernière heure arrivée lorsque deux hommes jaillirent soudain de la forêt, armés de grandes haches : c'étaient des bûcherons de la vallée de Quint, Richaud et Bouillanne, que les cris avaient alertés alors qu'ils débitaient du bois dans la forêt. Le premier frappa le fauve par derrière et lui rompit la patte d'un coup bien ajusté. L'animal, privé de soutien roula au bas du rocher et le second charbonnier en profita pour l'occire proprement, d'un formidable coup porté sur le crâne.

Armés chevaliers sur le champ

Le dauphin, encore tout tremblant de sa mésaventure, remercia chaleureusement ses sauveurs. Il se fit connaître et leur promit une forte récompense pour leur bravoure, mais les deux hommes refusèrent dignement, en assurant qu'ils étaient suffisamment payés d'avoir eu le bonheur de sauver un homme, fût-il prince ou manant. Le dauphin, touché par la grandeur d'âme des forestiers, les anoblit sur le champ, leur donnant pour armes un blason de circonstance, représentant une patte d'ours dorée sur un fond d'azur. Une patte droite pour la famille Richaud et une patte gauche pour la famille Bouillanne.

Aux Etats Généraux du Dauphiné, en 1788, on retrouvera 27 De Richaud et 14 De Bouillanne, pour la plupart demeurés paysans mais portant noblement l'épée. L'archevêque de Vienne qualifiera d'ailleurs ces deux familles de « plus vieille noblesse du Dauphiné ».

Et il avait raison, car on retrouve des mentions de ces familles dès... 1245 ! Soit deux siècles avant la venue de Louis II en Dauphiné ! Il apparaît donc comme certain que l'épisode de l'ours ne concerne nullement le dauphin Louis II mais un autre, ayant vécu au moins 200 ans plus tôt. Peut-être Guigue VII (dauphin de 1236 à 1270) ou alors son père, Guigue VI dit André Dauphin (1192 à 1236), voire même n'importe lequel de leurs prédécesseurs.

Mais alors, pourquoi avoir attribué à celui qui allait devenir le roi Louis XI la paternité de cette fameuse chasse en Vercors ? La réponse est fort simple, en vérité : tout simplement parce qu'il est plus glorieux d'avoir sauvé un roi qu'un dauphin du Viennois. Et Louis XI jouissait d'un immense prestige dans le coeur des dauphinois, étant donné qu'il fut le premier fils aîné de roi de France à être venu s'installer dans la province alpine, afin de l'administrer.

Le plus célèbre Dauphin de France

Il faut bien avouer, cependant, que c'est un peu contraint et forcé qu'il vint dans notre beau Dauphiné, écarté de la capitale par Agnès Sorel qui craignait qu'il ne finisse, à force de fomenter des complots contre son propre père, de jouer avant l'heure un rôle politique à la cour.

Louis II usa donc, en 1467, du droit qu'il avait d'administrer « sa » province dauphinoise (réservée à l'usage des fils aînés de rois de France depuis la cession du Dauphiné à la couronne en 1349). Il y fera pendant 9 ans l'apprentissage de son métier de roi, séjournant alternativement à la Côte-Saint-André en Isère et à Romans dans la Drôme, faisant également de fréquents séjours à Grenoble. Lors de sa première visite dans cette ville, les notables lui offrirent un bouquet de trois fleurs d'églantine, en hommage aux trois patrons des églises de la cité (saint Laurent, saint André et saint Vincent), ce qui est rappelé depuis par les trois roses du blason grenoblois.

Louis II conduisit en Dauphiné une politique personnelle, marquée par de nombreuses acquisitions territoriales et une remarquable administration, mais également une diplomatie fort distincte de celle de Charles VII, son père. Notamment, il épousa à la Côte-Saint-André, sans l'accord du roi, la fille du duc de Savoie, Charlotte, dont il aura six enfants. Il aura par ailleurs deux filles de Marguerite de Sassenage...

L'administration de Louis II apporta sans conteste au Dauphiné une nouvelle prospérité. Se souciant fort peu des anciennes coutumes ou des prérogatives de la noblesse locale, il plaça ses favoris aux postes clé et fit prêter serment d'allégeance à tous les seigneurs laïcs ou ecclésiastiques de la contrée, avant d'engager sa politique de réformes. Quelques-unes de ses mesures les plus spectaculaires furent de transformer le Conseil delphinal en Parlement du Dauphiné (ce qui en fit la troisième cour souveraine du royaume, après Paris et Toulouse), de créer à Valence une célèbre université (dont Rabelais fit l'éloge), de simplifier l'administration locale (en diminuant le nombre de bailliages, en fixant le cours des monnaies, en créant une fonction de garde des sceaux,...), d'abolir le droit de guerre entre seigneurs, de créer un registre officiel des titres de noblesse ou encore de mettre sur pied le premier système postal publique d'Europe.

Quand le roi chasse le prince

Pourtant en 1456, les choses se gâtèrent pour Lui : ayant voulu imposer un nouvel impôt aux habitants du Dauphiné, les grenoblois se rebellèrent et en appelèrent au roi, qui ordonna à son fils de rentrer à Paris. Celui-ci refusa et s'enfuit en Savoie d'où il passa en Flandre, pour échapper à l'armée royale. Là, le rival de son père, Philippe le Bon, duc de Bourgogne, l'installa au château de Genappe, tout près de Bruxelles.

Une mésaventure qui lui serait arrivée durant sa fuite mérite d'être contée : comme il approchait de la Buissière, dans la vallée du Grésivaudan, il accosta sans se faire connaître un nommé Hugues Coct, qui chevauchait sur la même route que lui. Il se plaignit de ce que son cheval était fourbu et l'autre lui proposa spontanément de l'échanger avec le sien, voire même s'il le souhaitait, de s'arrêter chez lui afin de prendre quelque repos. Le dauphin dut se sentir en confiance avec cet inconnu, car il lui dévoila son identité et la raison de sa présence dans la vallée. Coct offrit alors au souverain en exil non seulement son cheval, mais encore 2 000 florins d'or qu'il avait amassés pour la dot de l'une de ses filles. Le dauphin n'oublia pas le geste de ce parfait inconnu. Lorsqu'il regagna en 1461 la France pour y être sacré roi (à la mort de son père), non seulement il rendit à Coct ses 2 000 florins mais il lui fit attribuer en plus la charge de trésorier général du Dauphiné. Louis XI était ainsi : il aimait s'entourer de gens modestes qui lui devaient tout et ne pouvaient prétendre à l'autonomie de comportement. Cela rassurait cet homme de santé fragile, pieux jusqu'à la superstition et un peu paranoïaque.

Les derniers ours du Dauphiné

Mais quittons l'homme pour reparler de l'ours en Dauphiné, qui bien que solidement implanté à l'époque de Louis XI (en témoignent les lieux appelés Ours, Oursière, Orcière, Orcierette, Ourcelle, Orcier, etc...), a depuis été exterminé par l'incurie de notre espèce. L'ours brun des Alpes était de petite taille (200 kg pour un mâle adulte et 500 g seulement à la naissance !) et résolument débonnaire, mais il arrivait que ce paisible animal agrémente son régime végétarien d'un mouton, ce qui lui valait une haine farouche de la part des bergers et des éleveurs. Bien qu'infiniment moins redoutable que le loup (le dernier a été tué en Dauphiné à Crémieu en 1954), messire Brun fut pourchassé impitoyablement durant tout le XIXe siècle, jusqu'à son éradication totale de notre région dans les premières décennies du XXe. Le dernier d'entre eux s'éteint dans le Vercors, à la veille de la seconde guerre mondiale.

Ils ne survivent plus aujourd'hui qu'à travers nos légendes, qui narrent les péripéties de l'ours Martin, familier des moines chartreux, les exactions de l'ours de la Moucherolle, voleur des chèvres de la bergère Mathurine, ou encore la fidélité admirable de l'ours de l'évêque saint Arey, dans les Hautes-Alpes, qui mérite d'être contée...

MESSIRE BRUN ET SAINT AREY

Saint Arey, né à Chalon-sur-Saône, devint évêque de Gap en 579 après avoir exercé un certain temps son ministère dans le Trièves. Il se lia d'amitié avec le pape Grégoire le Grand à l'occasion d'un voyage qu'il fit à Rome. Au retour de la ville éternelle, il lui arriva une fort curieuse aventure : peu après le passage du Mont-Genèvre, un ours énorme sortit du bois de mélèzes qui longeait la route et traversa paisiblement devant la paire de bœufs tractant le chariot. La plus jeune des bêtes de somme, prenant l'immense plantigrade pour un animal dangereux, échappa à son joug et s'enfuit dans la montagne en poussant des mugissements de terreur. L'ours, interloqué par cette agitation soudaine, posa un regard chargé d'incompréhension sur l'évêque. Arey, fort ennuyé de l'incident qui compromettait fortement son retour sur Gap, proposa un marché à Messire Brun : « Par ta faute, je suis dans l'impossibilité de rentrer chez moi, donc tu me dois un service : aide le boeuf qui me reste à tirer le chariot jusqu'à Briançon et ainsi nous serons quittes. »

L'ours sembla peser le pour et le contre et finalement acquiesça d'un hochement de sa grosse tête. Il prit la place demeurée vacante et le curieux équipage repartit en direction de Briançon, faisant, on s'en doute, forte impression sur son passage. Messire Brun apprécia finalement la balade et souhaita poursuivre après Briançon. L'évêque se prit d'affection pour la paisible créature et une fois rendu en sa ville de Gap, l'installa du mieux qu'il pût dans le jardin attenant au palais épiscopal. Tous les enfants du voisinage vinrent à partir de ce jour lui apporter des friandises au miel et le brave ours s'abandonna avec bonhomie aux délices de l'oisiveté. Cependant, les mois passant, il se lassa de ses bains de foule quotidiens et commença à regretter la solennelle solitude de ses forêts de montagne. Un beau matin, il reprit sa liberté et Arey ne le revit jamais plus... de son vivant.

Car la légende raconte qu'à la mort de l'évêque, en 614, on le vit réapparaître et reprendre sa place devant le chariot où avait été placé le corps de son ami. On l'attela, en compagnie d'un boeuf, et il emmena gravement Arey jusqu'à sa demeure d'éternité. Mais ce n'est pas tout, car la tradition raconte encore qu'on revit désormais Messire Brun chaque année, à l'occasion de la messe donnée en la mémoire du défunt évêque. Puis lorsqu'il cessa ses visites, quelques années plus tard, chacun comprit que le vieil ours, à son tour, s'en était allé.

Des moines du couvent de Boscodon retrouvèrent, vers 1140, le squelette d'un grand ours, allongé près d'une source à côté d'un bâton de pèlerin en forme de crosse. Interprétant cette découverte comme étant les restes de « l'ours de saint Arey », ils ensevelirent pieusement les ossements et le bâton non loin du point d'eau, qu'ils nommèrent, en souvenir, la « Fontaine de l'Ours ».

Le prince Djem, accueillit
par Hélène Philippine de Sassenage-Béranger au château de la Bâtie

LA FOLLE PASSION DU PRINCE DJEM

Le château fort de Rochechinard, près de Saint-Nazaire-en-Royans dans la Drôme, aurait hébergé en 1483 le prince Djem, fils du fameux sultan Ottomans Mehmet II qui s'était emparé de Constantinople trente ans plus tôt.

Quelques kilomètres au sud de Saint-Nazaire-en-Royans dans la Drôme, isolées à l'extrémité d'un éperon boisé de la montagne de Musan, veillent encore les trois vieilles tours de l'énigmatique château fort de Rochechinard. Bâti au XIIe siècle par des seigneurs locaux à la place d'une antique fortification de bois, il passa ensuite aux mains des Dauphins, avant d'être cédé à la puissante famille Alleman au XIVe siècle. Ces derniers reconstruisirent en partie la forteresse et la conservèrent jusqu'aux années 1540.

La tradition rapporte qu'en 1483, Charles Alleman de Rochechinard, qui appartenait à l'ordre des Chevaliers de Rhodes, aurait reçu de sa hiérarchie la garde d'un prince ottoman, Djem, mieux connu en Dauphiné sous le nom de Zizim. Le turc était le fils du sultan Mehmet II, conquérant de Constantinople, et frère cadet du nouveau sultan Bajazet, à qui il avait disputé le trône. Le sort des armes lui ayant été contraire, il avait été contraint de demander asile au grand-maître des Chevaliers de Rhodes. Celui-ci, pressentant l'atout qu'un tel otage pouvait représenter, avait trahi son protégé et lui avait fait quitter le pays sous bonne escorte, lui accordant cependant la liberté de choisir son lieu d'exil. Le prince avait choisi la France, cette lointaine contrée du Franguistan dont il appréciait la poésie. La légende prétend que c'est commis à la garde du chevalier Charles Alleman que le captif chemina au début de l'été 1483, jusqu'au château dauphinois de Rochechinard, visitant au passage Nice, Chambéry et Grenoble.

Un prince poète

Une fois installé dans le nid d'aigle des Alleman du Royans, l'infidèle occupa très librement son temps, s'instruisant des coutumes chrétiennes en bavardant de longues heures avec ses hôtes et composant de nombreux poèmes, souvent nostalgiques, qu'il chantait le soir venu aux belles dames en s'accompagnant d'une poignante musique de *senthir*.

« Regarde la vague qui bat le rocher, regarde...
Elle fuit en gémissant sur moi, regarde...
Au sommet des montagnes, les nuages répandent des pleurs,
Et en même temps, le tonnerre gronde, regarde...
Le voile gris du crépuscule s'est déchiré de douleur,
Et l'aube se teinte de sang, regarde... »

Djem finit cependant par épuiser tous les charmes de sa prison dorée et commença à s'ennuyer ferme. Il réclama alors de pouvoir sortir sans escorte du château et, contre sa promesse de ne pas tenter de s'enfuir (mais où serait-il allé ?), on l'autorisa à galoper dans les plaines du Royans. On lui refusa, en revanche, de s'aventurer en forêt pour y chasser l'ours ou le sanglier, de peur qu'il ne soit victime de l'une de ses proies.
Mais peu importait à Djem, en fait, car il n'avait d'autre projet que de rendre visite chaque jour à Hélène Philippine de Sassenage-Bérenger, qui vivait au manoir de la Bâtie, non loin du château de Rochechinard. Il avait rencontré la tendre pucelle lors d'une réception donnée en son honneur et s'était aussitôt épris d'elle. Il avait aussitôt commencé à lui envoyer des poèmes et elle n'avait pas tardé à répondre par des lettres non moins enflammées, n'étant pas insensible au charme oriental du beau jeune homme, vêtu de soieries damassées d'or et coiffé d'un turban blanc. Et maintenant qu'ils y étaient autorisés par la magnanimité du sire de Rochechinard, ils passaient le plus clair de leurs journées ensemble, forgeant des projets d'avenir et échangeant les voeux les plus tendres.
Mais pour épouser la belle, le prince devait se convertir au Christianisme et renier son ancienne foi. Djem demeura indécis de nombreux jours, hésitant à renier sa culture pour embrasser la foi de ses ennemis. Mais le tendre sourire de sa compagne l'emporta finalement sur ses réticences et il demanda la main d'Hélène au père de la jeune fille. Celui-ci accepta sans difficulté, car il s'était pris d'affection pour le jeune monarque en exil et s'enorgueillissait certainement à l'idée d'être apparenté aux souverains de l'empire Ottoman.

Sacrifiés à la raison d'état

Malheureusement, l'union était également conditionnée à l'accord du roi de France et à celui du grand maître des Chevaliers de Rhodes, et ni l'un ni l'autre ne souhaitèrent perdre un si précieux otage pour une simple affaire de cœur. Le refus fut sans appel, et pour prévenir toute tentative de rébellion, Louis XI envoya Djem à plus de cent lieues de sa belle, dans l'austère forteresse de Bourganeuf en Auvergne, où il fut cette fois surveillé de près. Il fut transféré à Rome, quelques semaines plus tard et ne quittera désormais plus la capitale pontificale. L'arrivée dans la ville italienne, onze années plus tard, de Charles

VIII (successeur de Louis XI), alors en campagne contre le royaume de Naples, le délivrera enfin de sa résidence surveillée.
Mais trop tard. Tellement tard... La semi-captivité avait transformé le jeune prince à la chevelure de jais en un vieillard prématuré, aigri, rongé par la douleur toujours vive de sa séparation d'avec Hélène Philippine de Sassenage et la nostalgie omniprésente de son cher pays. Il s'éteignit quelques mois plus tard, des suites d'une longue maladie aux dires des uns, empoisonné par les terribles Borgia selon les autres.
Quant à Hélène, la belle dauphinoise, elle demeura inconsolable malgré son mariage avec Aymar de Grolée, baron de Bressieux, et prononça le nom du prince turc en trépassant.
L'histoire, pour sa part, met sérieusement en doute le passage du prince Djem au château de Rochechinard ainsi que la liaison romanesque qui s'ensuivit, mais qu'importe ! Il est tellement tentant d'y croire, lorsque l'on contemple les tours du château, d'une tristesse si poignante, à moitié effacées au milieu des bois et des brumes du passé.

Des vassaux trop présomptueux

La tradition populaire raconte encore que les ruines du château furent occupées au XVIII et XIXe siècle par une lignée de sorciers redoutés .
Les vestiges d'un autre château fort du Royans, situé 5 kilomètres au sud du précédent, possèdent également leur légende. Il s'agit de l'ancienne forteresse des sires de Flandaines (ou Flandenne), qui défièrent longtemps les dauphins derrière leurs murailles réputées imprenables. Au XVe siècle, cependant, ils commirent l'imprudence de défier également l'autorité royale, représentée par le dauphin de France, Louis II, futur roi Louis XI, en clamant un peu trop haut leur devise : « *Un vassal en fer vaut plus qu'un roi de beurre* ».
Devenu roi, Louis XI feignit de ne pas leur tenir rigueur de leur morgue excessive et les convia à l'une de ses fêtes de palais. Mais durant leur absence, les soldats royaux profitèrent que le château fût dégarni de ses troupes pour le prendre et le détruire.
En réalité, le château des sires de Flandaine passa aux mains des comtes de Valentinois dès 1210 et ne fut démoli qu'en 1510, sous le règne du roi Louis XII.

Le Mont Aiguille, appelé Mont Inaccessible au moyen âge

LES NYMPHES DU MONT AIGUILLE

Le Mont Aiguille, appelé Mont Inaccessible au moyen âge, est la plus célèbre montagne du Vercors. Longtemps auréolé d'un halo de légendes, il fut gravi pour la première fois en 1492, l'année même de la découverte de l'Amérique par Christophe Colomb.

Le Mont Aiguille, décrit par Rabelais en 1552 dans « *Le Quart Livre* » de Pantagruel comme une montagne « scabreuse, pierreuse, montueuse... très difficile aux pieds », est assurément le plus célèbre sommet du Vercors. Cet énorme rocher calcaire isolé de la chaîne du Grand Veymont et taillé en forme d'obélisque de 900 m de haut, comptait autrefois parmi les « sept merveilles du Dauphiné ». Le sommet tabulaire est recouvert d'une prairie qui domine, de ses 2086 m, le village de Clelles et le col de l'Aupet.

Longtemps considéré comme un lieu inaccessible à l'homme, il fut pourtant gravi l'année même de la découverte de l'Amérique par Christophe Colomb, le 26 juin 1492, par le capitaine Antoine de Ville, seigneur de Dompjulien de Beaupré, et dix hardis compagnons, pour satisfaire à une fantaisie du roi Charles VIII. Arrivés au sommet, au moyen d'échelles de corde et surtout d'une bonne dose d'audace et de courage, les onze hommes plantèrent trois croix et célébrèrent une messe, devenant ainsi les premiers alpinistes français et retirant du même coup à la cime jusqu'alors inviolée un peu de son ancien prestige.

Mais laissons à un enfant du pays, dont la postérité n'a pas retenu le nom, le soin de nous conter cette belle aventure.

« *En l'an de mon cinquante sixième âge, je me souviens avec émotion de mon Dauphiné natal...*

Je revois en pensée ses prairies hachées d'eaux vives et ses sapins en pagaille, dévalant des pics éclaboussés de lin blanc jusqu'aux conques des vallées. Je revois le clocher gris de ses bourgs, découpés devant le profil bleuté des massifs. Je revois également le sourire espiègle de ma jolie Margot, lorsque nous gardions ensemble les moutons de grand-mère Ufisie et nos galops au milieu des herbes folles, remplies du vacarme des criquets.

Je n'effacerais jamais ces visions rafraîchissantes de mon livre de pensées, dussé-je vivre encore un siècle. Pas plus que je n'oublierais l'ascension du Mont Inaccessible, qui fit de moi une célébrité locale et me fit perdre, du même coup, mon habit d'innocence, tout brodé de rêves et de légendes.

J'étais fasciné, dans cet âge, par la silhouette énorme et jaillissante du Mont Inaccessible, qui surplombait depuis toujours mon Trièves natal ; il hantait mes nuits et charmait mes jours, tantôt riant, découpé sur le chapiteau indigo du firmament et tantôt fantomatique, étrave puissante de quelque navire antique sur laquelle s'éventraient les brumes grises et tourbillonnaires.

Mon imagination, déjà fertile et propre à gambader, était de surcroît nourrie par les récits fantastiques que me faisait ma grand-mère à la veillée. Elle racontait que l'obélisque vertigineux, qui jaillissait au-dessus de la tignasse des mélèzes, avait été la demeure des dieux et des déesses, dans un passé fort lointain. Ils habitaient dans d'immenses grottes de cristal, sises au sommet du Mont, qui était encore rattaché au plateau du Vercors à cette époque. Ils vivaient là depuis que leur chef Zeus, las de leurs querelles incessantes, les avait chassés de leur montagne d'origine, appelée Olympe. Ils y seraient encore, probablement, si un chasseur, du nom de Ibiscus, ne les avait pas surpris là et dénoncé à Jupiter. Le dieu des dieux, qui n'avait pas de nouvelles de ses sujets depuis des siècles, rentra dans une colère terrible et des flammes sillonnèrent le ciel, allumant d'immenses incendies sur la montagne. Une nuit durant, les arbres, pris au piège de la fureur divine, balayèrent le ciel de leurs torches folles, tandis que des pans de rocaille s'effondraient, précipités pêle-mêle avec les forêts dans de gigantesques crevasses. Au matin suivant, tout n'était plus que ruines et désolation et le Mont Inaccessible était désormais séparé des reliefs voisins par d'imprenables bastions d'à-pic. Quant au malheureux Ibiscus, sa curiosité malsaine lui avait valu d'être changé en bouquetin, condamné à errer jusqu'à la fin des temps en ces parages devenus hostiles. Ma vieille Huberte laissait même entendre que certaines nuits, lorsque le souffle angoisseux de l'orage annonçait les foudres, prêtes à crouler sur la terre, on pouvait l'entendre bramer dans les vals, seul et désespéré.

Depuis ce funeste bouleversement, le Mont Inaccessible était devenu le domaine réservé des Oréades, les nymphes blondes de la montagne, qui étendaient aux premières risées de l'aube leur linge sur les pentes du sommets. Ce que le voyageur prenait à tort pour de la brume matinale accrochée au relief était en fait l'alignement soigneux des tuniques sur le redan. C'est en tout cas ce que je croyais, à la treizième année de mon âge.

Et cette montagne me fascinait tant, que j'en avais perdu le goût de dormir, perdu le goût de manger, et même jusqu'au sourire, qui s'était envolé à son tour. Il fallait que je grimpe là-haut, qu'elle qu'en soit la folie. Je voulais savoir si les nymphes étaient bien les beautés surnaturelles que l'on disait.

Une nuit de mai, l'aventure m'avait surpris à l'improviste et je m'étais retrouvé gravissant les flancs de la montagne. L'haleine mystérieuse de l'heure ombreuse me caressait le visage, hâtant la marche de mon coeur et le mouvement de mes jambes. La montagne semblait insensiblement s'incliner vers moi, murmurant des encouragements dans sa langue de pierre. Au-dessus, une lune bien ronde crevait la noirceur firmamentaire, pleine de promesses informulées, qui chassaient au loin les mises en garde de ma grand-mère m'interdisant d'approcher le rocher en raison des chutes de pierres fréquentes.

Cependant, le temps fila son écheveau, précipitant la marche de mon souffle et alourdissant mes jambes. L'énigmatique monstre géologique semblait s'éloigner à mesure que j'avançais. Mon courage m'avait soudain abandonné, mes chairs trahies et j'avais roulé, anéanti, au pays du songe. En rêve, j'avais vu le masque blême du Mont Inaccessible, découpé sur le grésil tremblotant des astres, me chuchoter d'obscures révélations. Au matin, j'avais oublié lesquelles.

Plusieurs fois, au cours des jours qui suivirent cette expédition, je repris le chemin du pic, en compagnie de mon amie Margot. A chaque fois, j'approchais d'un peu plus près ses murailles abruptes. Jusqu'au jour ou je découvris, au pied d'un monceau d'éboulis, un passage qui me permettait d'accéder à mi hauteur du sommet. Plus haut, la roche fendue en coin ménageait une étroite cheminée que des hommes équipés de cordes pourraient gravir sans trop de mal. J'étais saoul de bonheur en rentrant à la ferme ce soir-là, fier comme un paon. Je me sentais plus audacieux que le preux Roland et riche de la sève d'une race de conquérants.

Sur ces entrefaites, vint dans les Alpes le Roi-Dauphin, Charles le Huitième, qui partait guerroyer en Italie pour y emporter le Milanais. De tous les coins de la province, les seigneurs et leur cour descendaient à Grenoble pour y rendre hommage au suzerain.

Le baron Bertrand de la Tour de Clelles m'emmena à cette occasion avec lui, en la qualité de page. La farandole de rires et de cloches joyeuses battant la volée qui m'accueillit dans la belle capitale du Dauphiné, éloigna pour un temps de mes pensées le Mont fabuleux et la dangereuse escalade.

Pour un temps seulement, car le vin avait bientôt délié ma langue de jeune écervelé ; j'avais alors parlé avec fougue de ma montagne antique, que je serais le premier à posséder. Or il advint que le Roi était parmi ceux qui m'écoutaient et il était fort curieux homme, aussi prompt à s'enflammer pour une idée que moi-même.

Il me nomma sur-le-champ guide d'une expédition, qui serait dirigée par Antoine de Ville, capitaine et seigneur de Dompjulien de Beaupré. Accompagné d'une dizaine de gens d'armes, nous tentâmes donc le siège, le 25 juin de l'Incarnation du Seigneur 1492, en ce val de Trièves.

La fièvre d'un été précoce chauffait mon sang et le bonheur de l'instant m'accrochait des ailes dans le dos. Les yeux noisette remplis de fierté de Margot m'accompagnèrent à travers les premiers éboulis et mon coeur se gonfla d'orgueil de me voir en pareille conduite.

Cette escalade, longue et terrible, m'en souviendrai-je longtemps ! Au milieu de la houle sauvage des rocs, nous n'étions pas plus gros que des moucherons, écrasés par le profil sévère qui tranchait comme une lame l'azur chauffé à blanc. Nous progressions moins vite que prévu et encore, au prix de mille efforts de tous les instants. D'apparence infranchissable, la citadelle laissait voir des anfractuosités et des passages à mesure que nous l'explorions. Folle équipée que la nôtre, tantôt suspendus au bout d'une corde dans le souffle hypnotique de l'abîme, tantôt retenus en équilibre par le croc d'une pioche ou d'un pic, ou encore adossés au tronc tordu d'un sapin, debout sur le vide. Et ainsi, par subtils moyens qui nous venaient au fil des difficultés, nous parvînmes enfin sur le sommet. D'un dernier effort, Antoine de Ville me propulsa sur le rebord de l'encorbellement...

Je découvris alors le panorama avec une incrédulité mêlée d'effroi. De dieux ou de nymphes aux chevelures blondes, pas la trace. De bouquetin heurtant ses pauvres cornes au rocher, en poussant d'affreuses plaintes, point non plus. Seule la taciturne splendeur d'une prairie désolée, parsemée de violettes et de lichens froissés par le vent, me renvoya l'image de mon profond désarroi. Un couple de choucas curieux me survola. Une marmotte vigie siffla son avertissement avant de disparaître dans son terrier. Je demeurais immobile, bousculé par mes joyeux compagnons qui prenaient pied à leur tour sur le sommet. J'étais trop bouleversé pour songer à me pousser et je m'abandonnais soudain à un chagrin sec et brûlant, tandis que les soldats m'acclamaient et déroulaient la bannière delphinale et royale.

Le soir venu, des chants de ripaille crevèrent le tympan du silence et des rires cascadèrent sur les vieilles pierres, mais je n'avais pas le coeur à me mêler aux festivités. Je demeurais seul et désespéré, le regard levé en direction des vapeurs blanchâtres que la lune nimbait d'une faible clarté spectrale. J'espérais encore secrètement que se manifestassent enfin les personnages fabuleux dont mon enfance avait été abreuvée. Mais toutes mes prières restèrent sans effet et je finis par m'abîmer dans un sommeil agité.

Au matin suivant, j'étais presque un adulte !

J'avais compris ce qui fait le malheur de l'homme et en même temps sa grandeur : son besoin de savoir ! Nous voulons des réponses à toutes nos questions, à chacune de nos interrogations. Et lorsque nous les avons, lorsque l'ombre des mystères et la poésie des clairs-obscurs se sont évanouis dans la pleine lumière, nous regrettons d'avoir perdu un rêve. Et nous pleurons. Car nous avons toujours besoin de quelques questions sans réponse pour continuer à avancer.

Depuis, j'ai avironné de par la terre et la mer, j'ai visité moult pays, moult cités ; j'ai échappé à la mort dans le port de Gène, pendant l'insurrection et j'ai participé au carnage de Marignan ; j'ai su les conquêtes fabuleuses de l'espagnol Pizare sur l'Inca et j'ai lu Gargantua de Rabelais. Mais à l'hiver de ma vie, alors même que les souvenirs se dispersent à tous les vents, il en est un qui me reste. Celui de mon jeune âge, que je plains et je ressasse ; ces tendres années en Trièves, Margot et le Mont Inaccessible... Et si la première a quitté le monde aujourd'hui, le second est toujours là, pareil à lui-même.

Je l'ai vu, il y a quelques années, au hasard d'un périple. Il m'avait paru moins grand, un peu plus voûté sur l'épaule noire de ses forêts, découpé net comme un coup de lanière. La brume l'enveloppe toujours au lever du soleil et disparaît dans le matin. Il ne manque au Mont Inaccessible que ses nymphes aux tresses blondes.

Il ne manque que les nymphes... »

Une tradition locale situait autrefois la demeure des dieux de l'Olympe sur le plateau du Vercors, au pied de la tête de la Graille, environ 4 km au sud du Grand Veymont (2 346 m). En effet, on trouve là des vestiges faisant penser à un temple antique ruiné, mais on sait aujourd'hui qu'il s'agit d'anciennes carrières romaines, dites de la Cléry (ou Queyrie). Situées à 1 750 m d'altitude, elles furent exploitées du Ier au IIIe siècle, pour fournir en pierres de construction la colonie romaine de Die. On reconnaît facilement deux chambres d'abattage en gradins, avec encore un bloc imposant à moitié détaché du rocher et quelques fûts et bases de colonnes dégrossis abandonnés dans l'herbe.

LA RENAISSANCE

(1 500 à 1 789)

Dès le début, la religion réformée rencontre en Dauphiné de profondes sympathies et la plupart des massifs montagneux se hérissent de bastions huguenots. Les guerres de religion atteignent dans cette province le paroxysme de l'horreur, révélant des chefs de guerre d'une sauvagerie inouïe, tel le sanguinaire baron des Adrets, antithèse du chevalier Bayard. Des ruines surgit pourtant au XVIe siècle un restaurateur : Lesdiguières, militaire de génie et administrateur sans égal, qui reconstruit le Dauphiné en le modernisant.

Le contrebandier Mandrin entre dans la légende de la révolte populaire en 1755, tandis que souffle déjà un vent annonciateur de grands bouleversements. Et en 1788, un an avant la prise de la Bastille à Paris, les représentants des trois ordres réunis au château de Vizille inventent le premier programme révolutionnaire de France.

LA PIERRE A CUPULES DU CHATEAU DE MONTLEANS

La tour isolée de Montléans, vestige d'un château-fort situé à cinq kilomètres de Vienne, sur la commune de Jardins en Isère, veille sur une pierre étrange, dite « pierre à cupules ». Les « cupules » sont de petites cavités hémisphériques, sculptées à la surface de ce rocher. Ce type de gravure, assez fréquent dans les Alpes, reste toujours inexpliqué, même si on l'associe en général à d'anciens cultes préhistoriques. La pierre à cupule de Montléans possède, pour sa part, une origine légendaire...

Le château de Montléans (on l'appelle aujourd'hui la tour de Montléans) est situé au nord-ouest de la commune de Jardin et 5 km au sud-est de Vienne.

Le beau donjon cylindrique du château, conservé sur 15 ou 20 m de hauteur, défendait l'entrée de la forteresse, tandis qu'une enceinte de 120 m de périmètre environ, bien représentée au nord et à l'ouest, couronnait le sommet de l'escarpement. On remarque également une poterne, à l'ouest, qui devait être desservie autrefois par des degrés en bois ou une rampe en terre, ainsi qu'un rocher granitique au centre de l'enceinte, perforé de nombreuses petites cavités artificielles appelées cupules, que l'on attribue généralement à l'époque gauloise ou un peu avant et qui devait posséder un caractère religieux ou magique.

Le château appartenait aux seigneurs de Beauvoir (dont la forteresse principale se trouvait alors à Villeneuve-de-Marc) au XIIIe siècle, qu'ils tenaient en fief de l'archevêque-comte de Vienne, puis il passa aux Dauphins et enfin au roi de France en 1349, qui l'engagea à partir de 1525 à la puissante famille de Maugiron.

La pierre à cupules, située au centre du château ruiné, possède une curieuse légende

La pierre aux démons

Vers 1500 vivait au château de Montléans un seigneur à la curiosité insatiable. Intrigué par ce gros rocher qui semblait avoir été oublié au centre du château par quelque géant distrait, il fit creuser une galerie au-dessous du bloc erratique, dans l'espoir de découvrir la tombe d'un riche guerrier Celte ou un trésor enfoui. Il ne trouva rien de tel, mais la pelle de l'un des ouvriers dégagea néanmoins un petit coffre en bois d'apparence antique. Il contenait pour tout trésor un parchemin en peau de bête, sur lequel était écrit un texte en latin. Personne au château ne lisant la langue des romains, le seigneur fit mander le prêtre de l'église de Montléans. Le visage de ce dernier blêmit à l'instant même où il posa les yeux sur le manuscrit. Le seigneur, impatient, le pressa de lui expliquer de quoi il retournait et l'homme d'église s'exécuta d'une voix blanche.

Le texte était en fait un message d'avertissement. Un druide, vivant à l'époque de la colonisation romaine, avait engagé un combat sans merci contre des démons qui terrorisaient alors la région. La bataille entre le vieux sage et les créatures maléfiques avait duré sept jours et sept nuits, au cours desquels les charmes et les sortilèges avaient fusé de toutes parts, tissant autour des belligérants des draperies de flammes, d'eau et de glace, faisant penser que la fin des temps était proche. Finalement le druide l'avait emporté et il avait enfermé les créatures dans ce rocher qui avait tant intrigué le seigneur du château. Le vieux magicien avait ensuite fait enterrer au dessous le parchemin, pour signifier à quiconque le trouverait, qu'il ne fallait ni endommager ni déplacer la pierre, sous peine de voir s'échapper les démons. Le druide avait également inscrit la formule magique qui lui avait permis d'enfermer les monstres dans le roc, afin de pouvoir les y renvoyer, si par malheur ils trouvaient le moyen de s'extraire de la gangue minérale de leur geôle. Mais attention, prononcer la même formule alors que les créatures étaient toujours prisonnières de la pierre aurait l'effet inverse : il les en expulserait !

Victime de sa curiosité

Le seigneur récupéra prudemment le parchemin, le replaça dans le coffre et enferma le tout au sommet de son donjon. La vie reprit son cours au château de Montléans, comme si rien ne s'était jamais passé. Pourtant, à partir de ce jour, la curiosité tenailla sans relâche le seigneur des lieux. Il se demandait si l'histoire inscrite sur le rouleau de peau était exacte, et à quoi pouvaient bien ressembler les démons dont il était question. Et il se demandait surtout si, après les avoir libérés par la formule magique, il aurait le temps de les renvoyer dans le rocher par la même méthode. Cette dernière question revint le hanter à chaque heure du jour pendant les semaines qui suivirent et il finit même par en perdre le sommeil. Un matin, après une nuit passée à arpenter sa chambre de long en large, il décida de tenter l'expérience. Le soleil n'avait pas encore surgi de derrière l'horizon et une épaisse brume flottait entre les bâtiments du château. Tout le monde dormait encore, à l'exception des sentinelles sur les remparts. L'imprudent seigneur se glissa subrepticement jusqu'au rocher, dissimulé aux regards par l'opacité glauque qui l'entourait. Il déroula le parchemin et, le coeur battant la chamade, récita à mi-voix la formule magique écrite en latin. Rien d'extraordinaire ne se produisit et le sire de Montléans, déçu, se demanda s'il devait répéter l'imprécation. Mais soudain, des rondelles de pierre sautèrent du rocher, comme autant de bouchons de champagne, et des formes noires en surgirent avec la vivacité de l'éclair. Le seigneur, saisi par un mauvais pressentiment, prit conscience que la température était soudain devenue glaciale. Il ne poussa pas un cri en s'effondrant, terrassé instantanément pas les forces qu'il avait lui-même libérées.

On le retrouva, quelques heures plus tard, allongé sans vie au pied du rocher. Il ne portait aucune trace de blessure et le parchemin avait disparu. Personne ne comprit ce qui lui était arrivé, mais tous furent profondément impressionnés par le rictus de terreur qui déformait chaque trait de son visage. Seul le prêtre remarqua les petites cavités qui grêlaient à présent la surface de l'énigmatique rocher et il soupçonna que cela pouvait avoir un lien avec la mort du seigneur de Montléans.

Quant aux démons de la pierre, la légende ne nous dit pas où ils se terrent, à présent. Pourtant certaines vieilles personnes des environs racontent qu'ils sont toujours là, rôdant dans le brouillard avant l'aube, et que des carcasses de sangliers ou de lapins aux yeux demeurés grand ouverts, que l'on trouve parfois dans les champs alentour, attestent encore de leur présence sur la commune. Qui sait ?...

Libertin jusqu'à la mort

Cela n'empêcha pourtant pas le château d'être habité jusqu'au XVIIe siècle par les Maugiron, que le roi Charles IX avait fait comtes de Montléans en 1569, pour les récompenser de leurs bons services. Le dernier comte de Montléans, né en 1722, fut un intrépide soldat qui devint lieutenant général du roi, mais également un incroyable poète libertin qui aima par dessus tout les femmes, au point que sa santé n'y résista pas : il mourut sans descendance mâle, à 45 ans, en écrivant ces quelques vers qui nous sont parvenus:

« *Voici donc mon heure dernière*
Venez bergères et bergers
Venez me fermer les paupières.
Qu'au murmure de vos baisers
Tout doucement mon âme soit éteinte.
Finir ainsi dans les bras de l'Amour
C'est du trépas ne point sentir l'atteinte,
C'est s'endormir sur la fin d'un beau jour. »

Le baron des Adrets,
surnommé par ses contemporains « le monstre du Dauphiné »

LE BAPTEME AU SANG DE LOUP DU BARON DES ADRETS

Voici le personnage le plus mal-aimé de la province et à juste titre : le tristement célèbre baron des Adrets, surnommé « le monstre du Dauphiné » par ses contemporains, qui mit à feu et à sang le sud-est de la France durant une bonne partie du XVIe siècle, tantôt dans le camp des catholiques et tantôt dans celui des protestants ! La légende raconte qu'il fut baptisé au sang de loup et qu'il hérita de cet événement un caractère violent et emporté.

Les vestiges du château de ses ancêtres (élevé au XIIIe siècle sur l'emplacement d'une fortification en bois) sont situés au sommet d'un promontoire largement boisé, dominant le village du Touvet, une trentaine de kilomètres au nord de Grenoble. La forteresse était constituée essentiellement d'un puissant donjon quadrangulaire, d'un bâtiment d'habitation et de deux tours protégeant l'entrée, le tout relié par une enceinte rectangulaire.

Ce n'est pourtant pas dans cette demeure que naquit le tristement célèbre François de Beaumont, baron des Adrets (1506-1587), mais dans la maison-forte de la Frette (1.5 km au sud du Touvet, sous les Petites Roches), transformée aujourd'hui en dépendance agricole.

La légende situe sa naissance en début de nuit, durant un hiver particulièrement rigoureux où les loups, affamés, se risquèrent fréquemment à attaquer les villages du Grésivaudan.

Georges de Beaumont faisait nerveusement les cent pas dans la salle commune de son château de La Frette. Il était dans tous ses états, car sa femme, Jeanne de Guiffrey, attendait un heureux événement et n'était plus loin de la délivrance. Ce n'était pas leur premier enfant, mais ayant déjà eu trois filles, il souhaitait ardemment que son épouse lui offre un héritier mâle, cette fois-çi. N'y tenant plus, il envoya une servante s'enquérir de la situation, mais elle revint en secouant la tête ; l'enfant n'était pas encore là.

Les dents de la forêt

Soudain, le cri d'alarme de la sentinelle postée dans la bretèche, au-dessus de l'entrée du château, transperça le silence pesant. Le baron se précipita, trop heureux qu'un événement vienne rompre l'interminable attente. « Les loups, messire, ils sortent par dizaines de la forêt ! » expliqua le guetteur en désignant la lisière proche. Le baron se pencha entre deux merlons et fouilla l'obscurité : il lui sembla que la colline enneigée, en face de lui, était animée d'un étrange mouvement. C'étaient les loups, qui sortaient en silence du couvert des arbres, troupe d'ombres filant à ras de terre. « Peste ! » jura Georges de Beaumont « Ils vont s'attaquer aux étables. Sonne le tocsin, il va nous falloir les repousser ! » Le baron dégringola les marches de l'escalier à vis et, attrapant son épée et son poignard au vol, jaillit dans la cour comme un beau diable. Les carnassiers aux prunelles de phosphore se jetaient déjà contre les portes des dépendances, derrière lesquelles montait un concert affolé de meuglements et de bêlements de détresse. Plusieurs serviteurs du baron le rejoignirent et l'un d'eux, armé d'un arc de chasse, décocha aussitôt ses flèches. Un, puis deux loups s'effondrèrent avec des hurlements lamentables. En quelques instants, ils furent recouverts par la marée tourbillonnante de la meute, qui ne s'embarrassa pas de scrupules pour les dépecer vivants. Mais la diversion n'était pas suffisante et certains molosses, apercevant les hommes, s'élancèrent dans leur direction avec des clameurs à glacer le sang. La mêlée fut terrible et aussi bien le baron que ses serviteurs reçurent de nombreuse morsures, mais ils distribuèrent tant de coups d'épée, de hache, de gourdin et de poignard, qu'ils finirent par mettre en déroute les agresseurs. Les loups abandonnaient vingt des leurs dans leur fuite, la victoire était belle pour Beaumont et ses hommes. « Allons fêter notre succès au vin de Maille, mes amis ! » lança le seigneur de La Frette en essuyant d'un revers de main le sang de l'une de ses victimes qui lui avait souillé le visage.

Mais à l'instant même où il poussait la lourde porte de la maison-forte, un vagissement de nouveau-né retentit dans les étages ! Le baron laissa choir ses armes sur les tomettes du vestibule et s'élança dans l'escalier. Il trouva Jeanne, qui reposait sereinement dans leur lit, l'enfant posé sur son sein.

« C'est un fils, Georges, ton premier fils !... » murmura la jeune femme radieuse en lui tendant le petit être aux yeux fermés. Emu plus qu'il n'aurait su le dire, il prit son héritier et le serra avec une tendresse un peu gauche. Lorsqu'il le rendit à sa mère, il remarqua que la petite frimousse du nouveau-né avait été toute barbouillée du sang des bêtes nuisibles qu'il avait tuées dans la cour. La ventrière, c'est ainsi que l'on nommait les sages-femmes à l'époque, se signa en blêmissant. « Que t'arrive-t-il, l'accoucheuse ? » demanda le baron inquiet. « L'enfant à été baptisé au sang de loup, monseigneur. C'est un mauvais présage... » « Sornettes ! » répondit le baron en se rembrunissant. « C'est au contraire un excellent présage ! Cela indique que mon fils sera le plus valeureux des hommes et qu'il sera craint de tous ! »

Et il ne se trompait pas, hélas !

C'est, si l'on en croit la tradition, de cette anecdote que date le dicton local, disant des hommes violents qu'ils « ont été baptisés au sang de loup ».

De bataille en bataille

Après la légende, l'histoire...

Un amour contrarié à l'âge de 17 ans décida le bouillant jeune homme qu'était devenu François de Beaumont (ainsi nommé car il serait né le jour de la Saint-François de Sales) à s'engager dans l'armée de François Ier, à laquelle s'était joint pour la dernière fois le valeureux Bayard, et à partir guerroyer en Italie. Il se révéla aussitôt comme un redoutable guerrier, d'une sauvagerie peu commune et d'un courage frisant l'inconscience. Nul danger n'apparaissait comme excessif à ses yeux, il était de toutes les batailles, de tous les sièges. Et bien que sa fougue excessive et son absence totale du sens de la diplomatie lui causèrent de nombreux tracas, il en prit son parti et consacra désormais son existence à la guerre.

En 1557, le baron des Adrets obtint le titre de colonel des légions du Dauphiné, de Provence, du Lyonnais et d'Auvergne. Il savait qu'il allait pouvoir donner sa mesure, mais la lâcheté du gouverneur d'Ailly de Pecquigny, durant le siège de Montclave, lui valut d'être fait prisonnier par les espagnols. Libéré contre une énorme rançon, il ne put obtenir réparation auprès du roi, pire il fut même blâmé par la cour pour son outrecuidance. Cet épisode, associé à d'autres, le fâcha avec la cause catholique et il prit en 1562 la tête d'une armée des Huguenots de Condé. Ces derniers se cherchaient un chef de guerre expérimenté, ce qui faisait bien son affaire : il trouvait ainsi le moyen de se venger des affronts subis, mais également d'assouvir son ambition démesurée. Il se mit en campagne et ravagea, dès lors, tout ce qui pouvait se rattacher de près ou de loin aux catholiques, aussi bien en Dauphiné que dans le Lyonnais et le Midi. Sa rapidité de mouvement confondait ses adversaires. Il était à Lyon avec ses troupes le 25 avril, à Valence le 27, à Romans le 28, à Tournon le 1er mai, à Vienne le 2, de nouveau à Lyon le 3... Le baron semblait être partout à la fois, pillant, ravageant, remportant succès sur succès.

« Cet homme », note Brantôme, « qui surpassait en cruauté Monsieur de Montluc et que l'on craignait plus que la tempête qui passe par de grands champs de blé, jusque là que dans Rome on appréhenda qu'il armât sur mer, et qu'il l'a vint visiter, tant sa renommée, sa fortune et sa cruauté volaient partout ! » Car, en effet, « l'Attila des guerres de religion » se montra si gratuitement sanguinaire à la tête de ses légions de la mort, que ses propres partisans en vinrent à le considérer comme un dément ivre de sang. Et pourtant, le baron était tout simplement à l'image de cette époque terrible, qui fit en France des centaines de milliers de morts, certainement même des millions ; il donna simplement le ton à la bestialité ambiante. Un sommet de l'horreur fut atteint au siège de Montbrison où il massacra la garnison de 600 hommes, commandée par Montcelard (qui lui avait autrefois sauvé la vie, dans le Piémont), et s'amusa ensuite à faire sauter dix huit prisonniers - dont Montcelard en personne - du sommet d'une haute tour. Jeux cruels qui durent agréablement le distraire, car il recommença dès le lendemain dans la ville de Montrond. A Valréas, en Provence, il se contenta de passer 2000 catholiques par le fil de l'épée, tandis qu'à Carpentras, il échappait de peu à la mort, un boulet lui ayant sifflé aux oreilles. La routine des guerres de religion, en somme.

Lâché peu à peu par ses amis huguenots, le baron sentit à nouveau son ardeur fléchir et le duc de Nemours (un catholique) réussit finalement à le détacher de ses égarements dans la religion réformée. Emprisonné à Grenoble, il fut sauvé in-extremis de l'exécution par la paix d'Amboise en 1563. En 1567, les troubles se rallumèrent entre les deux communautés et le baron offrit ses services au nouveau gouverneur du Dauphiné, le catholique de Gordes. Il se montra aussi impitoyable avec ses anciens alliés huguenots qu'avec ses ennemis d'hier et leur reprit les villes de la Côte-Saint-André et de Saint-Marcelin en 1568. Une nouvelle paix, signée entre le roi et le prince de Condé mit fin aux hostilités. Paix de courte durée, car dès l'année suivante, une flambée de violence remettait le feu aux poudres. Le baron se remit en campagne, mais subit une cuisante défaite à Selongey, à la suite de laquelle les catholiques l'accusèrent de collusion avec l'ennemi et l'arrêtèrent. La nouvelle paix, publiée à Saint-Germain en 1570 le libéra pour la seconde fois.

Il participa à sa dernière campagne en 1585, à près de 80 ans. Avec La Valette, il conduisit ses troupes dans le Trièves contre le redoutable chef protestant Lesdiguières, qui malmenait durement les catholiques du Dauphiné. « J'ai fait les huguenots, je veux les défaire ! » dit-il alors. Mais il dut se contenter de contenir les audaces de Lesdiguières, avant de retourner sur ses terres de La Frette, où il s'éteignit paisiblement, dans son lit, en 1587.

La vengeance des loups

La légende raconte également que le château fort de son lignage fut ruiné par un incendie accidentel, une froide nuit d'hiver... Un serviteur, attaqué par un loup surgi de nulle part, laissa choir dans la grange la torche qu'il portait pour s'éclairer. Les flammes gagnèrent les autres bâtiments, poussées par de fortes rafales de vent, et le château fut entièrement ravagé.

Le peuple des loups avait finalement trouvé le moyen de se venger de l'homme baptisé au sang de l'un des leurs...

BAYARD, «LE CHEVALIER SANS PEUR ET SANS REPROCHE»

Descendant d'une prestigieuse lignée de guerriers, il incarne le « bon chevalier », modeste et désintéressé, célèbre pour son attachement à s'opposer au pillage des villes conquises et à faire respecter la vertu des femmes. Son épopée, comme celle de Jeanne d'Arc et de Du Guesclin, valorise les qualités chevaleresques essentielles : l'héroïsme, l'honneur et un certain art de vivre et de mourir pour sa patrie et pour son Dieu. Sa vie, à elle seule, est la plus belle des légendes et, à ce titre, mérite d'être contée.

Le 20 mai 1524, arriva en la ville de Grenoble un bien triste cortège : il transportait la dépouille du Bon chevalier, Pierre Terrail de Bayard, que toute la France pleurait. Le deuil avait particulièrement touché la population de sa province natale. Les gens se signaient en contemplant le dernier attelage de celui qui avait été le plus humain et le plus glorieux des Lieutenants-généraux du Dauphiné. Le corps arrivait d'Italie, de Rovasenda exactement, où le héros était mort comme il avait vécu, dans l'honneur et les armes à la main, fidèle à sa devise « Dieu et le Roy, voilà nos maîtres, onc n'en aurai d'autre ». La dépouille mortelle du chevalier fut déposée dans la cathédrale Notre-Dame, où une chapelle ardente avait été dressée, et des jours durant les habitants de Grenoble et d'ailleurs vinrent lui rendre un ultime hommage.

Les funérailles solennelles n'eurent lieu que le 24 août 1524, au retour de l'évêque Laurent II Alleman, absent de son diocèse. Bayard fut inhumé, en grande pompe, dans la chapelle du couvent fransiscain des Minimes de la Plaine, à la Croix Rouge. Avec cet homme hors du commun disparaissait une figure emblématique de notre pays, dont il convient de retracer la fabuleuse épopée.

Chevalier de père en fils

Pierre III Terrail, seigneur de Bayard, naquit en 1476 dans la maison-forte familiale, située à Pontcharra en Isère, sur un promontoire dominant la belle vallée du Graisivaudan. La résidence fortifiée, bâtie 70 ans plus tôt au lieu dit Bayard (ce qui signifie « hêtre »), avait donné son nom aux ancêtres de l'enfant. Mais au delà de ce patronyme, c'était surtout du courage et du goût des armes que le jeune Pierre avait hérité de ses aïeuls. Pourtant sa famille avait déjà payé un lourd tribut aux dieux de la guerre, ce qui aurait pu le dissuader de marcher sur les traces de ses aînés. Son trisaïeul avait été tué à la bataille de Poitiers, aux pieds du roi de France Jean le Bon (*le Bon* signifiant *le Brave* à cette époque); son bisaïeul avait subi le même sort à la tristement célèbre bataille d'Azincourt, au cours de laquelle les archers anglais avaient massacré la fine fleur de la chevalerie française; et son grand-père avait péri à la bataille de Montlhéry, opposant Louis XI et le comte de Charolais. Quant à son père, il eut plus de chance que les précédents, s'en tirant avec seulement un bras emporté pendant la bataille de Guinegatte, qui opposa Louis XI à Maximilien d'Autriche, en 1479. De quoi en dissuader plus d'un, mais certainement pas Pierre, qui choisit vers 7 ans d'épouser la carrière des armes.

Il commença par de très modestes études à l'école-cathédrale de Grenoble (grâce à son oncle, évêque de la ville), où il apprit à signer son nom, mais sans aller toutefois jusqu'à savoir lire et écrire. C'est ensuite auprès du Duc Charles de Savoie, à Chambéry, qu'il apprit à monter à cheval et à manier les armes. Ses dispositions hors-normes lui permirent d'achever sa formation de page en trois années seulement, alors qu'il en faut sept en temps normal. A 17 ans, il participa à son premier tournoi, à Lyon, où il remporta un premier succès. La tradition veut que les belles dames dirent de lui, à cette occasion, qu'il avait « mieux que tous les autres ».

C'est ce qu'on ne cessera de dire de lui, désormais !

Des tournois aux champs de bataille, il n'y avait qu'un pas qu'il franchit à 19 ans pour participer aux campagnes d'Italie, dans l'armée du roi Charles VIII. Son baptême du feu, il le connut lors de l'assaut de la ville fortifiée de Canosa, sous l'averse de flèches, d'eau bouillante et de chaux vive déversée par les défenseurs sur leurs assaillants. A 23 ans, il retourna combattre en Italie pour le nouveau roi de France, Louis XII. Sa vaillance accomplit encore des miracle, mais plus que tout, ce fut sa droiture qui le distingua peu à peu de la masse des combattants anonymes. Exemple en est donné par cet épisode de l'une des guerres qu'il mena dans le Milanais : il fut fait prisonnier par Ludovic Sforza, qui lui rendit aussitôt la liberté par estime pour son comportement chevaleresque.

« Un seul a la force d'une armée entière ! »

Mais l'un des épisodes les plus fameux de sa carrière de soldat fut le duel à mort qu'il livra dans ce même pays, en compagnie de dix autres chevaliers français, contre onze espagnols appartenant aux troupes de

Ferdinand d'Aragon. Le tournoi se déroula en juillet 1502 devant plus de 10 000 spectateurs rassemblés sur les murailles de la ville de Trani. Le combat dura des heures, ponctué par de nombreux retournements de situation et ne prit fin que lorsqu'il ne resta plus que deux adversaires encore à cheval de chaque côté, dont Bayard. Les espagnols, très malmenés, proposèrent alors de déclarer « la balance égale » et qu'il n'y ait ni vainqueur ni vaincu, ce que les français eurent la magnanimité d'accepter. Malgré cela, la vaillance de Bayard avait frappé les spectateurs et sa renommée avait grandi encore un peu plus. Cette affaire eut pourtant une forme de conclusion, quelques mois plus tard. Bayard, défié en combat singulier par le capitaine Alonso de Sotomayor, un puissant seigneur espagnol, accepta de combattre à pied, à l'épée et au poignard. C'était à son désavantage, et l'espagnol le savait, car à cheval, le dauphinois était sans rival. Il tua pourtant son adversaire, au terme d'une lutte acharnée qui se termina en corps à corps, le blessant dans un premier temps d'un coup de poignard à la gorge puis l'achevant en lui enfonçant son arme entre les deux yeux. En raison du rang et de la notoriété de Sotomayor, ce duel fit du simple soldat qu'était Bayard « l'un des plus renommés français qui fût en leur armée ».

C'est pourtant à Garigliano, en 1503, que le chevalier français entra définitivement dans l'histoire. Il s'était joint à l'avant garde de l'armée française, qui venait de franchir le Garigliano sur un pont de bateau pour enfoncer les premières lignes espagnoles. Leur petite troupe fut soudain prise à partie par une véritable armée, très supérieure en nombre et appuyée d'artillerie. Il fallut précipitamment battre en retraite, et refluer en désordre sur le pont ou alors traverser le torrent à la nage. C'est alors que s'illustra le courageux chevalier dauphinois. Il se campa sur l'étroite passerelle pour faire obstacle à l'ennemi qui accourait pour s'y engager, bien décidé à les retarder au maximum afin de permettre à ses camarades de gagner la rive opposée sans encombre. Il défit les uns après les autres tous les adversaires qui se présentèrent à lui, en une suite de combats singuliers où il fit montre d'une adresse et d'une bravoure prodigieuses. Il n'avait pas enfilé son armure, ce jour là, car il avait été averti très tard de l'incursion en territoire adverse et avait préféré sacrifier sa sécurité plutôt que de ne pas être de l'aventure. Et pourtant, malgré son piètre équipement (tout au plus un plastron), « il fit merveille d'arme, aussi assuré que s'il eût été armé de toutes pièces » écrivit Jean d'Auton. Ses amis eurent beau « tout rudement lui crier qu'il s'ôta de là et le tirer à tous efforts, oncques ne voulut démarcher que tout fût fait ». Finalement, l'arrivée de renforts français mit fin à la bataille. La conduite exemplaire de Bayard, sur le pont de Garigliano mit le comble à sa renommée. Il avait définitivement mérité cette devise qu'on lui avait forgée : « un seul a la force d'une armée entière » !

Une blessure... mal placée ?

Mais le brillant chevalier n'en resta pas là. Il réprima la révolte de Gènes puis remporta, en Lombardie, la victoire d'Agnadel sur les vénitiens. Il participa ensuite à la guerre contre le pape Jules II, avec les fonctions de capitaine (d'ordinaire réservées aux grands du royaume), où il refusa l'offre d'un traître qui lui proposait d'empoisonner son ennemi. Blessé gravement d'un coup de pique durant le siège effroyable de Brescia, il fut soigné dans cette ville où il trouva encore la force de sauver « l'honneur d'une famille livrée à la brutalité des soldats ». En termes plus clairs, il sauva une jeune femme et ses deux filles du viol, pratique courante à cette époque durant le pillage des villes, et refusa ensuite la bourse bien garnie qu'on voulait lui voir accepter à titre de remerciement. Cette péripétie, associé à de nombreuses autres, a contribué à asseoir sa réputation de noble chevalier, que l'histoire gardera de lui.

A peine guéri, il chevaucha sur 250 km pour rejoindre l'armée française, commandée par Gaston de Foix, juste à temps pour prendre part à la fameuse bataille de Ravenne (avril 1512), qui fut une victoire à la fois éclatante et douloureuse, car il y perdit nombre de ses amis. Blessé à nouveau, quelques mois plus tard, alors qu'il protégeait (encore) l'arrière-garde de l'armée, il passa deux mois chez son oncle à Grenoble, le temps de se rétablir. La reine lui envoya à cette occasion son propre médecin, ce qui témoigne de la sympathie qu'il inspirait à ses contemporains. La souveraine, qui avait décidément pris le bon chevalier dauphinois en affection, aurait bien aimé le marier, mais il refusa et lui répondit qu'il « n'avait d'autre désir au monde que de faire quelque bon service au roi ». Certains pensent aujourd'hui que la grave blessure qu'il avait reçue à Brescia l'aurait rendu impuissant, et que ce serait la véritable raison de son refus. Tout ce dont nous sommes assurés est qu'il eut une fille, une dizaine d'années avant cette fameuse blessure et qu'elle épousera un Bocsozel un an après la mort de son père. Nous n'avons, en revanche, aucun indice sur la mère de l'enfant, même si certains avancent le nom de Blanche de Montferrat, la duchesse veuve de Savoie, ou celui de sa dame d'honneur, Bernardine de Montbel. Le glorieux chevalier a emporté son secret dans la tombe.

Mais revenons au cours de sa vie, là où nous l'avons laissé. En 1513, il couvrit de son mieux la déroute d'une armée française face aux troupes de l'empereur allemand Maximilien et du roi d'Angleterre, à Guinegatte en Picardie, ce même Guinegatte où son père avait perdu un bras, bien des années plus tôt. La débandade, côté français, fut telle, qu'on appela cet épisode peu glorieux « la journée des éperons », parce que les chevaliers firent moins usage de leur épée ce jour là que de leurs éperons pour contraindre leur monture à déserter au plus vite le champs de bataille. Bayard, qui avait refusé de suivre le déplorable exemple de ses compagnons d'armes fut fait prisonnier. Reçu avec grande considération par les deux souverains adverses, qui lui proposèrent vainement d'entrer à leur service, il fut libéré contre rançon quelques semaines plus tard. Mais l'apogée de sa carrière militaire restait encore à venir...

1515... Marignan !

Un des premiers actes du nouveau roi de France, François Ier, fut de nommer Bayard au poste de lieutenant-général du Dauphiné en 1515, pour lui faire honneur d'une part, mais également pour que le dauphinois lui prépare le passage des Alpes, qu'il s'apprêtait à emprunter pour reconquérir le duché de Milan. Ce qu'il fit, au mois de juillet de cette même année, en compagnie de 30000 fantassins, 10000 cavaliers et 74 canons. Or, il était de coutume à cette époque, que le roi arme chevaliers ceux qui avaient le mieux servi au cours d'une bataille, mais pour cela, le roi devait être chevalier lui-même. Ce n'était pas le cas de François Ier, qui manda Bayard et lui dit : « Bayard, mon ami, je veux être fait aujourd'hui chevalier de votre main, parce qu'il n'y a plus digne que celui qui a de votre manière combattu à pied et à cheval, et toujours contre les ennemis du royaume ». Le dauphinois répondit, en posant son épée sur l'épaule du jeune souverain agenouillé : « Sire, autant vaille que si c'était Roland ou Olivier, Godefroy ou Baudoin son frère. Certes, vous êtes le premier prince que oncques fit chevalier. Dieu veuille qu'en guerre ne preniez fuite ». La bataille qui s'ensuivit, qui n'en a pas entendu parler ? Marignan... 1515... Ah, quand même ! Bayard, à côté du roi, s'y dépensa sans compter et accomplit encore des prodiges qui contribuèrent à l'éclatante victoire de Marignan (près de Milan) contre les Suisses, la seule bataille sans doute, que tous le français ont retenu de leur scolarité, fut-elle lointaine.

La gloire de cette bataille fut suivie par six années de paix, pendant lesquelles l'homme de guerre géra au mieux les intérêts de sa province natale, dont il avait la charge. Il se montra, au cours de cette période, le plus humain et le plus avisé administrateur que le Dauphiné ait connu, soulageant sur ses propres deniers nombre de malades et de nécessiteux et allant même jusqu'à rémunérer lui-même le geôlier de la porte Traîne à Grenoble pour que la nourriture offerte aux prisonniers soit améliorée. Il chassa également de la région la bande à Maclou, un célèbre brigand à la tête d'un millier de pillards, qui avait commencé à mettre en coupe réglée le Dauphiné. Cela, histoire de ne pas trop se rouiller...

Bayard reprit finalement du service armé en 1521, il avait alors 45 ans. Le roi l'envoya défendre la ville de Mézière, dans les Ardennes, contre les assauts de l'empereur allemand Charles Quint. L'ingénieux chevalier fortifia en un temps record la cité, que l'on disait alors indéfendable, coupant les ponts et relevant les murailles effondrées, travaillant avec les défenseurs pour exalter leur ardeur. Tout était fin prêt pour l'assaut donné par 30 000 hommes. « Je tiendrai tant que mon honneur et ma vie se pourront étendre au service du maître » écrivit Bayard et, en effet, son ardeur fut telle que l'ennemi dépité, fut

Bayard, mortellement blessé,
recevant des témoignages de sympathie de la part de ses ennemis

contraint à lever le siège, après quatre semaines d'infructueuses tentatives et 4000 boulets tombés sur la ville.

Fauché en pleine gloire

Celui que l'on disait « sans peur et sans reproche » avait pourtant une crainte, celle de tomber dans l'inaction ! Il s'en ouvrit en 1522 à François Ier en lui écrivant de « ne pas le laisse oisif si quelque occasion de guerre se présentait ». Le roi le rassura et l'envoya dès l'année suivante reconquérir... le Milanais ! En 1524, Bayard récupéra une fois de plus les erreurs de l'un de ses chefs (cette fois-ci il s'agissait de Bonnivet) et parvint à sauver l'armée en déroute en lui faisant traverser la rivière Sesia, près de Romagnano. La dernière page de ce destin hors pair allait malheureusement s'écrire le lendemain même de cette dernière action d'éclat. Comme à son habitude, il resta le dernier pour couvrir la retraite des troupes. Et vers midi, une pierre tirée par un arquebusier espagnol le blessa au côté. Triste sort pour ce héros qui disait, en parlant des armes à feux légères, introduites depuis peu sur les champs de bataille, que c'était « un grand crève-coeur qu'un homme vaillant soit tué par un abject friquenelle ». Il tomba de cheval et fut fait prisonnier. Puis on le déposa au pied d'un arbre, à sa demande. « Qu'on me mette en sorte que j'ai le visage regardant les ennemis » dit-il. « Je ne leur ai jamais tourné le dos. Je ne vais pas commencer en finissant, car c'est la fin de moi ». C'est adossé à l'arbre qu'il vit les chefs ennemis s'arrêter chacun à leur tour à son chevet. Tous étaient sincèrement affligés du sort cruel qui avait frappé celui de leurs ennemis qu'ils respectaient le plus. En particulier le duc de Bourbon, l'ancien ami de Bayard devenu son ennemi, qui lui aurait signifié sa grande peine, ce à quoi Bayard aurait répondu : « Ah ! Monsieur, pour dieu, n'ayez point pitié de moi, mais ayez plutôt de vous, qui combattez contre votre pays et votre roi ; moi je meurs pour mon roi et pour ma foi ». Le bon chevalier s'éteignit vers 8 heures du soir. Il était âgé de 48 ans.

Avec lui disparaissait l'une des figures les plus brillantes du début du XVIe, « le plus assuré en guerre qu'on eût jamais connu », capable de « faire combattre les plus couards » et toujours de même « belle et joviale humeur », si l'on en croit ceux qui l'ont côtoyé de près. Mais également, et c'est en cela qu'il marqua le plus profondément les mémoires, un homme d'un grand coeur et d'une grande bonté. Avec lui disparaissait plus qu'un individu. C'était en fait la fin d'une époque, celle du moyen-âge héroïque et courtois, qui avait fait de l'honneur la vertu cardinale.

Lisons, pour clore le sujet, la correspondance d'un vassal de l'empereur d'Allemagne à son souverain, tous deux ennemis de Bayard. « Sire, combien que le dit seigneur Bayard fut serviteur de votre ennemi, si a été dommage de sa mort, car c'était un gentil chevalier, bien aimé d'un chacun et qui avait aussi bien vécu que jamais homme de son état, et à la vérité, il l'a bien montré à sa fin, car ce fut la plus belle dont je ouïs oncques parler. La perte n'est pas petite pour les français ! » Et cela, les habitants du Dauphiné l'ont bien compris, car « durant un mois », écrit à l'époque Jacques de Maille, « on eût dit que le peuple du Dauphiné n'attendait que ruine prochaine, car on ne faisait que pleurer et larmoyer et on cessa fêtes, danses, banquets et tous autres passe-temps ».

Mais où est passé Bayard ?

Si l'on sait où se trouve le château familial de Bayard (un petit musée retraçant la vie du héros est installé dans les vénérables bâtiments), on ne peut pas en dire autant de ses ossements. Ils furent soit-disant transférés en 1624 de sa première sépulture du couvent des Minimes à une seconde, dans une chapelle latérale nouvellement construite, puis, après la révolution, en l'église grenobloise de Saint-André. Vers 1950, ce dernier tombeau fut ouvert pour vérifier l'identité de son occupant, et l'on s'aperçut avec horreur qu'il contenait les ossements de plusieurs inconnus, dont ceux... d'une jeune fille !... La petite chapelle du couvent des Minimes, pour sa part, révéla des ossements tout noircis que l'on plaça dans une caisse. Celle-ci intrigua fortement les allemands en 1943, qui l'ouvrirent en croyant y trouver un trésor, puis elle disparut une vingtaine d'années avant de réapparaître en 1966...

Le sort posthume du glorieux chevalier demeurera vraisemblablement à jamais une énigme, mais qu'importe ! Son épopée lui a survécu, et mieux que n'importe quelle légende, elle continuera encore longtemps à nous faire rêver.

L'ORIGINE DAUPHINOISE DU NOUVEL AN

La petite commune de Roussillon en Isère est célèbre pour l'Edit que le roi Charles IX y signa en 1564, dont l'article 39 proclamait que l'année civile commencerait désormais partout en France... le 1er janvier !

L'ancienne ville féodale de Roussillon est située à mi distance entre Lyon et Valence, à quelques kilomètres des berges du Rhône.

Les habitants de l'ancien bourg médiéval auraient cependant bien du mal à reconnaître leur ville, à côté de la jungle inquiétante et surréaliste de complexes industriels qui a colonisé la rive gauche du fleuve. A leur époque, la ville ne couvrait pas un hectare et était totalement close par un rempart fortifié, percé de trois portes (dont ne subsiste que la porte Givret, au nord du bourg) et dominée par un vaste donjon qui s'élevait sur la motte située à l'est du cimetière actuel. Malgré l'environnement industriel omniprésent, il demeure agréable de flâner au milieu des ruelles anciennes, où l'empreinte du moyen âge demeure très présente.

Roussillon fut la cité de la puissante et très ancienne famille du même nom, qui donna de grands hommes à la France. La famille de Tournon succéda à celle de Roussillon au XVIe siècle et le cardinal de Tournon (qui fut successivement ministre des rois François Ier, Henri II, François II et Charles IX) construisit à partir de 1533 le château renaissance (actuel Hôtel de Ville) situé au nord du bourg féodal. La tour du castel, dans l'angle sud-ouest, serait un vestige d'un ancien château fort.

Ce château renaissance est célèbre, d'une part, pour avoir servi de cadre à la comédie de Shakespeare « Tout est bien qui finit bien », mais surtout pour avoir accueilli le roi Charles IX en 1564, qui y ratifia le fameux édit fixant au 1er janvier le premier jour de l'année civile.

Cette année-là, Catherine de Médicis faisait visiter au jeune roi Charles IX le royaume dont il venait d'hériter, et ils s'étaient arrêtés au château de Roussillon, chez leur ami le cardinal de Tournon, plutôt qu'à Lyon, à cause de la peste, qui sévissait alors dans cette ville. Ils séjournèrent un mois à Roussillon, du 16 juillet au 15 août 1564, et rédigèrent en ce lieu - en présence de Philibert de Savoie et de Michel de l'Hôpital - le fameux « édit de Roussillon », qui réformait la justice du royaume de France et fixait pour tout le pays le jour du début de l'année civile. Car jusqu'alors, chaque région faisait commencer son année à des dates différentes, par exemple à Noël pour Grenoble et à Pâques pour Vienne.

Un seul calendrier pour tous

Une légende locale tente d'expliquer, à sa manière, ce qui ne fut qu'une mesure pratique et pleine de bon sens, destinée à harmoniser les coutumes dans le royaume et à favoriser l'unité nationale.
Le roi, raconte-t-on, reçut durant son séjour à Roussillon des paysans qui venaient dénoncer les agissements de leur seigneur, le sire de Torchefelon. Celui-ci, qui commandait à un vaste territoire situé au sud-ouest de la Tour-du-Pin, avait la réputation d'être un homme cruel et retors. Il avait modifié, quelques années plus tôt, la date à laquelle les paysans relevant de son autorité devaient lui payer le *champart*, qui était l'impôt sur les récoltes, et l'avait fixé au premier jour de la nouvelle année. Les paysans avaient accepté de bonne grâce ce changement, ne devinant pas que le méchant seigneur leur réservait un de ses tours pendables : il leur avait en effet annoncé un mois plus tard que, respectant pour sa part à égalité les coutumes Grenobloises et Viennoises, il fêtait la nouvelle année à Noël mais aussi à Pâques et allait donc se voir contraint de leur réclamer désormais le *champart* à ces deux dates. Les paysans avaient protesté violemment, mais avaient rapidement été matés par quelques coups d'épées meurtriers et, depuis cet épisode, étaient bien obligés de payer leur impôt deux fois l'an.

En apprenant ceci, le jeune roi fut scandalisé par l'attitude de Torchefelon et voulut intercéder sur le champ en faveur des plaignants. Mais sa mère, qui était plus avisée que le bouillant jeune homme, lui dit qu'il y avait moyen de satisfaire les uns sans se mettre à dos la partie adverse : il suffisait de fixer pour tout le royaume une seule et même date comme premier jour de l'année civile et cela rendrait du même coup caduque le double impôt de Torchefelon. Et c'est ainsi, si l'on en croit la légende dauphinoise, que le 1er janvier fut choisi par Charles IX comme premier jour de l'année civile partout en France, coutume qui fut bientôt adoptée dans la plupart des pays du monde.

Pour en terminer avec la légende, il faut savoir que le seigneur de Torchefelon, s'il exista bien, fut pendu en 1404 par les soldats de l'Archevêque de Vienne avec qui il était en guerre. Il ne put donc, en aucun cas, persécuter ses populations en 1564, le fief étant du reste aux mains des Virieu depuis plus d'un siècle à l'époque où Charles IX signa l'édit de Roussillon.

EDIT DE ROUSSILLON

Article 39

« Voulons et ordonnons qu'en tous actes, registres, instrumens, contracts, ordonnances, édicts, lettres tant patentes que missives, et toute escripture privée, l'année commance doresénavant et soit comp tée du premier jour de ce moys de janvier. »

....

(Donné à Roussillon, le neufiesme jour d'aoust, l'an de grâce mil cinq cens soixante quatre. Et de nostre règne le quatriesme. Ainsi signé par le Roy en son conseil)

Le Connétable de Lesdiguières

LA PRISE DE FORT-BARRAUX PAR LESDIGUIERES

La prise du fort Barraux en 1598 par le connétable de Lesdiguière - véritable « Du Guesclin Dauphinois » - illustre parfaitement l'immense astuce politique et l'incontestable valeur militaire de celui qui fut pratiquement l'égal du roi de France en sa province. Les légendes le concernant sont innombrables...

L'histoire de ce fort redoutable, qui couronne toujours la colline de Barraux, dans la vallée du Grésivaudan, commença en 1597, lorsque le duc de Savoie Charles Emmanuel décida de construire une importante citadelle destinée à verrouiller la vallée, juste à la limite entre son état et le Dauphiné.

Son adversaire dauphinois, le rusé connestable de Lesdiguières, rassura ceux que le projet inquiétait, sans se départir de son assurance proverbiale :

« *Le roi a besoin d'une bonne forteresse* » déclara-t-il. « *Puisque le duc de Savoie veut en faire les frais, il faut le laisser faire. Quand il sera fini, je m'en emparerais !* » Et c'est exactement ce qu'il fit. Il laissa au duc tout le temps de construire son fort et lorsque l'ouvrage fut achevé, en 1598, le prit par surprise dans la nuit du 25 mars (en escaladant les fortifications), perdant seulement deux hommes dans l'assaut et obtenant gratuitement la forteresse qu'il avait de longue date souhaité construire à cet endroit. Livrée « clefs en main » !

Naturellement, la légende se plaît à rajouter quelques péripéties à l'austère vérité historique. Par exemple, une fois le fort terminé, Lesdiguières, déguisé en colporteur, serait venu proposer aux soldats savoyards du corps de garde toute une pacotille, dont un excellent tabac, la fameuse « *herbe à Nicot* », qu'il aurait vendu bon marché. Il serait ensuite revenu à plusieurs reprises et la garnison se serait habituée à la présence de ce « grand benêt barbu vendant son herbe », l'autorisant bientôt à circuler dans la citadelle à sa guise. Ayant noté les faiblesse de l'appareil défensif adverse, le connétable aurait ainsi été en mesure de conduire ses soldats à la victoire avec le minimum de pertes humaines.

Le Bonaparte du Dauphiné

Cette victoire, véritable camouflet pour l'ennemi savoyard, n'était ni la première ni la dernière du genre. Il faut dire que François de Bonne, seigneur de Lesdiguières, était un stratège hors pair qui avait déjà donné toute sa mesure durant les sanglantes guerres de religions des décennies précédentes. Il menait ses campagnes avec une rigueur plus « mathématique que romanesquement héroïque » et avait glané plus d'expérience du champ de bataille que le malheureux duc Charles Emmanuel n'aurait seulement pu l'imaginer.

Né en 1543 à Saint-Bonnet-en-Champsaur, dans les Hautes-Alpes, Lesdiguières fut tout d'abord avocat au parlement de Grenoble avant de se rallier à l'âge de dix-neuf ans à la cause des Huguenots. A l'âge de trente-deux ans, il prit le commandement des armées protestantes (sous l'autorité du roi de Navarre, futur Henri IV) et livra durant des années une guerre acharnée à la ligue catholique qu'il malmena cruellement, surprenant ses adversaires par l'audace de ses entreprises et la rapidité de ses déplacements, prenant Grenoble en 1589, repoussant les provençaux jusqu'en Avignon, battant à la tête de 7 000 hommes les 14 000 soldats du duc de Savoie en 1591 et lui reprenant tous ses châteaux du Grésivaudan, dont la fameuse forteresse de Barraux.

Sans conteste, Lesdiguière fut l'un des plus grands stratèges de l'histoire de notre pays, et certainement le plus habile à mener une guerre en terrain montagneux. « *Des qualités militaires, il a surtout celles qui tiennent d'une infatigable volonté; d'une prudence que rien ne met en défaut, d'un esprit de ruse que rien n'égare, d'une variété d'expédients qui suffit à tout* », écrivait Expilly enthousiaste. « *Jusqu'à la fin de sa vie il montrera sa prodigieuse activité. Connaissant à fond la région des Alpes, s'entourant, par surcroît de précautions, de guides expérimentés, il brave l'hiver, jette ses soldats par des cols jusqu'alors infranchissables, marche parfois avec de la neige jusqu'au ventre, tombe sur l'ennemi déconcerté, ne se laisse jamais surprendre. A la veille d'une campagne, il prépare soigneusement son expédition, étudie le pays où il doit manoeuvrer, les obstacles qu'il peut présenter, les ressources qu'il peut fournir. La guerre qu'il livre est une guerre de surprises, d'embuscades et de coups de main, une guerre où le courage supplée au nombre, où la ruse vient en aide au courage. Et ce ne sont pas seulement la ruse et l'adresse qui le font triompher; c'est aussi, c'est surtout l'audace. Le rocher de Cavour semble défier le canon : Lesdiguières hisse ses couleuvrines, à l'aide de poulies, sur une montagne qui semble inaccessible et oblige l'ennemi terrifié à se rendre...* »

Le château de Vizille

En 1593, devenu riche, Lesdiguières acheta les terres et le marquisat de Vizille et fit construire, entre 1611 et 1620, l'actuel château, sur les ruines de la forteresse médiévale des Dauphins. Cette immense et somptueuse demeure

- en rapport avec la haute situation qu'il s'était acquise - était à l'époque l'une des plus vastes de France et le parc qui la bordait, entièrement clos de hauts murs, ne couvrait pas moins de quatre-vingts hectares ! Il y reçut, au XVIIe siècle, le roi Louis XIII et sa cour, qui demeurèrent confondus devant tant de magnificence. Mais même l'immense fortune qu'avait accumulée Lesdiguières au cours de sa vie n'aurait pu suffire à élever pareil monument, il imagina donc de « *commander de corvée tous les habitants de son marquisat* », raconte M. Dumazet. « *Le jour où les ouvriers d'une paroisse étaient requis, on en faisait l'annonce devant l'église et le héraut terminait par ces simples mots qui décidaient les plus récalcitrants : Viendrez ou brûlerai !* ». Comportement cavalier d'un monarque absolu qui ne s'embarrassa jamais de scrupules pour obtenir ce qu'il convoitait et paraphait toutes ses ordonnances de quelques mots dénués de toute ambiguïté : « *à peine de la vie* »...

Mais ce vice-roi auto-proclamé fut également un grand bâtisseur et un administrateur remarquable. Il réorganisa complètement la région, ravagée par deux siècles de guerres religieuses, fit construire des ponts (celui de Claix, entre autres), éleva des digues contre les inondations, des routes, des fortifications et fit achever le palais de justice de Grenoble. Il fut successivement nommé Lieutenant-général du Dauphiné en 1591, Maréchal de France en 1609, duc et pair du royaume en 1611 et enfin Connétable de France en 1617 (en échange de son abjuration du protestantisme).

Marie Vignon

Sa vie sentimentale fut presque aussi tumultueuse que sa vie publique. Marié en 1564 avec Claudine de Béranger, il eut de nombreuses aventures et entretint surtout une longue relation avec la belle et sulfureuse Marie Vignon, de la baronnie de Theys, qu'il finit par épouser après le décès de sa propre femme et l'assassinat « providentiel » de son mari à elle. La légende raconte, on s'en doute, que c'est Marie Vignon elle-même qui commanda la mort de son mari, en l'occurrence à un soldat peu scrupuleux du nom d'Araldi Estaffier. La tradition raconte de surcroît que l'ambitieuse jeune femme aurait séduit Lesdiguières, lors de leur première rencontre, à l'aide d'un talisman offert par le moine Fransiscain Nobilibus (pendu pour sorcellerie en 1604 sur la place Grenette à Grenoble), ce qui est peut être un moyen habile d'excuser le respectable connétable de son penchant avéré pour le beau sexe.

Lesdiguières mourut de sa belle mort en 1626, à l'âge avancé de quatre-vingt-trois ans.

De la foule de légendes qui circulent encore sur son compte, les plus célèbres sont sans doute celles reliées à son château de Vizille.

L'une d'elles raconte que pour obtenir la terre de Vizille, sur laquelle existait déjà un ancien château des dauphins, appartenant à un noble dont l'histoire n'a pas retenu le nom mais qui refusait obstinément de céder ses titres de propriété, le général protestant Lesdiguières incendia l'antique forteresse à la faveur d'une nuit sans lune. Une fois les guerres de religions terminées et sa fortune étant faite, le rusé chef de guerre proposa au propriétaire des ruines de les lui racheter pour une bouchée de pain et put ainsi construire sa demeure princière. En réalité, le vieux château des dauphins était en ruine depuis fort longtemps lorsque Lesdiguières envisagea de l'acquérir, mais il fut effectivement brûlé quelques décennies plus tôt par les coreligionnaires du futur connétable.

L'esprit frappeur du château : le folaton

Une fois construit, le nouveau château de Vizille fut rapidement investi par l'un des esprits malveillants qui hantaient de longue date les vestiges de l'ancien prieuré. Cet esprit diabolique, appelé Folaton, avait été inventé, en fait, par les adversaires catholiques de Lesdiguières, dans le but de ruiner la réputation de la magnifique résidence. Et dans une certaine mesure, le stratagème fonctionna, car nombreux furent les habitants du château ou de ses alentours qui racontèrent avoir assisté à des manifestations diaboliques : ombres fantastiques glissant au dessus du grand canal des jardins, lueurs inexpliquées derrière les fenêtres de salles condamnées, bruits de cavalcades sur le dallage ou les parquets des lieux peu fréquentés de l'immense résidence, cliquetis d'armures ou rires hystériques déchirant soudain le silence pesant précédant certains orages nocturnes.

La plupart des légendes estiment cependant que Lesdiguières s'accommoda fort bien de cette cohabitation forcée avec le Folaton et en tira même quelques avantages.

Une fois achevé la construction de sa résidence, le connétable souhaita clore son domaine d'un mur élevé, afin de maintenir sur ses terre du gibier destiné à la chasse. Ses finances étant au plus bas, il décida de proposer un marché à l'orgueilleux Folaton. « Si tu parviens à enclore mon domaine avant que je n'ai eu le temps de le traverser entièrement, alors je deviendrais ton esclave. En revanche, si je sors de mes terres avant l'achèvement des travaux, tu devras les poursuivre jusqu'à leur achèvement et je ne te devrais rien pour ton labeur ». La créature diabolique sourit d'un air narquois en découvrant ses crocs de félin et accepta d'un hochement de tête, apparemment très sûre d'elle. Lesdiguières sauta alors sur son cheval le plus rapide - car il n'avait pas dit qu'il devrait aller à pied - et le lança au galop, tandis que le Folaton et ses semblables se mettaient au travail avec une vitesse stupéfiante. Ils construisirent deux murs partant tous deux du château, un vers la droite et un vers la gauche, et entreprirent de clore le parc immense. Ils progressaient si vite qu'il dépassèrent la monture du connétable, menaçant bientôt de se rejoindre avant que le cavalier n'ait eu le temps de quitter le domaine. Lesdiguières encouragea sa monture qui franchit d'un ultime bond la limite de ses terres, exactement au moment où les deux murs se rejoignaient violemment en se refermant sur la queue du malheureux cheval. Le cavalier n'hésita pas : tranchant d'un coup d'épée le panache emprisonné, il libéra sa monture et, du même coup, sortit vainqueur du marché conclu avec le Folaton.

Cet épisode légendaire a vraisemblablement été inventé pour expliquer la présence, en un endroit de l'enceinte (longue de six kilomètres), d'un curieux décrochement situé au niveau d'une ouverture circulaire parfaitement incongrue. Depuis, malheureusement, ces deux défauts semblent avoir été corrigés par quelque esthète amoureux de maçonnerie...

Le galant maraudeur

Un autre détail architectural à l'origine d'une légende locale est un bas relief, visible de nos jours à gauche du portail d'entrée du château mais placé à l'origine au dessus de la porte de l'ancienne ménagerie, et qui représente une tête d'homme à côté d'une truite. Cette sculpture commémorerait un incident arrivé au château peu après le mariage de Lesdiguières, en secondes noces, avec la ravissante Marie Vignon. Un pauvre paysan, habitué à braconner la truite dans les canaux du parc, céda un jour à la tentation de rencontrer en personne la nouvelle épouse du connétable, que l'on disait d'une rare beauté. Il se fit donc annoncer à la grande dame et lui fit présent d'une superbe truite saumonée, qu'il venait juste de pêcher dans la fontaine de la d'Huis, située au fond de la propriété. La jeune femme, émue par le geste du paysan, lui offrit une pièce en or pour le remercier et raconta cette touchante histoire à son époux, le soir venu. Mais le rusé connétable, loin d'être attendri par la démonstration d'amitié du paysan, en conçut au contraire de la suspicion. Il fit secrètement quérir le galant maraudeur, qui avoua finalement son forfait. Pour l'exemple, le sévère propriétaire lui fit trancher la tête et demanda ensuite que fut sculpté au fronton de l'ancienne ménagerie une truite à côté d'une tête d'homme, en guise d'avertissement.

Pour terminer sur une note plus humoristique, rappelons la légende de la statue de bronze que Lesdiguières commanda jadis à Jacob Richier et qui, après avoir décoré le parc de son château de Vizille, est aujourd'hui visible au Jardin de Ville de Grenoble. Elle représente, dit-on, le connétable en Hercule, la massue avantageusement portée à l'épaule. Une vieille tradition dauphinoise veut que Lesdiguières, un soir où il avait bu plus que de raison, fanfaronna et déclara : « *Qu'on me les coupe si cela arrive !* »... Evidemment, « cela » arriva, sans que nous ne sachions plus à quel événement « cela » était rattaché. Et tout duc et connétable qu'il fût, Lesdiguières ne souhaita pas se parjurer, mais il eut la sagesse d'appliquer son châtiment à la statue de Richier. Donc, si un jour vous passez par le Jardin de Ville de Grenoble, rendez visite au malheureux Hercule et ne croyez pas ceux qui vous diront que ce que le héros tient dans sa main sont les pommes d'or des Hespérides...

La Révolution, invention dauphinoise

On ne saurait parler du château de Lesdiguière sans parler du plus fameux événement qui s'y déroula, en 1788 : l'invention, un an avant la prise de la Bastille, du premier programme révolutionnaire !

Dès 1760, le parlement de Grenoble avait déjà refusé d'obéir aux édits du roi commandant d'alourdir encore les impôts, qui pesaient lourdement sur les populations. L'opposition au pouvoir central n'allait plus cesser de se durcir à partir de cette date, parmi le peuple, mais également parmi le clergé et la noblesse locale. En 1788, le roi de France suspendit sans autre forme de procès le parlement de Grenoble, ce qui aboutit dans la capitale alpine à l'insurrection populaire du 7 juin 1788, appelée « Journée des Tuiles », au cours de laquelle les insurgés montèrent sur les toits de la ville pour lancer des tuiles sur les troupes royales. Parmi les soldats blessés au cours de l'émeute, se trouvait l'adjudant Bernadotte, qui deviendra plus tard roi de Suède.

Le parlement grenoblois obéit pourtant à l'injonction du roi et quitta la ville. Les élus du peuple convoquèrent en urgence les représentants des trois ordres, clergé, noblesse et tiers état, au château de Vizille, gracieusement prêté par son propriétaire de l'époque, l'industriel Claude Périer, afin de trouver une solution à la crise. Trois-cent-quatre-vingt-quinze délégués de tout le Dauphiné siégèrent durant seize heures dans la salle du jeu de paume de l'ancienne résidence de Lesdiguières, le 21 juillet 1788, pour délibérer sur l'avenir de la province : cinquante d'entre eux prirent la parole, parmi lesquels les plus écoutés furent Barnave, un jeune avocat qui sera guillotiné cinq ans plus tard à Paris, et Mounier, le juge royal qui rédigea les articles de conclusion de la délibération destinée au roi, véritable programme révolutionnaire avant l'heure, réclamant la justice et la liberté pour tous les français.

Un an plus tard, les parisiens, à leur tour gagnés par le vent révolutionnaire, s'emparaient de la Bastille...

CLAUDINE MIGNOT, «ANGELIQUE DAUPHINOISE»

En 1624, naissait à Meylan près de Grenoble, une jeune fille promue à un destin exceptionnel. Sa vie commença comme un véritable conte de fée, avec l'incontournable diseuse de bonne aventure prophétisant un mariage royal et de beaux enfants, et se termina quatre-vingt-sept années plus tard, comme une terrible légende moralisatrice.

« *Je n'ai pas besoin de regarder les lignes de ta main pour te dire que tu vas faire tourner bien des têtes, ma jolie ! Mais laisse-moi voir, quand même... Tiens, tiens... Par les reliques de Sainte-Sara, qu'est-ce là ? Ce pli sur ta paume, oui, celui-là même qui dessine comme une fleur de lys en travers de ta ligne d'amour... Serait-ce ?... Mais oui, le doute n'est pas permis ! Tu es marquée par le symbole royal, ma beauté, ce qui veut dire que tu es destinée à faire un mariage... royal !* »

Ce boniment de bohémienne, même s'il n'était pas différent de celui que la diseuse de bonne aventure devait servir à toutes les adolescentes, fit cependant naître dans la cœur de la jolie meylanaise Claudine Mignot - fille d'une herbière désargentée - un espoir insensé : celui d'échapper un jour à sa condition de roturière pour fréquenter les plus grands de ce monde et pourquoi pas, monter à Paris... Rêve impossible ? Pas forcément lorsque l'on est jolie comme un cœur, avenante à souhait et un peu... prête à tout pour arriver à ses fins !

Notre jeune courtisane provinciale, âgée de seulement dix-sept ans, convola en premières noces avec le riche trésorier général du Dauphiné, Pierre des Portes d'Amblérieu, de quarante ans son aîné. La jeune femme donna deux enfants à son époux et commença à fréquenter en sa compagnie les salons mondains de la capitale dauphinoise. Cependant, consciente d'être desservie en société par son absence de culture, la jeune femme s'entoura de précepteurs auprès de qui elle s'instruisit, avec un acharnement digne d'éloge, jusqu'à rendre son esprit aussi attrayant que sa gracieuse physionomie. Lorsque d'Ambérieux s'éteignit, douze années plus tard, Claudine était devenue une resplendissante jeune femme aux manières parfaites, qui se sentait enfin prête à affronter la capitale.

Claudine Mignot, courtisane dauphinoise au destin hors du commun

C'est là qu'elle rencontra le maréchal François de l'Hospital, comte de Rosnay et gouverneur de Champagne et de Brie. Veuf de Charlotte des Essarts, ancienne maîtresse de Henri IV, le vieil homme (âgé de soixante-quinze ans !) tomba aussitôt sous le charme de notre avisée meylanaise et l'épousa moins d'une semaine plus tard. Il l'introduisit à la cour de Versailles, où elle fut particulièrement appréciée pour sa beauté et son esprit et lui permit d'organiser de fastueuses réceptions en leur hôtel particulier de la rue des Fossés-Montmartre. Elle y reçut de nombreuses personnalités, dont le roi Louis XIV - le fameux Roi-Soleil - sa famille et les nièces de Mazarin. Leur « bonheur », hélas, fut de courte durée, car deux années plus tard, le second mari rendit l'âme à son tour, laissant Mme la maréchale de l'Hospital à la tête d'une coquette fortune.

Claudine, vite remise de son second veuvage, se lança à nouveau à corps perdu dans un tourbillon de fêtes plus éblouissantes les unes que les autres, où elle fit « *tourner bien des têtes* », pour reprendre les mots de la diseuse de bonne aventure de ses jeunes années. Notre « Angélique » plus vraie que nature fut même amenée à espionner l'un de ses nombreux prétendants - avocat général au Parlement de Paris - pour le compte de Colbert, alors secrétaire d'état de Louis IV.

Mais le conte de fée ne s'arrêta pas là, car quelques années plus tard, la séduisante provinciale épousa en troisièmes et dernières noces le vénérable Jean-Casimir Wasa, qui n'était autre que... le roi de Pologne en exil ! Le malheureux monarque ne survécut, dit-on, que quelques mois à son mariage avec la belle dauphinoise...

La prédiction de la bohémienne s'était donc bien réalisée. Mais cela n'empêcha pas notre petite meylanaise de finir tristement ses jours, à l'âge avancé de quatre-vingt-sept ans, ruinée et abandonnée de tous, dans les combles d'un couvent parisien de Carmélites. La morale était sauve, finalement...

Philis de la Charce

PHILIS DE LA CHARCE, « JEANNE D'ARC DAUPHINOISE »

La jolie petite cité médiévale de Nyons, dans la Drôme, garde le souvenir d'une femme exceptionnelle ; Philis de la Charce qui, à la tête d'une compagnie de volontaires, stoppa en 1692 - si l'on en croit la légende - l'avancée des troupes du duc de Savoie.

Les imposants vestiges du château de la Charce dominent toujours la Vallée de l'Oulle et le défilé de Pomerol, 43 km à l'est de Nyons, dressés sur un piton rocheux dominant un vieux village aux maisons pittoresques. Il s'agissait jadis d'un vaste logis quadrangulaire, flanqué à ses angles de tours rondes et percé de belles fenêtres à meneaux. Le temps et les ravages occasionnés par la révolution ont malheureusement réduit le manoir à une simple façade cantonnée de deux tours. La construction aurait été ordonnée durant les années 1560 par Jean de Montauban, mais dès le XIIIe siècle existait déjà à cet endroit un petit château tenu par les sires de Mévouillon puis par les comtes de Provence.

Une amazone drômoise

Philis de la Charce, fille de Pierre de la Tour du Pin-Gouvernet, marquis de la Charce et ancien compagnon d'armes de Turenne, naquit en 1645 dans le gros bourg de Nyons. Son enfance heureuse se déroula entre la petite cité drômoise et le château de la Charce, où elle passait les étés en compagnie de ses cinq frères et soeurs. Cavalière émérite, Philis parcourait inlassablement les collines qu'elle aimait passionnément, souvent accompagnée par sa sœur Margueritte (dite Mlle d'Aleyrac), avec qui elle entretenait des relations privilégiées. Longtemps protestante, la jeune femme se convertit au catholicisme en 1686, en compagnie de toute sa famille, à la suite de la révocation de l'édit de Nantes par celui de Fontainebleau, qui prévoyait un durcissement des mesures contre la religion réformée.

L'heure de gloire de Philis arriva en 1692, alors qu'elle avait déjà quarante-sept ans mais encore toute sa légendaire impétuosité. L'armée du duc de Savoie, Victor-Amédée II, venait de passer la frontière du Dauphiné et d'envahir les Hautes-Alpes, prenant et pillant successivement les villes de Guillestre, Embrun, Gap et Veynes. Elle approchait maintenant des cols menant au pays drômois et rien ne semblait devoir l'arrêter. Pire, il y avait fort à craindre que les protestants opposés au roi de France, encore nombreux dans le Diois, ne se joignent aux envahisseurs pour leur prêter main forte. Mais c'était sans compter sur Philis de la Charce qui, d'après la légende, harangua les populations pour maintenir le calme, puis rassembla et arma plusieurs centaines de volontaires qu'elle s'empressa de conduire aux endroits stratégiques afin d'en défendre l'accès, coupant les ponts, sciant les câbles des bacs sur la Durance et se battant pied à pied avec les troupes ducales pour leur interdire de franchir le col Bayard et le col de Cabre. Dans le même temps, Marguerite de la Charces se rendait à Bourdeau pour étouffer dans l'œuf une révolte calviniste qui menaçait. L'action de Philis à travers les collines fut si vigoureuse, dit-on, que l'armée savoyarde renonça finalement à sa tentative de percée vers le Rhône et reflua en désordre par la vallée du Buëch en direction du Queyras.

Légende ou réalité ?

Les historiens, pour leur part, ne croient pas aux exploits guerriers de celle que Voltaire n'hésitait pas à comparer à « Jeanne d'Arc ». Ils pensent qu'elle se contenta seulement d'éviter un soulèvement populaire dans la région et de faire garder les passages sensibles. Et si le duc de Savoie rappela effectivement ses troupes après avoir pillé une partie de la province, c'était seulement parce qu'il aurait appris par ses espions qu'une armée royale importante, commandée par Catinat et stationnée à Corps, s'apprêtait à fondre sur eux pour les couper de leurs bases arrières. Cela n'enlève pourtant rien au mérite de Philis de la Charce, qui contribua véritablement à sauver sa province, comme l'écrivit un journaliste du « Mercure galant » le 14 septembre 1692 :

« *Enfin, les troupes du Duc de Savoie ont abandonné Gap, après avoir chargé trois cents mulets de ses dépouilles... Le zèle qu'à fait paraître Mlle Philis de la charce, nouvelle convertie, pour le service du Roi, ne doit pas être oublié . Elle a empêché la désertion des peuples... Elle s'est mise à leur tête, a gardé les passages, fait couper les pont, etc... Mme la marquise sa mère exhortait les peuples à rester dans le devoir, pendant que sa fille résistait aux ennemis de la montagne...* »

Le général de Larrey la remercia également, par une lettre datant de 1693 :

« *Vous rassurâtes si fort le pays l'année dernière, que nous vous devons la tranquillité qui s'y conserve : j'en ai rendu compte à la cour* ».

Il en avait effectivement rendu compte à la cour, si bien que Philis et sa sœur Marguerite furent présentées suite à cette vaillante initiative au roi Louis XIV, qui accorda une pension militaire à la première des deux. Philis devint une véritable célébrité à Versailles, son audace étant admirée par les gentilshommes et les belles dames de la cour et faisant écrire, en 1693, à Mme de Sévigné : « *Le chevalier* (de Vins) *y présentait Mlle de la Charce, la guerrière Pallas, qui a conté ses dernières campagnes, avec beaucoup d'esprit* ». Sans doute est-ce à ce moment que la légende s'empara de la glorieuse guerrière dauphinoise, embellissant quelque peu le tableau de ses aventures héroïques. On inventa à cette occasion les batailles du col de Cabre et du col Bayard et le fait que le Roi-Soleil aurait ordonné de placer l'épée, les pistolets et le blason de la femme de guerre au trésor de Saint-Denis.

Marguerite de la Charce, « poète et bel esprit », ne quitta plus Paris, mais Philis se languit bientôt de son « *admirable pays de collines heureuses* », comme l'écrivit Giono, et elle ne tarda pas à revenir à Nyons, où elle fut fêtée par ses habitants comme la « Jeanne d'Arc dauphinoise ». Celle que le célèbre portraitiste de la cour, Mignard, avait représentée (en tenue de chasse) alors même que, du fait de son grand âge, il ne prenait plus de commande, préférait grandement sa campagne embaumée de lavande aux honneurs des salons parisiens étincelant de bijoux et de belles robes. Son premier plaisir fut de bondir sur son cheval et de partir au grand galop au milieu des oliviers nyonsais en direction de la Charce, sous le regard attendri et fier de sa famille et de ses amis. Philis s'éteignit en 1703, après une vie sur laquelle nous ne savons presque rien, mais que l'on imagine aisément bien remplie. La jolie cité de Nyons, célèbre pour son climat méditerranéen et ses fameuses « olivades », commanda une statue en fonte de son héroïne, mais, ne pouvant la payer, en fit don à la ville de Grenoble, qui la relégua malheureusement au Jardin des Dauphins, au pied de la Bastille. La capitale alpine donna pourtant le nom de Philis de la Charce à l'une de ses rues, reconnaissance un peu dérisoire pour l'une des plus grandes dames de l'histoire du Dauphiné.

Des femmes de guerre

D'autres femmes portèrent vaillament les armes au cours de l'histoire de la province. La plus mystérieuses d'entre elles est sans conteste celle que l'on nomma « Cotte rouge » au XVIe siècle. A cette époque, la réforme faisait de nombreux adeptes en Matheysine comme en Trièves et la ville fortifiée de La Mure était devenue l'un de leurs fiefs. C'est pourquoi le duc de Mayenne, Charles de Lorraine, vint mettre le siège devant la cité en 1580, avec 9 400 soldats et 30 canons. Les protestants murois résistèrent héroïquement et une femme se distingua particulièrement parmi eux, surnommée « la Cotte Rouge » en raison de la couleur de sa robe. Elle était partout à la fois, exaltant le courage de ses compagnons par des harangues enflammées, soignant les blessés et usant d'une arme à feux au moment de repousser les assauts des catholiques. Nul ne connaissait le nom de la belle inconnue dans la ville, mais elle était devenue le symbole de la farouche résistance des huguenots. Après 37 jours de combats, qui coûtèrent la vie à plus de 1 200 personnes, les murois qui avaient brûlé leur ville et s'étaient réfugiés dans la forteresse construite par Lesdiguières l'année précédente, acceptèrent finalement de se rendre, sous peine d'être décimés par la famine. Le duc de Mayenne rendit hommage à leur bravoure en leur accordant les honneurs de la guerre. Mais personne ne revit jamais la mystérieuse « Cotte Rouge », qui avait dû profiter de l'arrêt des hostilités pour quitter la Mure, aussi discrètement qu'elle y était arrivée deux mois plus tôt.

Elle ne fut pas la seule Dauphinoise à s'illustrer pour la défense de sa cité : Humilie de Tullins dirigea son bourg fortifié toute sa vie, prenant les armes à plusieurs reprises et rendant sa petite ville indépendante de l'influence des dauphins en 1342. Margot Delaye se battit vaillamment contre les protestants au siège de Montélimar de 1570 et y perdit une main. Quant aux femmes de Suze la Rousse et celles de Livron, elles aidèrent également les hommes sur les remparts au XVIe siècle, afin de faire lever le siège à l'armée protestante du baron des Adrets, pour les premières et à celle du roi Henri III, pour les secondes.

LES POUPEES DES FAYES DE TOURNON

Les fées dauphinoises sont en général bienfaisantes, à l'image de la célèbre fée Mélusine de Sassenage, mais il leur arriva cependant de causer quelques soucis aux êtres humains. C'est ce qui se produisit durant le règne du Roi Soleil, avec les fayes du Doux près de Tournon.

La majorité des fées dauphinoises sont décrites comme de petites femmes malicieuses, séductrices mais souvent susceptibles, aimant intervenir dans la vie des hommes pour leur procurer le bonheur et la richesse ou encore afin de leur porter secours. Elles sont généralement ravissantes, habillées de tuniques blanches ou de pétales de fleurs, ont parfois le pouvoir de changer de forme et vivent dans les grottes ou près des points d'eau.

Elles n'ont rien de commun avec toutes ces méchantes fées dont on parle quelquefois ; les *brownies* écossaises, qui vous possèdent si vous prononcez leur nom, les *fayules* alpines, qui égarent les voyageurs dans leurs brumes enchantées, les *vouivres* (forme populaire de *vipère*), ces femmes-serpents portant au front une escarboucle lumineuse attirant les imprudents vers les abîmes, les *fairies*, aux moeurs discutables et au féroce appétit sexuel, ou encore les *croque-mitaines* voleuses d'enfants.

Nos fées dauphinoises sont au contraire de bonnes fées, à l'instar de celles qui habitent sur le rocher de Comboire, près de Seyssins, proches parentes de Mélusine de Sassenage, qui guérit les maux d'yeux et annonce les décès trois jours à l'avance par des cris de désespoir, ou encore d'Abonde qui apporte la richesse aux gens vertueux et d'Esterelle qui guérit les femmes atteintes de stérilité.

Les spécialistes diront sans doute que toutes ces fées sont une survivance du paganisme, version christianisée des déesses antiques, mais il n'est pas interdit de croire qu'elles appartiennent au contraire à une très vieille espèce, qui occupait autrefois la planète en compagnie des lutins, foletons, kobolds, dracs, génies, nymphes, faunes, elfes, sylphides, nains, trolls et autres créatures mystérieuses, ayant toutes droit de cité dans l'imagination collective du genre humain.

Une fée pratiquant sa magie

Des fées en mal de maternité

Mais revenons en Dauphiné, où les gorges du Doux - aux environs de la ville de Tournon dans la Drôme (à 18 km de Valence) - étaient autrefois habitées par des fées, que l'on appelait alors des *fayes*. On les apercevait parfois, dansant dans l'herbe des rondes endiablées, qui laissaient ensuite des marques circulaires imprimées dans le sol, les fameux *cercles de fées*. Il n'était également pas rare de découvrir leurs petites robes blanches disposées au bord du torrent, du côté du vieux pont jeté sur le Doux, et d'entendre leurs rires joyeux résonner au milieu des bruits d'éclaboussures. Mais nul n'osait s'approcher pour chercher à contempler la nudité des insouciantes créatures, par pudeur et par respect, bien entendu, mais également par crainte de leurs pouvoirs surnaturels.

Or il advint qu'aux alentours de 1700 - à l'époque du règne de Louis XIV, le fameux *Roi Soleil* - un changement s'opéra dans le comportement des fayes des gorges du Doux. Elles devinrent plus taciturnes, moins faciles à surprendre au détour d'un chemin. On n'entendait plus le tintement de cristal de leurs rires résonner au milieu des bois ou au bord du torrent.

Et une nuit, un homme d'un hameau proche du pont sur le Doux fut réveillé par un bruit suspect dans sa maison. Il se leva et, s'étant approché silencieusement du berceau de sa fille, découvrit une ombre gracile occupée à sortir l'enfant de ses couvertures. L'homme poussa un cri de colère et l'inconnue lâcha le bébé avant de s'enfuir avec l'agilité d'un chat par une fenêtre demeurée entrouverte. Avant que la nuit ne l'ait engloutie, le père de la fillette eut le temps d'apercevoir un visage d'une beauté d'ange, à la peau blanche et aux grands yeux en amande : une faye !

Il en parla le lendemain à ses voisins et tous s'inquiétèrent pour leur propre progéniture. Car l'un d'eux avait entendu parler du grand malheur qui frappait les petites femmes des gorges du Doux : leur race s'éteignait pour cause de stérilité ! Leurs bébés - uniquement des filles - naissaient en temps normal avec la rosée du matin, du simple désir de maternité des fayes adultes. Mais depuis quelques années, aucun vagissement de bébé faye n'avait été entendu du côté du pont sur le Doux. Sans qu'il soit possible d'expliquer pourquoi, et malgré tous leurs pouvoirs magiques, leur espèce s'éteignait inexorablement. C'était sans doute le désespoir qui avait dû pousser la faye à s'introduire dans une maison pour y enlever un bébé humain. C'était compréhensible et chacun se sentait peiné pour les petites femmes, mais si l'on ne voulait pas que d'autres fées ne tentent à leur tour de voler des enfants, il fallait trouver au plus tôt une parade. Et contre toute attente, la solution vint du simple d'esprit du village, un jeune homme aux yeux naïfs et à la lèvre pendante, qui ne se séparait jamais d'une informe poupée de chiffon à laquelle il tenait, à longueur de journée, d'interminables discours.

« Il faut leur offrir des poupées pour les consoler ! » dit il en parlant à son petit compagnon de chiffons. Le premier réflexe des villageois fut de sourire, puis ils pensèrent que tout compte fait, celle-ci n'était pas plus stupide qu'une autre. Les femmes réalisèrent donc une douzaine de poupées, que les hommes allèrent disposer dans les prairies bordant le Doux.
Le lendemain, toutes les poupées avaient disparu et jamais plus les hommes ne furent inquiétés par les bonnes fées. Bien au contraire, ces dernières, reconnaissantes de l'attention que leur avait porté les habitants du hameau, veillèrent désormais sur leur santé, apparaissant dès que l'un d'eux était souffrant pour le soigner d'une simple incantation magique. Cela dura plus d'un siècle, jusqu'à la disparition de la dernière faye des gorges du Doux.

Certains rajoutent même que c'est à la suite de cette mésaventure que les humains prirent l'habitude d'offrir des poupées à leurs fillettes, afin de détourner l'attention d'éventuelles fées en mal de maternité. La tradition se serait ensuite maintenue à travers les siècles, en se vidant peu à peu de sa signification première.

MANDRIN, « BANDIT BIEN-AIME » DU DAUPHINE

Saint-Etienne-de-Saint-Geoirs en Isère, se glorifie d'être la patrie de l'un des plus illustres personnages du Dauphiné : le contrebandier Louis Mandrin, « bandit bien-aimé » qui entra dans la légende de la révolte populaire, trente quatre ans seulement avant la Révolution de 1789.

Louis Mandrin naquit le 3 mai 1724, aîné de neuf enfants et fils d'un honnête marchand de bestiaux dont il prit la suite. Doué pour les affaires, le jeune homme fut pourtant ruiné par les Fermiers Généraux (agents du fisc) et l'intendance de l'armée royale, qui refusèrent de le dédommager pour ses mules réquisitionnées au moment de la guerre de succession d'Autriche. Mêlé peu après à une rixe malencontreuse, qui coûta la vie à deux jeunes gens, il refusa de comparaître devant une autorité dont il se défiait définitivement et fut condamné par contumace. Indigné par tant d'injustices, le téméraire Louis Mandrin entra alors littéralement en guerre contre les représentants du roi, s'engageant en 1750 dans la bande du célèbre contrebandier Bélissard, qui opérait sur la frontière franco-savoyarde. Il s'imposa rapidement par ses qualités exceptionnelles de meneur d'hommes et de stratège et devint chef de la bande en 1753.

Le roi des contrebandiers

Il s'entoura alors d'une véritable armée, forte d'une centaine d'hommes et commença à pratiquer ses activités illicites sur un territoire de plus en plus étendu, traversant impunément la plupart des villes importantes du Dauphiné, mais également de la Bresse, du Bugey et du Vivarais (Rodez, Montbrison, Bourg-en-Bresse, Beaune, Autun...), où il tint marché en plein jour, vendant à bas prix toutes sortes de marchandises de contrebande (en particulier des étoffes et du tabac), pour la plus grande joie des populations locales. Il n'hésita pas également à attaquer les dépôts du fisc et à redistribuer une partie du butin entre les gens que les exigences royales avaient réduits à la mendicité (l'attaque de la Maison des Fermes à Pont-de-Claix, près de Grenoble, par exemple). Il

Louis Mandrin, le « bandit bien-aimé »

réussit toujours à échapper aux troupes du roi lancées à ses trousses, grâce à son génie de l'improvisation et à l'appui du peuple qui voyait en lui un « Robin des bois » providentiel. Celui à qui Stendhal attribuera « cent fois plus de talents militaires qu'à tous les généraux de son temps » trouvait refuge dans les grottes de l'Isère et de la Savoie, et l'une de ses ruses favorites - d'après la légende - consistait à fixer les fers des chevaux de sa troupe à l'envers, ce qui lui permit plus d'une fois de ridiculiser ses poursuivants. Son audace étonna et amusa la France entière, qui suivit avec intérêt les épisodes rocambolesques de son incroyable épopée.

C'est finalement à la suite d'une violation de l'état savoyard par les troupes françaises du colonel de La Morlière, dans la nuit du 10 au 11 mai 1755, que les Fermiers Généraux parvinrent à s'emparer de leur redoutable concurrent, qui faisait relâche au château de Rochefort-en-Novalaise (près de Pont-de-Beauvoisin) où il se croyait en sécurité. Mandrin comparut en 1755 devant la tristement célèbre Commission de Valence, qui le condamna à être roué vif. La sentence fut exécutée le 26 mai, devant une foule qui s'était gonflée de 6 000 étrangers curieux ou compatissants. Le supplice de la roue, dit-on, n'arracha pas un seul cri au « chef des contrebandiers, criminel de lèse-majesté, assassin, voleur et perturbateur du repos public », et l'évêque de Valence lui obtint la faveur d'être étranglé immédiatement après. Nombreux furent les dauphinois qui pleurèrent leur héros, le premier français à s'être dressé victorieusement face aux exigences excessives de la monarchie, préfiguration de l'immense révolte populaire qui allait embraser le pays trente-quatre ans plus tard. On oublia bien vite, en revanche, qu'il avait été également accusé de vingt-quatre crimes, dont un grand nombre de « gabelous », (employés des Fermiers Généraux) et de représentants de la maréchaussée naturellement, mais aussi d'une fillette de deux ans.

Symbole de la révolte populaire

Bien que ses exploits n'aient pas duré deux ans, sitôt après sa mort, Mandrin entra dans la légende de la révolte populaire, passant instantanément du statut de voleur à celui de « conquérant ». Il était devenu le « bandit-bien-aimé » qu'un peuple entier pleurait soudain, sur lequel furent écrits bien de romans et surtout la fameuse « Mandrinade », long poème épique à sa gloire posthume. Voltaire imagina que le contrebandier disposait d'une troupe de 6 000 hommes et mille épisodes imaginaires de ses exploits naquirent en quelques mois. Mandrin n'avait-il pas enfilé la soutane d'un curé, à Saint-Marcellin, pour échapper à ses poursuivants, à qui il avait même donné sa bénédiction avant de s'enfuir ? N'avait-il pas sauté du pont de Claix dans le Drac, pour éviter d'être capturé par la maréchaussée ? N'avait-il pas recruté des hommes dans les prisons des villes de Bourg et de Roanne, après les avoir fait ouvrir ? N'avait-

il pas tué à mains nues un loup gigantesque, tombé comme lui, dans la fosse d'un brûleur-de-loups (chasseur de loups) des Dombes ? Et le Roi de Piémont-Sardaigne (la Grande Savoie du XVIIIe siècle) n'avait-il pas réclamé sa libération, après son arrestation illicite sur ses terres, envisageant le plus sérieusement du monde d'entrer en guerre contre la France pour venger le « capitaine général des contrebandiers de France » ? Que n'a-t-on pas raconté sur celui qui incarna, durant les trente années qui précédèrent la Révolution, le mécontentement croissant d'une population trop longtemps opprimée ?
Ce n'est pas un hasard, finalement, si les vents révolutionnaires se levèrent en Dauphiné un an avant ceux qui menèrent à Paris à la prise de la Bastille...

La légende raconte encore qu'une sœur de Louis Mandrin aurait poursuivi ses activités de contrebande, associée à un dénommé Lucifer. Une autre tradition prétend, au contraire, que l'un des lieutenants de Mandrin, un certain Echinard de Tullins, aurait pris la place du chef disparu avec un certain succès et serait mort dans son lit à quatre-vingts ans révolus.

LES SANS-CULOTTES AU CHATEAU DE GRIGNAN

A la Révolution, le fantôme de la célèbre marquise de Sévigné protégea un temps, dit-on, le superbe château de Grignan dans la Drôme - « Versailles Dauphinois » où elle avait vécu au XVIIe siècle.

La charmante petite cité de Grignan dans la Drôme est comme un avant-goût de la Provence, avec les mêmes cyprès pointant vers le ciel, les mêmes fanfares de cigales, les mêmes odeurs de lavande, la même lumière toscane.

Située 25 kilomètres au sud de la ville de Montélimar (*Mont-Adhémar*), fief des puissants seigneurs Adhémar, le bourg de Grignan se presse depuis le XIe siècle au pied de l'acropole où se dresse un premier château fort habillé de hautes murailles, d'apparence inexpugnable. D'apparence seulement, car il fut pris en 1395 par Amblard de Solda, qui l'escalada en compagnie de ses hommes, puis repris peu après par les troupes du roi Charles VI, commandées par le Duc de Berry. Au XVIe siècle, Gaucher Adhémar transforma l'austère forteresse en une immense et somptueuse résidence renaissance, inspirée des modèles courants à l'époque en Val-de-Loire et en Italie, celle-là même que nous pouvons encore contempler aujourd'hui. Aux splendeurs des façades répondent toujours l'harmonie des salles admirablement décorées de tapisseries d'Aubusson et de sculptures remarquables. Mais c'est encore sur les grandes terrasses du toit que l'on peut jouir du plus beau décor, naturel celui-là. En effet, le regard y embrasse un vaste horizon de plaines généreusement ensoleillées, fondues dans le lointain aux reliefs parme des Alpes et du Mont Ventoux.

La marquise de Sévigné

Bien sûr, on ne saurait parler du château sans évoquer son hôte le plus prestigieux, la célèbre marquise de Sévigné, dont l'abondante correspondance avec sa fille (mariée au seigneur de Grignan) a associé à jamais à cette partie du Diois, qu'elle appelait improprement sa « Provence ».

Née à Paris en février 1626, d'un gentilhomme bourguignon et d'une

Vestiges de la tour de Madame de Sévigné, au château de Grignan (Drôme)

fille de financier, Marie de Rabutin-Chantal - la future Mme de Sévigné - perdit ses parents très jeune. Son oncle Christophe de Coulanges, abbé de Livry, devint alors son tuteur légal et prit le plus grand soin de son éducation. Elève de Chapelain et de Ménage, la jeune fille fréquenta très tôt l'hôtel de Rambouillet où elle devint l'amie de la future Mme de La Fayette. De son mariage à dix-huit ans avec le marquis Henri de Sévigné, jeune et élégant aristocrate breton désargenté, elle eut deux enfants... et bien des soucis ! Son mari se révéla être un véritable coureur de jupons qui fréquentait entre autres le peu recommandable salon de Ninon de Lenclos. C'est là, du reste, que l'époux volage rencontra son destin en 1651, sous l'apparence du chevalier d'Albret, avec lequel il eut une altercation au sujet d'une certaine Mme de Gondran. D'Albret le tua en duel à la suite de ce différent.

Marie était alors âgée de vingt-cinq ans et pourtant elle ne souhaita jamais se remarier. Elle qui voulait « être à tous les plaisirs » et qui ne s'en priva guère si l'on en croit son entourage, ne jugea jamais nécessaire de faire rentrer un autre homme dans son existence de façon permanente. Ses enfants, qu'elle entoura toujours de la plus grande affection, suffirent à son bonheur. Sa fille, Françoise-Marguerite, qui avait la réputation d'être aussi jolie que sa maman à son âge, épousa en 1669 un gentilhomme provençal vivant à Paris, le comte François de Grignan. Malheureusement pour Mme de Sévigné, Louis XIV nomma en 1671 son beau-fils Lieutenant-général de Provence et elle dut se résoudre à se séparer de sa chère fille, qui suivit son époux au château de Grignan.

La « Victor Hugo de l'art épistolaire »

Le 6 février 1671, quand Mme de Sévigné envoya une première lettre à la comtesse de Grignan, sa fille, qui ne l'avait pourtant quittée que deux jours plus tôt, elle ne pouvait savoir que celle-ci inaugurait une correspondance de huit années réparties sur un quart de siècle qui allait lui donner l'occasion d'accéder à la gloire littéraire... à titre posthume ! En effet ses fameuses lettres, truculentes et parfaitement écrites, furent publiées en plusieurs ouvrages longtemps après sa mort, car elles constituent autant de témoignages sans concession sur la vie de la Cour au XVIIe siècle qu'un véritable chant d'amour à l'intention de sa fille. Ces chefs-d'oeuvre de l'art épistolaire se composent de 1120 lettres, dont la plupart étaient destinées à la jeune comtesse, mais combien furent perdus ou jetés ? Des milliers, certainement.

Mme de Sévigné, qui se partageait régulièrement entre l'hôtel Carnavalet de Paris et son château breton des Rochers, vint pour la première fois au château de Grignan en juillet 1672 . Elle s'y plaira au point d'y séjourner une année entière. Ses lettres relatives à cette période vantent la douceur de vivre sous le ciel méridional, au milieu des jardins embaumés par l'odeur des

lauriers-roses et des grenadiers et les fragrances subtiles de la cuisine provençale...
« ... *Ces perdreaux sont tous nourris de thym, de marjolaine et de tout ce qui fait le parfum de nos sachets ; il n'y à point à choisir ; j'en dis autant de nos cailles grasses, dont il faut que la cuisse se sépare du corps à la première semonce (elle n'y manque jamais) et des tourterelles, toutes parfaites aussi. Pour les melons, les figues et les muscats, c'est une chose étrange : si nous voulions, par quelque bizarre fantaisie, trouver un mauvais melon, nous serions obligés de le faire venir de Paris, il ne s'en trouve point ici ; les figues blanches et sucrées, les muscats comme des grains d'ambre que l'on peut croquer, et qui vous feraient fort bien tourner la tête si vous en mangiez sans mesure parce que c'est comme si l'on buvait à petits traits au plus exquis vin de Saint-Laurent mon cher cousin, quelle vie !...* »
Elle séjournera une seconde année au château de Grignan en 1691. Plus que jamais, la résidence des Adhémar l'enchanta : « *Vous ne reconnaîtriez pas cette maison, tant elle est embellie* » écrivit-elle. « *Je sens ici un soleil capable de rajeunir par sa douce chaleur ; nous ne devons pas négliger présentement les petits secours, mon cher cousin* ».
Achevant une autre lettre, après un repas bien arrosé, elle s'excusa en quelques lignes de ne pas avoir la main très ferme : « *Nous sortons de table... nous avons bu à votre santé en vin blanc le plus excellent et le plus frais qu'on puisse boire, Madame de Grignan a commencé, les autres ont suivi... : à la santé de Monsieur l'Ambassadeur ; à la santé de Madame la duchesse de Chaulnes ; tôpe à notre cher gouverneur ; tôpe à la grande gouvernante ; Monsieur je vous la porte ; Madame, je vous fais raison...* ».

Son troisième séjour fit suite à la disparition d'un certain nombre de ses amis (La Rochefoucaud ; l'abbé de Coulange, son tuteur ; Mme de La Fayette...) qui la laissa fort affectée. Ayant besoin de « changer d'air », elle reprit en 1694 pour la troisième et dernière fois la route du midi et de son beau château de Grignan. Elle s'y éteindra le 17 avril 1696, terrassée par la petite vérole à l'âge fort respectable pour l'époque de soixante-dix ans.

La marquise fut enterrée dans l'église Saint-Sauveur, située sur la grande terrasse du château de Grignan., mais sa sépulture fut violée en 1793 par la folie sacrilège des révolutionnaires, qui occasionnèrent également de graves dégradations à la vénérable résidence comtale.

Le fantôme de la marquise

La légende affirme que les Sans-culottes tentèrent de piller le château dès 1789, mais qu'ils furent si effrayés par la voix d'outre-tombe de Mme de Sévigné, qui résonna dans les couloirs du château pour leur intimer l'ordre de déguerpir, qu'ils n'auraient pas reparu avant quatre années. Le caveau de la marquise aurait ensuite été pillé par pure vengeance.
Mais si les ossements de la Marquise ont aujourd'hui disparu, sa mémoire demeure à tout jamais associée à ce château de Grignan qu'elle aima tant. Et lorsque le mistral, cet « *air glacé et pointu qui perce les plus robustes* », murmure

entre les vieilles pierres de la résidence comtale, on se plaît à penser que c'est son âme qui murmure ainsi, répétant doucement les mots couchés jadis sur le papier...

« *Château royal de Grignan... Cette adresse frappe, et donne tout au moins le plaisir de croire que dans le nombre de toutes les beautés dont votre imagination est remplie, celle de ce château, qui n'est pas commune, y conserve toujours sa place ; il faut que je vous en parle un peu, puisque vous l'aimez...* »

Un autre château ne peut laisser indifférent. Il s'agit de la superbe forteresse médiévale de Suze-la-Rousse, dressée sur son rocher dix-huit kilomètres au sud de Grignan. Le contraste est saisissant entre l'aspect féodal de l'extérieur et l'étincelante cour intérieure renaissance. La forteresse résista victorieusement aux assauts des huguenots du baron des Adrets, durant les guerres de religions.

L'EPOQUE MODERNE

(après 1789)

Berceau de la Révolution française, l'ancienne province dauphinoise est démembrée en 1790 en trois départements : l'Isère, la Drôme et les Hautes-Alpes. Le patriotisme dauphinois se révèle sans faille, permettant de repousser victorieusement les offensives étrangères et d'échapper aux sanglantes répressions de la Terreur.

C'est avec une même ferveur que les trois départements assistent à l'instauration du régime bonapartiste puis participent au développement du Premier Empire. Le retour de l'île d'Elbe et l'accueil triomphal fait à Napoléon en Isère est révélateur de la fidélité des dauphinois à l'ancien lieutenant d'artillerie de Valence.

Plus près de nous, le XIXe siècle est marqué par la plume de Stendhal, la musique de Berlioz, la technique de Bergès et la culture de Champollion, qui sont autant de témoignages éloquents des qualités de l'âme dauphinoise.

Nombre de tournois équestres se finissaient à pied,
après la chute des deux adversaires

LES FANTOMES DU CHATEAU DE THEYS

Mentionné dès 1040, le château de la petite commune de Theys, situé au pied de la chaîne de Belledonne en Isère, a livré il y a une dizaine d'années, un magnifique ensemble de peintures murales, représentant une grande fête médiévale avec tournoi de chevaliers. Une légende rapporte la mésaventure d'un paysan dans ce château, au lendemain de la révolution.

Le château de Theys (au sud du village, lieu dit *Le Château*), construit à partir du XIIIe siècle par le comte de Genève sur le site d'une motte castrale élevée par la famille Aynard au XIe siècle, est surtout remarquable pour ses exceptionnelles peintures murales (début du XIVe siècle), qui racontent le déroulement d'une fête seigneuriale avec l'inévitable tournoi de chevaliers. Cette oeuvre d'art, unique en Isère, est un témoignage poignant de la vie d'une famille noble au moyen âge. Le château, encore debout au sommet de sa motte (protégé par des fossés et des levées de terre), conserve de nombreux vestiges de son prestigieux passé, même si le réemploi de ses bâtiments au cours des périodes suivantes, l'a en partie dénaturé. C'est sur les murs et au plafond de la grande salle de réception du premier étage que sont appliquées les peintures, dans un cadre miraculeusement conservé où les trois fenêtres à coussiège, la cheminée monumentale, l'évier et les latrines sont également d'origine. Un véritable trésor historique redécouvert depuis une dizaine d'années seulement.

Une légende explique comment ces merveilles nous sont parvenues sans plus de déprédations que celles, inévitables, intervenues durant la révolution de 1789.

Peu après que les feux de la révolution se fussent apaisés, le château de Theys fut vendu comme Bien National à un paysan des environs, dénommé Séraphin Ruffier. Retors et avare, le bonhomme avait horreur de toucher aux écus d'or de son magot, qu'il gardait précieusement dissimulé derrière une pierre de sa maison. Il s'arrangeait toujours pour se procurer les semences et les bêtes dont il avait besoin, au meilleur prix, en rachetant pour une bouchée de pain les biens des propriétaires ruinés par la révolution. Et c'est du reste ce qu'il venait de réaliser, en acquérant pour quelques pièces symboliques le vieux château de son village. Il songeait à louer sa ferme et à venir s'installer dans le vaste édifice, où il pourrait engranger plus de foin et abriter plus de vaches (et ainsi augmenter ses profits) et où il espérait, secrètement, découvrir quelque trésor d'argenterie, oublié là durant leur fuite par les châtelains.

Dès que l'affaire fut conclue, Séraphin s'empressa de courir jusqu'au manoir, muni de la clef du portail d'entrée. Le lourd vantail pivota sur ses gonds en grinçant sinistrement, révélant une cour encombrée de tout un fatras d'objets divers, allant des débris de verre et de statues à une quantité de livres et de parchemins à moitié carbonisés. Le paysan regretta ce gaspillage inutile, mais se consola en songeant que l'intérieur devait renfermer nombre de merveilles demeurées intactes. Il s'engagea dans l'ancienne résidence seigneuriale en contenant difficilement son excitation, mais sa visite du rez-de-chaussée ne lui apporta que frustration et colère : toutes les pièces avaient été vidées de leurs meubles et ravagées par la vindicte populaire. On s'était en particulier acharné à marteler les belles fresques ornant les murs et à détruire tous les blasons et tous les bustes des anciens seigneurs de Theys. Déçu, Séraphin grimpa les marches du bel escalier desservant l'étage. Les deux premières salles, ouvertes à tous les vents, ne recelaient pas plus de vestiges que les précédentes.

Un tournoi d'outre-temps

La porte de la troisième, en revanche, était fermée et ne semblait pas avoir été forcée ni endommagée. Elle était plus travaillée que les autres, avec des moulures et des peintures de grande qualité. Le paysan sentit l'espoir renaître et il tourna la poignée avec un petit pincement au coeur. Mais l'huis refusa de s'ouvrir, apparemment verrouillé. Il allait devoir retourner à la ferme pour récupérer des outils et tenter de démonter la porte en évitant de l'endommager. A moins que... Il rechercha au fond de sa poche la lourde clef de l'entrée et l'introduisit dans la serrure. Un déclic l'avertit qu'il avait été bien inspiré. Il ouvrit et pénétra dans une salle de vaste dimension, faiblement éclairée par des rais de soleil qui filtraient à travers les persiennes de trois fenêtres à coussiège. L'endroit avait également reçu la visite des vandales, qui avaient endommagé le décor peint au plafond et sur les murs, mais, mystérieusement, semblait mieux conservé que le reste du bâtiment. Séraphin s'avança en direction de la vaste cheminée, vaguement intimidé par l'atmosphère solennelle de la pièce.

Soudain, un grand bruit retentit dans son dos ! Il se retourna vivement et aperçut, galopant dans sa direction, un... énorme cheval, caparaçonné de plaques métalliques et portant sur son dos un chevalier en armure brandissant une lance ! Il eut à peine le temps d'apercevoir le heaume surmonté d'une tête sculptée de l'invraisemblable cavalier, que déjà l'équipage effrayant le dépassait, pour se ruer vers un adversaire arrivant en sens inverse. L'autre chevalier avait le visage recouvert par un heaume somptueux, portant un oiseau stylisé, et son écu était peint d'une sinistre croix noire. Les deux lances heurtèrent en même temps les écus adverses, dans un fracas de fin du monde, et le chevalier à l'oiseau vida violemment les étriers, tandis qu'une foule invisible applaudissait bruyamment.

Le malheureux Séraphin, abasourdi, commença à trembler de tous ses membres. Que lui arrivait-il ? Qui étaient ces chevaliers d'un autre âge et comment étaient ils rentrés dans le château ? Il n'eut pas le temps de se poser d'avantage de questions, car un troisième cavalier arrivait à sa rencontre. Il était habillé tout en rouge et portait un étrange bonnet à deux pointes.

« Place, manant ! » hurla l'inconnu d'une voix tonitruante. « Prends bien garde que je ne t'étrille ! ».

Et, alliant le geste à la parole, il asséna à Séraphin un terrible coup de gourdin qui l'assomma tout net.

Lorsque le paysan rouvrit les yeux, un moment plus tard, il commença par hurler de terreur, tout en essayant d'échapper à quatre pattes à son agresseur. Puis, constatant qu'il était à nouveau seul, il se calma et massa précautionneusement la grosse bosse douloureuse qu'il avait sur le crâne. Que s'était-il passé ? Est-ce qu'il avait eu un malaise et s'était cogné la tête en tombant ? Il se releva en vacillant sur ses jambes et son regard s'arrêta, pour la première fois, sur les peintures qui ornaient le mur devant lui. Il découvrit, avec horreur, qu'elles représentaient les chevaliers en armure et le cavalier rouge dont il venait de rencontrer les fantômes !

Il se hâta de quitter la pièce maléfique, en fermant fébrilement la porte à double tour derrière lui, et n'y remit jamais les pieds...

Une distraction... mortelle !

Il faut savoir que le tournoi qui effraya tant le malheureux Séraphin, était l'une des distractions les plus appréciées par la noblesse d'épée, au moyen âge. C'était, à l'origine (XIe siècle), un véritable combat équestre, à armes réelles, qui opposait des troupes de plusieurs dizaines de chevaliers dans de véritables petites batailles, où les accidents mortels n'étaient pas rares. Le duc de Bretagne Geoffroy III Plantagenêt trouva la mort dans l'un de ces tournois en 1186, de même que le roi Henri II en 1559. Et malgré l'interdiction de cette pratique en 1260 par le roi Saint Louis, les tournois n'en continuèrent pas moins d'avoir la faveur de la noblesse et du peuple, pour qui elle constituait une distraction très prisée. On commença néanmoins à limiter les risques, au XIVe siècle, en émoussant les lances et en plaçant entre les participants des barrières longitudinales, afin d'éviter les collisions frontales trop meurtrières.

La vieille femme habitant l'ancienne chapelle des Arces

LA VIEILLE FEMME ET LE CHEVALIER BLANC DE DOMENE

L'église de Domène, non loin de Grenoble en Isère, possède une peinture murale représentant un mystérieux chevalier, peut-être le fameux *Chevalier Blanc*, Antoine d'Arces. Une vieille femme serait à l'origine de la mutilation partielle de la fresque, si l'on en croit la tradition.

Au début du XIe siècle, la puissante famille Aynard favorisa l'installa tion de moines d'obédience bénédictine sur ses terres de Domène. Les bénédictins entreprirent de défricher et d'assécher en partie les marais, qui occupaient alors la commune, avant de construire un prieuré en 1098.

C'est dans le caveau de la famille d'Arces, à l'intérieur de ce monastère, que fut vraisemblablement enterré, en 1517, l'un des plus célèbres personnages du Dauphiné ; le chevalier Antoine d'Arces, mieux connu sous son surnom de *Chevalier Blanc*.

L'un des derniers chevaliers errants

Né en 1475 dans le château fort de son lignage, dont il reste une belle tour carrée au-dessus de Saint-Ismier, le glorieux seigneur de Domène fut l'un des derniers chevaliers errants de son temps, voyageant de château en château pour mettre sa vaillance et son épée au service des causes qu'il estimait justes. Toujours revêtu de son armure blanche, ses pérégrinations le menèrent sur les routes d'Espagne et du Portugal, et de là en Angleterre puis finalement en Ecosse, où l'ambiguïté de sa relation avec la reine Marguerite Tudor, épouse du roi Jacques VI, lui valut d'être expulsé de ce pays. De retour dans son château d'Arces, en Grésivaudan, il s'accorda un répit bien mérité et en profita pour épouser Françoise Adélaïde de la Ferrière. Mais le goût de l'aventure ne l'ayant pas quitté pour autant, il ne tarda pas à repartir, en compagnie du chevalier Bayard, pour aller guerroyer en Italie. Il fut capturé par les Vénitiens qui le libérèrent contre rançon et il combattit à Ravenne, où la vitesse de son destrier le sauva d'une mort certaine. Il retourna finalement en Ecosse, quelques années plus tard, mais accompagné de sa femme cette fois-ci, et il obtint la charge de premier ministre du nouveau roi, Jacques V. Bien mal lui en prit, car des intrigants, jaloux de son succès, lui tendirent une embuscade et l'assassinèrent lâchement, une nuit de 1517. La dépouille embaumée du valeureux chevalier fut ramenée par son épouse en terre dauphinoise et certainement inhumée au prieuré clunisien de Domène.

Après la révolution, le vieux prieuré fut vendu comme Bien National et ses vénérables bâtiments transformés en granges ou en habitations. Fort heureusement, les belles fresques peintes qui ornaient les murs de la chapelle dite des Arces (datant du XVe siècle) échappèrent, dans l'ensemble, à l'incurie des hommes et aux outrages du temps. En particulier l'image d'un chevalier en armure blanche, agenouillé dans l'attitude de la prière, que l'on dit être le Chevalier Blanc...

La légende raconte que la représentation du preux gentilhomme traversa parfaitement les siècles, jusqu'à un certain soir de 1792...

Une soirée sinistre

...Une soirée venteuse de septembre, qui faisait grincer les buissons contre les murs décrépits de la masure. Une soirée sinistre, qui épousait à merveille l'humeur mélancolique de la vieille femme habitant l'ancienne chapelle des Arces. Elle vivait seule au milieu des vestiges chargés d'histoire, depuis que son fils unique, révolutionnaire convaincu, s'était engagé dans la garde nationale pour défendre son pays contre les autres nations d'Europe. Veuve de longue date, elle avait toujours travaillé comme blanchisseuse chez le Marquis d'Arces, un brave homme ouvert aux idées nouvelles d'émancipation populaire.

La bonne vieille vivait chichement, mangeant et dormant dans le vieux prieuré abandonné, avec pour unique bonheur quelques lettres écrites par son beau gaillard de fiston. Elle était particulièrement fière du jeune homme qu'il était devenu, de son courage et de sa foi inébranlable en l'idéal de liberté soufflé par la révolution. Mais elle tremblait également pour sa vie, à chaque instant.

Pourtant, ce soir de septembre, c'était pour elle-même qu'elle tremblait, car elle se sentait habitée d'un malaise inexplicable, dont elle ne parvenait pas à se défaire.

En se versant une bolée de soupe aux orties, dans laquelle flottait un malheureux morceau de lard, elle repensa pour la dixième fois aux événements marquants de ces derniers jours, recherchant désespérément parmi eux une éventuelle explication à son trouble. Mais elle ne voyait pas... Le passage, la veille, des soldats de Montesquiou en route pour le fort Barraux d'où ils comptaient attaquer la Savoie, ne pouvait justifier son état. Les militaires n'avaient pas commis plus d'exactions qu'à l'accoutumée, à peine quelques vols, un peu de casse et une tentative de viol sur la fille du maréchal-ferrant. Le lot quotidien du petit peuple. Car il ne fallait pas se leurrer, les pauvres continuaient à mourir de faim et à subir la violence des plus forts, exactement comme au temps de l'ancien régime. La seule différence était la tenue de leurs tortionnaires, qui portaient aujourd'hui des bonnets phrygiens à la place des perruques poudrées de leurs prédécesseurs. Mais l'univers de la vieille femme avait été tellement bouleversé depuis trois ans que plus rien ne pouvait l'atteindre, à présent : elle avait vécu la suppression des ordres religieux, l'abolition de la noblesse, l'exécution du roi Louis XVI et de la moitié des têtes pensantes de son temps... Son avenir se résumait désormais à la journée en cours et son unique sujet de préoccupation concernait la santé de son fils. Rien d'autre n'importait plus pour elle, dans ce monde frappé de démence. Et elle savait parfaitement que ce n'était pas ce jeune peuplier, que les autorités révolutionnaires avaient planté au village le 14 juillet dernier, pour célébrer l'avènement de la « Liberté », qui allait changer quoi que ce soit à la situation : le pays tout entier avait sombré dans une véritable psychose meurtrière, et bien malin qui aurait pu dire comment tout cela allait se terminer. C'était certainement cette folie ambiante qui jouait avec les nerfs de la pauvre femme, ce triste soir de septembre 1792. C'est en tout cas ce qu'elle se dit, en trempant son pain dur dans le brouet fumant.

Le regard du chevalier

Mais soudain, elle se figea sur place, le croûton suspendu à mi-chemin entre le bol et sa bouche édentée. Les yeux du Chevalier Blanc, dont une représentation était peinte sur le mur de la vieille chapelle, juste en face d'elle, semblaient tout à coup la fixer avec insistance ! Pour un peu, on aurait pu croire le personnage sur le point de prendre vie et de s'inviter à son modeste souper. Elle secoua la tête, pour chasser loin d'elle cette idée absurde.
« Fichue chandelle, qui m'donne des visions ! Tu perds la boule, ma vieille... »
Et en effet, la lumière dansante de la bougie en suif pouvait fort bien expliquer cette curieuse apparence de vie. Elle se replongea dans son repas, en se fustigeant mentalement pour son hypersensibilité. Elle mâchonna sans entrain une bouchée de pain, l'estomac si noué qu'elle était incapable d'apprécier la nourriture. Un coup d'oeil involontaire à la peinture lui coupa définitivement l'appétit ! Les yeux du personnage semblaient fixer son écuelle, cette fois-ci, comme s'il souhaitait l'apitoyer et lui soutirer un peu de sa soupe. Elle se leva et changea de place, avec la pénible impression de se débattre au milieu d'un cauchemar sans parvenir à se réveiller. Elle se savait victime de son imagination fertile, troublée par l'inquiétude qu'elle éprouvait pour son fils et la pesante solitude. Car, naturellement, une peinture restait une peinture, quel que soit le talent de l'artiste ou la personnalité du sujet représenté.

Elle essaya de penser à autre chose en se concentrant sur son écuelle. Mais l'impression de se sentir observée persistant, elle reporta son regard sur la fresque murale et son coeur rata un battement : les yeux extatiques du maudit personnage l'avaient suivie dans son déplacement, demeurant obstinément attachés à elle. Elle eut tout à coup la certitude que la peinture était bel et bien vivante. Sa frayeur se cristallisa soudain en une colère irraisonnée. D'un bond, elle se leva, poussa un banc contre le mur et monta dessus, puis, armée de sa cuillère, entreprit de saccager les yeux du chevalier. Lorsque sa fureur retomba, le personnage avait définitivement cessé de la regarder et pour cause ; les yeux avaient été complètement effacés. Rassurée, la vieille femme retourna vers son bol de soupe, avec le soulagement du devoir accompli. Elle se dit qu'il était quand même bien fini le temps où les pauvres gens devaient trembler devant les puissants. Aujourd'hui, les rôles étaient inversés et les nobles pouvaient même être contraints à baisser le regard devant une simple blanchisseuse.

Elle se désintéressa de la fresque mutilée, incarnation d'une époque désormais révolue, et n'y prêta jamais plus attention.

Pour la petite histoire, l'arbre de la liberté dont il est question dans la légende et qui fut planté à Domène le 14 juillet 1792, dans le quartier de l'Oratoire, ne fut abattu qu'en 1932.

LA « TREVO » DE LA TOUR DE CREST

La tour de Crest, qui est l'un des plus imposants donjons de France, avec ses 49 mètres de hauteur, surveille depuis plus de huit siècles la vallée de la Drôme. Une curiosité architecturale de l'édifice est à l'origine d'une bien étrange légende.

Construite vraisemblablement en plusieurs étapes par la famille Arnaud, à partir de la fin du XIe siècle, la tour prit le nom de la colline de Crête, au sommet de laquelle elle avait été érigée. Par la suite, un bourg se développa à ses pieds, qui conserva la même appellation.

Les Poitiers possédèrent le donjon entre 1356 et 1420, puis il passa à la couronne de France. Louis XI, alors Dauphin du Royaume, s'y installa vers le milieu du XVe siècle et ordonna, quelques décennies plus tard, l'érection d'une puissante ceinture de murailles autour du bourg castral. Mais ce que les uns font, les autres le défont et l'enceinte fut détruite par Richelieu en 1633, sur ordre du roi Louis XIII. Le vieux donjon devint à partir de cette époque prison d'état, sinistre Bastille dauphinoise où se succédèrent bien des malheureux, enfermés pour « délit d'opinion ».

La tour, en dehors de son riche passé, présente également un indéniable intérêt architectural : sa structure « brisée », d'une part, lui donne un air de construction moderne. Et puis, surtout, ses bâtisseurs ont jugé bon d'isoler totalement le mur nord du reste de la structure par un espace d'une dizaine de centimètres. Pourquoi ? Pour limiter les conséquences d'un tassement du terrain, probablement, quoique la légende avance une hypothèse nettement plus mystérieuse...

Prison impériale

Les anciens racontent que le donjon était autrefois tout à fait normal, jusqu'à l'arrivée, en 1853, d'un jeune officier venant relever l'ancien commandant de la prison de Crest. Le jeune homme sortait tout droit de l'académie militaire et il aspirait à de plus hautes fonctions que celles-ci, mais il savait qu'il devait commencer par faire ses preuves et s'était résigné à assumer ce premier commandement avec brio.

L'époque était aux changements et les prisons d'état ne désemplissaient

La tour de Crest dans la Drôme

pas, surchargées par une foule de royalistes et de républicains de tous bords. Quelques mois plus tôt, le second Empire avait été proclamé par Louis Napoléon Bonaparte et largement plébiscité par l'ensemble des français, qui, semble-t-il, avaient déjà oublié les atrocités des guerres menées par Napoléon Ier. C'en était fini de la seconde république, et l'avenir de la paix en Europe semblait à nouveau dangereusement compromis. Mais cela convenait parfaitement à l'ambitieux jeune homme, qui pressentait à travers la tourmente en marche des opportunités de gravir rapidement les échelons de la hiérarchie.

Il s'étonna, à son arrivée, de trouver de lourdes chaînes bloquant l'unique accès au grenier du donjon. « Il n'y a pas de cellules ici, que je sache ! » fit-il remarquer au vieux sergent qui l'accompagnait dans sa tournée d'inspection. L'autre sembla mal à l'aise. « C'est qu'il se passe des choses pas catholiques là haut, mon commandant », répondit-il, en triturant nerveusement sa longue moustache de grenadier. « Votre prédécesseur a préféré condamner cet étage pour éviter tout problème... ». « De quel genre de choses me parlez-vous donc ? » demanda le jeune homme soupçonneux. « Eh bien certaines nuits sans lune, la Trévo se glisse sous le toit et mène grand tapage, mon commandant ». « La Trévo ? Qu'est-ce là, une sorte de chauve-souris locale ? ». « C'est un esprit démoniaque, mon commandant. Jamais personne ne l'a vue, mais tout le monde, ici, l'a entendue. Elle hante de nombreuses maisons de la Drôme... ». Le sergent se tut, car le jeune officier avait haussé les épaules et s'éloignait en secouant la tête d'un air amusé.

Un mur poussé comme une simple porte !

Plusieurs semaines s'écoulèrent et le nouveau commandant oublia les paroles de son subordonné. Jusqu'à un certain soir d'orage, où un bruit terrible retentit au sommet du donjon. Comme il ne semblait pas vouloir cesser, l'officier bondit hors de sa chambre et appela le sergent. « Quel est l'origine de ce tohu-bohu ? » demanda-t-il en bouclant son lourd ceinturon où pendait son épée. « C'est la Trévo, mon commandant. Souvenez-vous, je vous en ai parlé à votre arrivée ». « Ah, cette sornette ! Trouvez-moi immédiatement les clefs du cadenas de ce fichu grenier, sergent ! Je vais aller occire moi-même l'animal à l'origine de ce raffut ! ». Le vieux soldat bredouilla quelques paroles d'avertissement, mais au regard furieux que lui adressa l'officier, choisit le parti de s'exécuter. Il ramena la lourde clef au jeune homme, puis le suivit avec quatre solides gaillards au dernier étage.

Le vacarme, loin de s'apaiser, s'était encore accentué. C'était un mélange indéfinissable de crissements de métal sur la pierre, de coups frappés contre les murs et de hoquets qui auraient pu passer pour le rire d'un hystérique. Les six hommes n'en menaient pas large, mais l'officier ne pouvait plus reculer. Il introduisit la clef dans le cadenas et, mystérieusement, le silence se fit. Le calme était, tout compte fait, encore plus inquiétant que la fureur et le bruit. La serrure grinça sinistrement et la porte s'ouvrit sur le grenier obscur. Le jeune commandant avança prudemment, une torche dans une main et son épée dans l'autre. Ses compagnons s'apprêtaient à lui emboîter le pas lorsqu'un souffle d'air glacial les heurta de plein fouet ! Au même instant, une masse informe enveloppa l'officier qui poussa un râle déchirant. Son cri fut aussitôt couvert par un incroyable coup de tonnerre, qui ébranla la tour jusqu'en ses fondements, puis le calme revint dans le donjon.

Les soldats ne pénétrèrent dans le grenier qu'au matin suivant, à la lumière rassurante d'un soleil radieux. A leur grande surprise, ils le trouvèrent parfaitement vide et dénué du moindre indice susceptible d'expliquer la disparition de leur commandant. Jusqu'au moment où l'un d'eux remarqua, en examinant attentivement l'endroit, qu'une brèche courait le long des cloisons, du sol et du plafond, isolant complètement le mur nord du reste de la salle. C'était comme si la Trévo, ou quoi que ce soit qui se fut trouvé ici la veille au soir, avait poussé le mur pour quitter le donjon !... Et en y regardant de plus près, un autre soldat découvrit des traces de sang en un point de la faille, tout près du plafond. Ils en conclurent, avec un frisson d'horreur rétrospective, que le corps démantibulé de l'imprudent officier avait dû être extrait du grenier par cette fente... large d'à peine dix centimètres !

Le commandant suivant fit prudemment replacer les chaînes sur la porte du grenier et plus jamais il ne fut question de la Trévo à la prison de la tour de Crest.

LE COLPORTEUR DES BARONNIES ET L'AUBERGE DE PEYREUERGUE

Le col de Peyreuergue, situé dans la Drôme des collines - plus précisément dans la région dite des Baronnies - conserve le souvenir d'une légende macabre, peut-être inspirée d'un fait divers authentique.

Denis vivait durant la seconde moitié du XIXe siècle dans le pays des Baronnies, situé entre la montagne de Lure et le Diois. Du matin jusqu'au soir, il parcourait à pied les belles collines de la région afin d'exercer sa profession de colporteur. Ce métier de marchand ambulant était indispensable à une époque où les seuls moyens de locomotion rapides, le train et la diligence, ne desservaient que les villes et les bourgs de quelque importance. Les paysans vivant dans les fermes reculées du haut pays n'avaient pas le loisir de descendre à la ville sitôt que leur manquait du fil et une aiguille, ou un sac de clous. Autant de menus objets que le jeune homme transportait dans sa balle, en compagnie de toute une quincaillerie d'articles pratiques et de colifichets, qui cliquetaient à chacun de ses pas et qu'il vendait à prix fort honnête. Il proposait également, suivant la saison, du miel de Dieulefit, de l'huile d'olive de Nyons ou du tilleul de Buis-les-Baronnies, trois denrées de grande réputation. Les ménagères attendaient son passage avec impatience, mais également les messieurs, car son tabac était de fort bonne qualité, et puis, aussi, car il ne se faisait pas prier pour raconter les nouvelles récentes, glanées au cours de ses pérégrinations. Il faut bien se souvenir que n'existait alors ni téléphone, ni télévision et que la vente des journaux était limitée aux villes du plat pays.

Au moment où commence notre histoire (nous sommes en 1869), la nouvelle la plus sensationnelle qu'il colportait était la domestication de la force de l'eau par un certain Bergès, qui venait de réaliser une chute d'eau de 200 m de hauteur à Lancey, en Isère, entraînant une turbine destinée à actionner des machines de papeterie. La première chute artificielle au monde, haute de « seulement » 35 mètres, avait pour sa part été installée huit années plus tôt, à Domène (toujours en Isère), par un autre visionnaire de génie, le cantalien Matussière. La plupart des paysans à qui Denis racontait ces prouesses technologiques n'en comprenaient pas véritablement l'intérêt, mais ils s'accordaient à reconnaître la valeur de ces hommes de la ville, qui cherchaient à tirer parti des forces de la nature.

L'auberge de Peyreuergue

Un soir d'octobre, le jeune colporteur s'arrêta pour la nuit à l'auberge du col de Peyreuergue. Il arrivait du village de Saint Sauveur-Gouvernat, dans la vallée de l'Ennuye, et s'apprêtait à descendre dans la vallée de l'Ouvèze le lendemain. De là il remonterait en direction de Gap en traversant au passage tous les petits villages de la montagne des Baronnies. La soirée était fraîche et le marchand décida de manger dans la grande salle commune un peu de ce ragoût dont l'odeur lui chatouillait les narines depuis qu'il avait poussé la porte de l'établissement. L'endroit était réputé pour offrir une cuisine raffinée et de la viande fraîche en toutes saisons, ce qui était surprenant au milieu de semblable solitude. Trois clients soupaient en silence au coin du feu et Denis se laissa tomber avec plaisir sur un banc de bois inoccupé. L'aubergiste, un homme maigre au regard un peu fuyant, s'avança pour déposer un bol fumant et un verre de vin devant ce nouveau client. Le brouet était délicieux et la viande, quoique difficile à reconnaître, de toute première qualité. Denis, réchauffé et ragaillardi, décida de commander un second bol, ce qui n'était pas dans son habitude. Mais il avait fait de bonnes affaires ce jour-là et puis son appétit avait été aiguisé par la qualité de la nourriture servie. Il ne parvint pourtant pas à terminer la seconde écuelle, tant les portions étaient copieuses. Econome par nécessité, le jeune colporteur versa avec application le restant de son repas dans une boîte en fer blanc, puis il monta se coucher sur une paillasse installée dans la soupente.

Le matin suivant le trouva en train de dévaler d'un pas joyeux le chemin qui menait au fond de la jolie vallée de l'Ouvèze. Le soleil était radieux et la température clémente, pourtant une fraîcheur insidieuse qui se levait parfois dans les bourrasques d'un vent capricieux annonçait clairement l'arrivée imminente des premiers froids. Cela n'empêchait pas Denis d'être d'excellente humeur. Il savourait avec bonheur les arômes corrompus qui montaient de la végétation et la lumière éclatante qui ciselait le relief des rochers et des feuillages avec une précision d'orfèvre. Il rejoignit rapidement le cours de l'Ouvèze, qui ronflait à gros bouillons entre ses rives de galets, puis arriva à la mi-journée dans le petit village de Montguers, installé au bord du torrent. Les ruelles de terre battue étaient désertes car les habitants étaient rentrés chez eux pour manger. Denis décida d'en faire autant et, pour commencer, se débarbouilla à la fontaine de Cramy, source minérale célèbre depuis l'antiquité et qui faisait la fierté des villageois. Le colporteur aimait se présenter sous son meilleur jour à ses futur clients, c'est pourquoi il soignait son apparence. Il savait que dans l'esprit des gens, la saleté d'un marchand, fut-il ambulant, était toujours associée à une marchandise aussi peu reluisante.

Un déjeuner macabre

Après ces quelques ablutions, il s'installa sur un rocher et tira de sa besace une miche de pain ainsi que le restant de ragoût de la veille. Même froid, le plat servi dans l'auberge demeurait une pure merveille. Il se régala une fois de plus. En sauçant le fond de la boite avec un morceau de pain, le jeune homme remarqua deux étranges petits morceaux d'os : ils étaient arrondis et particulièrement effilés.

« C'est plutôt dangereux de laisser traîner des éclats d'os dans le ragoût », pensa le colporteur en les retirant de la sauce. Il reconnut soudain ce qu'il tenait entre les doigts et eut un haut-le-coeur : c'étaient deux ongles, deux ongles humains ! Il cracha le morceau de pain qu'il avait dans la bouche et se rinça abondamment à la fontaine. Il comprit brutalement pourquoi il n'avait pas réussi à reconnaître la viande composant le ragoût. C'était de la chair humaine. Il avait mangé de la chair humaine ! L'estomac révulsé et profondément choqué par cette macabre découverte, il reprit aussitôt la route par laquelle il était arrivé à Montguers. En longeant le torrent, il parvint en fin d'après-midi dans la petite ville de Buis-les-Baronnies, où se trouvait un bureau de la maréchaussée. Il rapporta sa mésaventure à un sergent arborant d'impressionnantes moustaches, qui prit très au sérieux ses allégations. Plusieurs affaires de disparitions mystérieuses de voyageurs n'avaient jamais été élucidées dans le pays. On tenait enfin une piste ! Le sergent et ses gens d'armes enfourchèrent leurs montures et galopèrent jusqu'au col de Peyreuergue, où ils arrêtèrent l'aubergiste. Après enquête, ils retrouvèrent, enterrés dans la cave, les restes non comestibles de dix huit malheureux clients. Le tenancier anthropophage fut pendu à Valence quelques semaines plus tard et l'auberge du col de Peyreuergue brûlée, car personne ne voulut plus jamais y passer la nuit et encore moins s'y restaurer.

Au cours des années qui suivirent, Denis repassa des dizaines de fois devant les ruines sinistres de « l'auberge cannibale », comme on l'appelait désormais dans les Baronnies. Et à chaque fois il sentit son estomac se tordre d'indignation et lui intimer l'ordre d'allonger le pas.

Bateliers sur l'Isère, à Grenoble

NOTRE-DAME-DES BATELIERS A SAINT-GERVAIS

Jadis réputé pour sa Fonderie Royale, qui avait fourni en canons les arsenaux de la marine durant plus d'un siècle, le village de Saint-Gervais en Isère conserve de nombreux vestiges de son brillant passé : le joli vallon de l'ancienne chartreuse des Ecouges et la route vertigineuse qui y accède, les ruines d'un château-fort et les bâtiments de l'ancienne fabrique de canons, et surtout la petite chapelle d'Armieu, qui perpétue le souvenir d'un très ancien pèlerinage des bateliers de l'Isère.

Saint-Gervais (à mi-chemin entre Grenoble et Romans, dans le département de l'Isère) était autrefois l'un des trois hameaux du mandement d'Armieu, qui comprenait également Rovon et La Rivière. Du château fort d'Armieu, élevé au dessus de Saint-Gervais au XIIIe siècle à la place d'une fortification en bois de 1084, et qui fut assiégé par les catholiques de M. de Gordes en 1577 (une épée brisée de cette époque y a été retrouvée), il ne reste qu'un pan de tour et quelques vestiges enfouis sous la végétation.

En 1116 fut fondé dans le magnifique vallon des Ecouges, qui domine la commune, un monastère de l'ordre de Saint-Bruno. De là allaient sortir Jean de Sassenage, futur évêque de Grenoble et Dom Gérard, promu commandeur de l'ordre en 1263. En 1391, les chartreusines de Parménie remplacèrent les moines et en 1422, les vénérables bâtiments furent définitivement abandonnés pour cause de vétusté. Les terres et les bâtiments de la chartreuse furent ensuite mis en fermage jusqu'en 1670, date à laquelle le domaine fut rattaché à la fonderie de Saint-Gervais. La route qui monte aujourd'hui au vallon est la plus vertigineuse et la plus pittoresque du Vercors.

En 1679, Jean Marel obtint du roi l'autorisation de « faire forger et fabriquer des canons de fer dans tel lieu de la province du Dauphiné qu'il estimera propre à cet établissement » pour fournir les arsenaux de la marine et il obtint à bail de Mme de Saint-André, marquise de Virieu, la jouissance du martinet et du haut fourneau qu'elle possédait à Saint-Gervais. La fonderie fut rachetée par le roi en 1731 et elle comptera à son apogée jusqu'à 120 ouvriers. Après avoir servi à des applications civiles entre 1758 et la révolution, elle reprit du service en 1804 et produisit jusqu'à un canon par jour sous l'Empire. Les bâtiments de l'ancienne Fonderie Royale sont encore visibles au lieu dit *le Mas du Port*.

Non loin du village, enfin, une petite chapelle consacrée à la Vierge Marie a été bâtie en 1872 au lieu dit *la roche d'Armieu*, une étroite terrasse située sur les contreforts du massif du Vercors. En contrebas de celle-ci, une niche taillée dans le roc abritait autrefois une statue de la Vierge, à l'origine d'une très ancienne légende : celle de la Vierge des bateliers de l'Isère.

Les bateliers de l'Isère

De nombreuses histoires circulent sur cette énigmatique statue. L'une d'elles nous apprend qu'au temps des incursions sarrasines, soit vers le IX ou Xe siècle, les maures auraient rançonné les voyageurs dans la région de Saint-Gervais. Quand les envahisseurs furent définitivement repoussés hors des frontières de notre pays, la population des environs, en actions de grâces, installa une vierge dans une niche artificielle du rocher d'Armieu. Un pèlerinage perpétua ensuite le souvenir de cet événement.

Mais la légende qui parait se rapprocher le plus d'une réalité historique, du fait de l'emplacement de la niche au dessus de l'ancien cours de l'Isère, est celle qui raconte la mésaventure de bateliers près de la roche d'Armieu.

Car il faut savoir qu'au temps jadis, cette rivière constituait une importante voie de transport pour les marchandises circulant entre les Alpes et la Provence. Bétail, matériaux de construction, denrées alimentaires empruntaient couramment l'Isère puis le Rhône pour gagner les étals des marchés du sud de la France. Au retour, les bateaux et les radeaux, chargés d'huile, de vin, de sel ou de légumes, étaient halés depuis la berge par des attelages de boeufs ou de chevaux. On compta jusqu'à 1500 de ces embarcations à la fois sur l'Isère, entre Grenoble et Valence ; c'est dire si le trafic y était intense. Du reste, la toponymie régionale conserve précieusement, à travers de nombreux noms de lieux, le souvenir de cette prodigieuse épopée des bateliers de l'Isère. On ne compte plus les *chemins de halage*, les lieux dits *le port*, les rues *du bac*, qui émaillent la campagne et les villages autour du lit de l'Isère.

Isère si sage aujourd'hui, tellement différente de ce vaste serpent taciturne qui vagabondait autrefois en boucles et en méandres plus ou moins éphémères, transformant la vallée du Grésivaudan en un immense chapelet de lacs et de bras morts aux allures d'archipels et de marécages. Ses colères aussi étaient légendaires, chaque crue inondant plaines et vallées, ruinant récoltes et maisons, et traînant dans son sillage le spectre tant redouté des épidémies. Mais c'était également, dans ses bons jours, une magnifique voie navigable, claire et poissonneuse, qui conservait de son lieu de naissance - situé au pied du col de l'Iseran en terre savoyarde - la force et l'impétuosité des torrents de montagne. Et de l'écrin des chaînes alpines titaniques jusqu'aux plaines onduleuses de la Drôme, elle offrit, dès la plus haute antiquité, l'échine de ses eaux capricieuses à l'usage des bateliers de la région. Mais l'aventure qui nous concerne ne se situe pas aussi loin dans le temps, sans doute date-t-elle du moyen-âge, peut-être même d'un peu plus tard. Elle ne se produisit en tout cas pas durant l'une des crues catastrophiques que connut la rivière, car nul ne se serait risqué à la navigation en pareil moment, mais plus vraisemblablement durant un brutal orage estival, ou encore pendant une tempête de printemps qui, associée à la puissance inaccoutumée des flots chargés des eaux de fonte, mettrait encore à mal n'importe quelle péniche contemporaine.

Une tempête mémorable

Il advint donc que des bateliers naviguant en radeau sur l'Isère, virent une muraille de nuages charbonneux escalader l'horizon à vive allure. Ils s'en inquiétèrent, mais décidèrent de poursuivre leur chemin, car ils devaient livrer sans retard leur marchandise à Beaucaire, en Provence. Ils ne tardèrent pourtant pas à se sentir gagnés par un mauvais pressentiment. L'embarcation glissait à vive allure entre les sommets sombrement boisés du Vercors et la rive opposée, ourlée d'une voie de halage en partie submergée par les eaux du printemps, cependant le mauvais temps gagnait sur eux, inexorablement. Ils poussèrent avec une vigueur accrue sur leurs longues perches en bois pour tenter de prendre l'orage de vitesse, mais c'était peine perdue. Un fort vent se leva tout à coup, sifflant à leurs oreilles son avertissement bien tardif et arrachant des embruns aux vaguelettes dont se couvrait progressivement la rivière. Il précédait de peu la véritable tempête. Elle avançait comme un rideau de noirceur, plus haut qu'une montagne, qui arrivait du Voironnais et absorbait tout sur son passage. Les noyers qui filaient sur la rive droite disparurent soudain dans l'épaisseur en mouvement et la gifle traversière d'une pluie torrentielle les frappa de plein fouet. En un instant l'Isère se souleva en vagues énormes et les malheureux bateliers perdirent aussitôt le contrôle de leur radeau, malmené par des tourbillons et des rapides qui n'existaient pas une minute plus tôt. Oubliée la rivière paresseuse, qui brillait le matin même comme une immense lame d'airain sous un soleil généreux, dans le seul frémissement des insectes et le craquement lénifiant de la membrure. L'enfer s'était déchaîné sur la rivière et l'Isère semblait s'être transformée en un monstre avide cherchant à les engloutir dans son estomac liquide. Les infortunés navigateurs, cramponnés à leur marchandise et ballottés comme de simples fétus de paille, crurent même leur dernière heure arrivée, lorsque la masse d'eau les entraîna à vive allure en direction des falaises de la roche d'Armieu. L'un d'eux implora à voix haute l'aide de la Sainte Vierge et son voeu sembla exaucé, car le courant les détourna in-extremis du naufrage et ramena l'embarcation au milieu de l'Isère. La rivière faillit à nouveau les entraîner par le fond à plusieurs reprises, mais les hommes, qui luttaient avec l'énergie du désespoir, sauvèrent à chaque fois leur bateau et leur vie. Au bout d'un certain temps, le crépitement rageur de la pluie perdit en intensité tandis que le rugissement du vent se muait progressivement en feulement apaisé. La tempête s'éloignait, presque aussi vite qu'elle s'en était venue, abandonnant derrière elle une rivière encore houleuse, charriant des monceaux de débris en tous genres - branchages, cadavres d'animaux, arbres entiers surgissant par épisodes à la surface avant de replonger vers les profondeurs. Les bateliers épuisés en profitèrent pour aborder, le temps de vérifier l'arrimage de leur cargaison et de reprendre leurs esprits. Ils savaient que leur imprudence avait bien failli leur être fatale et décidèrent, d'un commun accord, de rendre hommage à la Vierge Marie, qui les avait tirés de ce mauvais pas. Ils ramenèrent pour ce faire de la ville de Beaucaire une belle statue en marbre, représentant la mère du Christ, qu'ils placèrent dans une cavité de la roche d'Armieu, aménagée à cet effet par leurs soins. Et à compter de cette date, tous les bateliers prirent l'habitude de se signer en passant sous le roc abritant la Vierge protectrice.

La statue miraculeuse

Une autre version de la légende prétend, au contraire, que le radeau fut immobilisé contre la roche d'Armieu et qu'en cherchant à se dégager, l'équipage découvrit sous l'eau une statue de la vierge en marbre noir, grâce à laquelle ils naviguèrent ensuite sans encombre. On imagine cependant assez mal des hommes en perdition au coeur de la tempête et affairés à tenter de dégager leur embarcation pour sauver leurs vies, prendre le temps de ramener du fond des eaux une lourde statue, fut-elle d'inspiration sacrée. Mais, comme chacun sait, les légendes ont leurs raisons que la raison ignore...

Durant les excès de 1793, deux révolutionnaires exaltés et particulièrement irrespectueux brisèrent la statue, dont ils éparpillèrent les morceaux dans un hallier voisin. La légende, toujours avide de morale, signale cependant que les profanateurs furent sévèrement punis pour leur forfait, sans toutefois préciser s'ils subirent la vindicte populaire ou la colère céleste.

La statue fut remplacée peu après et le traditionnel pèlerinage put se poursuivre. Un texte ancien nous apprend également qu'un soir d'Assomption, dans les années 1840, les habitants de La Rivière, village voisin, « virent que le rocher d'Armieu était illuminé ». Croyant à une procession nocturne organisée par ceux de Saint-Gervais, certains se déplacèrent pour se joindre à eux, mais... ne trouvèrent pas âme qui vive autour du rocher ! Et ils constatèrent avec stupéfaction que les étranges lueurs qui avaient attiré leur attention provenaient en fait des fragments de l'ancienne statue brisée jadis par les révolutionnaires... La rumeur publique affirme encore que certains habitants de la région détiennent toujours des morceaux de marbre prélevés cette nuit-là, au pied du rocher d'Armieu, précieuses reliques dont ils ne se dessaisiraient pour rien au monde.

C'est en 1872 que l'abbé Payre, curé de Saint-Gervais, fit élever la petite chapelle de Notre-Dame d'Armieu, que l'on peut voir au dessus de la route nationale 532. Elle fut restaurée dans les années 80, grâce à l'initiative d'un groupe de paroissiens férus de patrimoine, et elle perpétue depuis la tradition, à travers des offices célébrés régulièrement.

« La dernière légende de ce livre m'a été rapportée par Marie Giordano, à qui je laisse le soin de nous la narrer »

Eric Tasset

« A Bartoloméo, mon grand-père.
Inoubliable . »

L'ARBRE ENCHAÎNÉ DE LA CATHÉDRALE DE GAP

Gap, méridionale par son accent, son ciel d'un bleu limpide, ses Alpes qui semblent l'avoir épargnée pour lui permettre de mieux s'étendre, Gap dont les murailles auraient accueilli le campement d'Hannibal, abrite une magnifique cathédrale néo-romane, reconstruite au XIX ème siècle : Notre Dame de Saint Arnoux.

La légende veut que, sur le perron de cet édifice, trônait jadis un arbre centenaire, dont la vigueur narguait toutes les lois de la nature. Comme immortel, d'un vert émeraude rarissime, son feuillage frétillait, été comme hiver, sur un entrelacs de branches dont le déploiement pouvait abriter plus de cent gaillards, de la plus piquante des grêles ou de la plus écrasante des canicules !

D'arbre, il avait d'ailleurs perdu le nom pour adopter tantôt celui de *Père*, tantôt celui de *Sage*. Au fil des années, il était en effet devenu un étrange confident, de ceux à qui l'on s'adresse quand le péché est trop lourd pour franchir le seuil de l'église.
C'est à ses pieds que se prenaient les grandes décisions, que se réglaient les discordes ou encore que se célébraient les plus belles noces, autant d'actes solennels dont il était choisi pour témoin.

Mais Dieu, dit-on, prit ombrage de l'importance accordée au végétal, au détriment de Notre Dame.
C'est ainsi qu'au cours d'un été, plein de quiétude et de mollesse, le ciel gronda jusqu'à vomir une foudre, aussi imprévisible que spectaculaire, qui vint pourfendre la crinière feuillue du vieux Sage.
Dans un brouhaha chaotique, elle écartela ses branches, laissant la verve divine lacérer le cœur de l'arbre.

Puis ce fut le silence, accompagné du spectacle désolant d'un arbre disloqué menaçant de s'écrouler.

Les jours qui suivirent, le ciel entoura le patriarche terrassé d'une noirceur épaisse, comme pour dissuader les habitants d'approcher la victime. Mais ce fut en vain car, face à la perte de leur repère, et outrepassant la volonté divine, ils se mobilisèrent pour tenter de sauver ce qui restait de leur confident.
C'est ainsi que l'un d'entre eux, Firmin, le maréchal ferrant, eut une étrange idée...

Solide et vigoureux, Firmin était de ceux que rien n'effraie.
En toutes saisons, il arborait une casquette grise comme s'il voulait cacher, sous ce couvre-chef, l'homme tendre et sensible qu'il était en réalité, dévoué corps et âme à ses six enfants, ceux-là même qu'il appelait "sa richesse".
L'esprit vif et critique, c'est avec beaucoup d'humour qu'il dépeignait les choses de la vie, se riant du moindre obstacle.

Ne manquant pas d'imagination, il considérait la foudre comme une paire de ciseaux géants qui, entre les mains du Tout Puissant, avaient dépecé l'arbre. Pour le sauver, il ne restait donc qu'une solution : en recoudre les morceaux.

Firmin confectionna alors une chaîne longue et puissante et, tel une aiguille, se faufila à travers les branches, aussi agile qu'un écureuil, portant à bout de bras le lourd cordon métallique.

Durant six jours et six nuits, la pluie tomba sans discontinuer sur l'arbre blessé, de cette pluie fine et insidieuse qui s'immisce dans votre chair et entre vos os jusqu'à vous glacer le sang.
Et durant six jours et six nuits, Firmin ne cessa d'arpenter le centenaire. Comme une couturière raccommodant un vêtement en lambeaux, il passait d'une branche à l'autre, inlassablement, pour les relier.

Tout au long de son dur labeur, on l'entendit fredonner sans répit, par provocation ou alors pour se donner du courage, l'histoire - célèbre au pays - d'un oisillon impatient de voler.
Plus qu'une simple chanson, c'était un hymne à l'indépendance, celle-là même que Dieu avait voulu punir...

Ce n'est qu'au matin du septième jour que la pluie s'interrompit enfin, saluée, sur la plus haute des branches, par les premiers bourgeons : l'arbre reprenait vie, rendant hommage à la persévérance du maréchal ferrant...

Bien des années se sont écoulés depuis.
L'arbre miraculé a fini par céder sous le poids du temps, immortalisant cependant le souvenir de ce maréchal-ferrant dont la force et le courage, aujourd'hui encore, ne cessent d'être contés.
Certains disent même que lorsque le vent du sud se met à souffler, on entend parfois fredonner, sur le perron de Notre-Dame, l'histoire de cet oisillon qui voulait voler.

LISTE DES LIEUX CITES DANS LES LEGENDES

LISTE
DES PERSONNAGES HISTORIQUES
CITÉS DANS LES LÉGENDES

M

N

O

P

R

BIBLIOGRAPHIE SOMMAIRE

AMIS de BAYARD (les), plaquette du cinquième centenaire, 1979.
BERRET Paul, Le Dauphiné, Ed. De la Grande Fontaine, 1993.
BLANC Yves, De Pollinaco à Poliénas, 1994.
BORDONOVE Georges, Mandrin, Hachette, 1971.
BOSQUET Luce, Contes et légendes du Dauphiné, Fernand Nathan, 1977.
BREKILIEN Yann, La mythologie celtique, Marabout Université, 1984.
CHORIER Nicolas, Histoire générale du Dauphiné, T. 1 et T. 2, 1661 et 1672.
COFFANO Gilbert, Légendes et nouvelles du pays dauphinois, T. 1 à 3, Belledonne, 1996.
Le Dauphiné mystérieux et légendaire, la Fontaine de Siloé, 1999.
COMBY Louis, Histoire des dauphinois, Dossiers de l'Histoire, Fernand Nathan, 1978.
CORCELLE J.-J., L'Isère autrefois , Editions Horvath, 1991.
DALET Gilbert, L'étrange figure du baron des Adrets, Didier-Richard, 1955.
DONNET Gaston, Le Dauphiné, Les Editions du Bastion, réédition de 1982.
DONTENVILLE H., Histoire et géographie mythique de France, 1973.
ESCALLIER E., Dauphiné, Album des Guides Bleus, Hachette, 1961.
FAVIER Jean, Dictionnaire de la France médiévale, Fayard, 1993.
FRECHET P ., La Drôme légendaire et imaginaire, Curandera, 1981.
HISTOIRE DES COMMUNES DE L'ISERE, T. 1 à 4, ouvrage collectif, Horvath, 1988.
LACHAT R.L., La vallée aux cent châteaux, 1980.
LAUXEROIS R., Vienne, Ed. Ouest-France, 1988.
LETONNELIER G., Histoire du Dauphiné, Que-sais-je ?, P.U.F., 1958.
MILLION E., Le lac de Paladru, Editions Esperluette, 1994.
MONNET C., Petite histoire du chevalier Bayard, 1970.
MULLER Claude, Des rues et des Hommes, Ed. Dardelet, 1975.
MUSEE DAUPHINOIS, Patrimoine en Isère et Archéologie chez vous, toute la série.
PECHAIRE Vincent, La Drôme des châteaux, Les provinciales, Curandera, 1981.
PILOT A., Histoire de Grenoble et de ses environs, 1829.
PRUDHOMME, Histoire de Grenoble, Editions Laffitte, réédition 1975.
REYMOND Evelyne, Les heures dauphinoises des écrivains français, Didier Richard, 1984.
RIVOIRE de la Batie, Armorial du Dauphiné ? 1867.
ROUSSET Paul-Louis, Au pays de la Meije, Editions Curandéra, 1992.
SAINT LOUP, Itinéraires Dauphinois, 1990.
SENTIS Gabrielle, La légende dorée du Dauphiné, Editions de Belledonne, 1995.
L'Oisans aux six vallées, Ed. De Belledonne, réédition 1996.
STENDHAL, Mémoires d'un touriste, Librairie Maspero, La Découverte, 1981.
TASSET Eric, L'Isère des châteaux forts, Editions de Belledonne, 1995.
VAN GENNEP Arnold, Le Dauphiné traditionnel, T. 1, 2 et 3, Curandera, réédition 1991.

SOURCE DE L'ICONOGRAPHIE

2/ Illustration tirée des « stories from Homer », 1885
3/ photographie E. Tasset
4/ Camille Gilbert, archives R. Joffre
6/ Archives E. Tasset
7/ Haghe, 1848
8/ Photographie E. Tasset
10/ Archives R. Joffre
12/ Luc-Olivier Merson, XIXe / archives R. Joffre
13/ Archives E. Tasset
14/ E. F. Oehme, 1821
15/ Luc-Olivier Merson, XIXe
16/ Edouard Zier, XIXe / Illustration de l'Allobroge
17/ Illustration de l'Allobroge
18/ Gravure de Mathieu et Bayot
19/ Lithographie de C. Pegéron
20/ H. M. Rheam, 1887
22/ Illustration de l'Allobroge
23/ Edouard Zier, XIXe
24/ Ernest Hareux, XIXe
27/ Illustration de l'Allobroge
28/ Gravure XIXe / Edouard Zier, XIXe
29/ Edouard Zier, XIXe
30/ Edouard Zier, XIXe
31/ O. P. l'Haridon, XIXe
32/ Alexandre Debelle, Album du Dauphiné..
34/ Edouard Zier, XIXe
35/ Victor Cassien, Album du Dauphiné
37/ Alexandre Debelle, Album du Dauphiné..
38/ Tofani, 1882
40/ Collection R. Joffre
41/ Photographie du XIXe siècle de la princesse de Metternich
42/ Gravure de 1695, archives R. Joffre
43/ A. Sandys, 1864
44/ Gravure de 1754, collection R. Joffre
45/ Mathieu, XIXe.
46/ Luc-Olivier Merson, XIXe siècle
47/ Théodore Géricault, XIXe siècle
48/ Alexandre Debelle, Album du Dauphiné.
50/ Gravure ancienne

Les Editions de Belledonne
1, rue Casimir Perrier - 38000 Grenoble

Achevé d'imprimer sur les presses de l'imprimerie
Atelier du Grésivaudan - 9, rue de Mayençin - 38610 Gières

7 décembre 2000

ISBN 2-911148-49-5